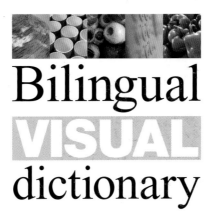

Bilingual

VISUAL

dictionary

TOP-FLITE
XL
Titleist

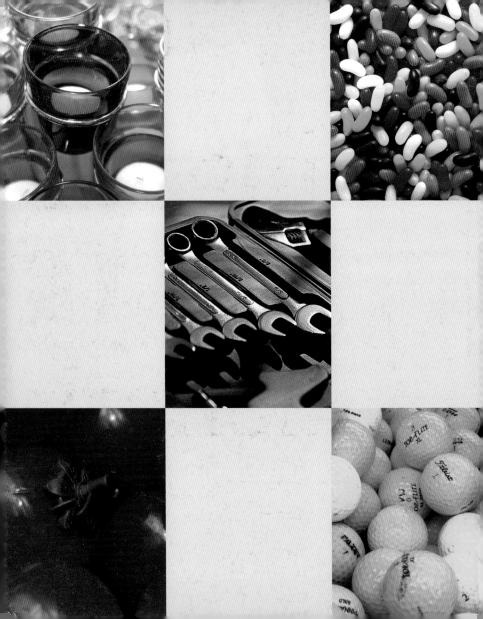

Bilingual VISUAL dictionary

DK

Penguin
Random
House

Senior Editor Simon Tuite
Senior Art Editor Vicky Short
Production Editor Phil Sergeant
Production Controller Rita Sinha
Managing Editor Julie Oughton
Managing Art Editor Louise Dick
Art Director Bryn Walls
Associate Publisher Liz Wheeler
Publisher Jonathan Metcalf

Designed for Dorling Kindersley by WaltonCreative.com
Art Editor Colin Walton, assisted by Tracy Musson
Designers Peter Radcliffe, Earl Neish, Ann Cannings
Picture Research Marissa Keating

Arabic typesetting and layout for Dorling Kindersley by
g-and-w PUBLISHING
Translation by Samir Salih

First published in Great Britain in 2005
This revised edition published in 2015 by
Dorling Kindersley Limited,
80 Strand, London WC2R 0RL

Copyright © 2005, 2015 Dorling Kindersley Limited

A Penguin Random House Company

Content first published as
5 Language Visual Dictionary in 2003

2 4 6 8 10 9 7 5 3 1
001 – AD418 – June/15

All rights reserved. No part of this publication may
be reproduced, stored in a retrieval system, or
transmitted in any form or by any means, electronic,
mechanical, photocopying, recording or otherwise,
without the prior written permission
of the copyright owner.

A CIP catalogue record for this
book is available from the British Library.

ISBN: 978-0-2411-9916-9

Printed in China

A WORLD OF IDEAS:
SEE ALL THERE IS TO KNOW

www.dk.com

المحتويات
al-muHtawayaat
contents

42

الصحة
aS-SiHHa
health

146

الأكل خارج المنزل
al-akl khaarij al-manzil
eating out

252

الترفيه
at-tarfeeh
leisure

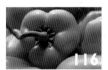

عن القاموس

ثبت أن استخدام الصور يساعد على فهم وحفظ المعلومات في الذاكرة. وبناء على هذا المبدأ، فإن هذا القاموس الإنجليزي-العربي الغني بالصور يقدم مجموعة ضخمة من مفردات اللغة السارية المفيدة.

القاموس مقسم حسب الموضوعات ويشمل بالتفصيل معظم جوانب الحياة اليومية، من المطعم إلى الجمنازيوم، ومن المنزل إلى موقع العمل، ومن الفضاء الخارجي إلى عالم الحيوانات. كما ستجد كلمات وعبارات إضافية لاستخدامها في الحديث ولتوسيع نطاق مفرداتك اللغوية.

وهو أداة ضرورية لأي شخص مهتم باللغات - فهو عملي ومثير ويسهل استعماله.

بعض الأمور التي يجب ملاحظتها

إن الكلمات العربية في هذا القاموس مكتوبة بالحروف العربية وبالحروف اللاتينية أيضاً. عند قراءة النطق بالحروف اللاتينية راجع الدليل بهذه الصفحة.

كتبت الكلمات بنفس الترتيب: بالحروف العربية، ثم بالحروف اللاتينية ثم الإنجليزية.

أسد	حزام أمان
asad	Hizaam amaan
lion	**seat belt**

الأفعال يعبر عنها بالحرف **(v)** بعد الإنجليزية، مثلاً:

يحصد yaHsud | **harvest (v)**

كما أن للغتين فهرست خاص بهما في نهاية الكتاب، حيث يمكنك البحث عن كلمة سواء من النص الإنجليزي أو العربي ويتم إرشادك إلى رقم الصفحة أو الصفحات حيث تبدو الكلمة. للرجوع إلى نطق كلمة عربية محددة ابحث عن الكلمة في النص العربي أو الفهرست الإنجليزي، ثم اتجه إلى الصفحة المشار إليها.

about the dictionary

The use of pictures is proven to aid understanding and the retention of information. Working on this principle, this highly-illustrated English–Arabic bilingual dictionary presents a large range of useful current vocabulary.

The dictionary is divided thematically and covers most aspects of the everyday world in detail, from the restaurant to the gym, the home to the workplace, outer space to the animal kingdom. You will also find additional words and phrases for conversational use and for extending your vocabulary.

This is an essential reference tool for anyone interested in languages – practical, stimulating, and easy-to-use.

A few things to note

The Arabic in the dictionary is presented in Arabic script and romanized pronunciation. When reading the romanization, refer to the guide on this page

The entries are always presented in the same order – Arabic, Romanization, English – for example:

أسد	حزام أمان
asad	Hizaam amaan
lion	**seat belt**

Verbs are indicated by a **(v)** after the English, for example:

يحصد yaHsud | **harvest (v)**

Each language also has its own index at the back of the book. Here you can look up a word in either English or Arabic script and be referred to the page number(s) where it appears. To reference the pronunciation for a particular Arabic word, look it up in the Arabic script or English index and then go to the page indicated.

Pronunciation النطق

Many of the letters used in the Arabic pronunciation guide can be pronounced as they would be in English, but some require special explanation:

'	Represents a short pause, as when the tt in "bottle" is dropped.
A	A (ع) is a guttural sound unique to Arabic (rather like exclaiming "ah!" when a dentist touches a nerve). Pronouncing this sound correctly comes with listening and practice.
d/D	There are two d sounds: d (د) as in "ditch", and D (ض) with the tongue further back in the mouth, as in "doll".
gh	gh (غ) is a throaty r pronounced as in the French word "rue".
h/H	Arabic has two h sounds: h (ه) as in "hotel", and a second breathier sound, H (ح), as if breathing on glasses.
kh	kh (خ) is a throaty h pronounced like the ch in the Scottish word "loch".
s/S	There are two s sounds: s (س) as in "silly", and S (ص) as in "sorry" pronounced with the tongue further back in the mouth.
t/T	There are two t sounds: t (ت) as in "tilt", and the T (ط) as in "toll", with the tongue further back in the mouth.
z/Z	There are two z sounds: z (ز) as in "zebra", and Z (ظ), with the tongue further back in the mouth.

Arabic word stress is generally even, unless there is a long vowel (aa/ee/oo), in which case this is emphasized.

استعمال هذا الكتاب

سواء كنت تتعلم لغة جديدة للعمل أو من أجل الاستمتاع أو استعداداً لرحلة عبر البحار أو على أمل توسيع نطاق مفرداتك اللغوية فإن هذا القاموس أداة تعلم قيمة يمكنك استخدامها بعدة طرق مختلفة.

عند تعلم لغة جديدة، انتبه للكلمات التي تتشابه في لغات مختلفة، والكلمات المشتقة، أي كلمات من أصل واحد في لغة معينة. كما يمكنك أيضا أن تلاحظ أين أثرت اللغات بعضها على بعض. مثلاً، الإنجليزية استوردت بعض الاصطلاحات عن الطعام من العربية، ولكن بدورها صدرت تعبيرات تستخدم في التكنولوجيا وفي الثقافة الشعبية.

أنشطة التعليم العملية

• حين تتجول في أنحاء مسكنك أو موقع عملك أو كليتك، حاول أن تتطلع على الصفحات التي تشمل هذا المكان. يمكنك حينذاك أن تغلق الكتاب وترى كم من الأشياء والسمات تتذكر.

• قم بإعداد بطاقات تذكرة سريعة لنفسك واكتب الكلمة بالإنجليزية على جانب، وبالعربية على الجانب الأخر. احمل البطاقات معك واختبر نفسك مرات عديدة، واخلط البطاقات بين الاختبارات.

• تحدي نفسك لكتابة قصة أو رسالة أو محاورة، مستخدماً أكبر قدر ممكن من الاصطلاحات بصفحة معينة. سوف يساعدك ذلك على بناء مفردات اللغة وعلى تذكر التهجئة. إن أردت أن تتقدم بكتابة نص أطول، ابدأ بجمل يشمل كلمتين أو ثلاثة.

• إذا كنت تتمتع بذاكرة تصويرية جداً، حاول أن ترسم أو أن تتبع شكل بنود من الكتاب على قطعة من الورق، ثم أغلق الكتاب واكتب الكلمات أسفل الصورة.

• بمجرد أن تصبح أكثر ثقة في نفسك اختر كلمات من فهرست اللغة الأجنبية وتحقق إن كنت تعرف معناها قبل أن تقلب الصفحة إلى الصفحة المناسبة لتتأكد إن كنت على حق أم لا.

how to use this book

Whether you are learning a new language for business, pleasure, or in preparation for a holiday abroad, or are hoping to extend your vocabulary in an already familiar language, this dictionary is a valuable learning tool which you can use in a number of different ways.

When learning a new language, look out for cognates (words that are alike in different languages) and derivations (words that share a common root in a particular language). You can also see where the languages have influenced each other. For example, English has imported some terms for food from Arabic but, in turn, has exported terms used in technology and popular culture.

Practical learning activities

• As you move about your home, workplace, or college, try looking at the pages which cover that setting. You could then close the book, look around you and see how many of the objects and features you can name.

• Make flashcards for yourself with English on one side and Arabic on the other side. Carry the cards with you and test yourself frequently, making sure you shuffle them between each test.

• Challenge yourself to write a story, letter, or dialogue using as many of the terms on a particular page as possible. This will help you retain the vocabulary and remember the spelling. If you want to build up to writing a longer text, start with sentences incorporating 2–3 words.

• If you have a very visual memory, try drawing or tracing items from the book onto a piece of paper, then close the book and fill in the words below the picture.

• Once you are more confident, pick out words in the foreign language index and see if you know what they mean before turning to the relevant page to check if you were right.

الناس an-naas
people

البدن al-badan • body

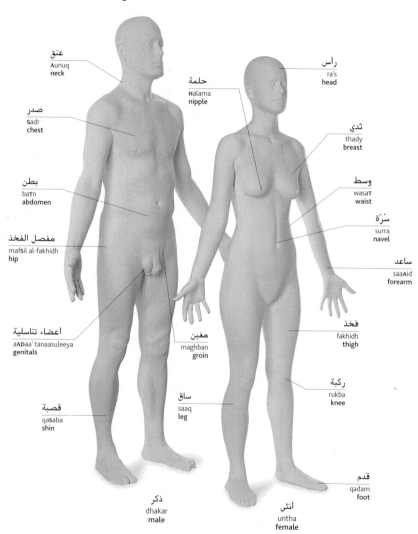

عنق
Aunuq
neck

حلمة
Halama
nipple

راس
ra's
head

صدر
Sadr
chest

ثدي
thady
breast

بطن
baTn
abdomen

وسط
wasaT
waist

مفصل الفخذ
mafSil al-fakhidh
hip

سُرّة
surra
navel

ساعد
saaAid
forearm

أعضاء تناسلية
aADaa' tanaasuleeya
genitals

مغبن
maghban
groin

فخذ
fakhidh
thigh

ركبة
rukba
knee

قصبة
qaSaba
shin

ساق
saaq
leg

قدم
qadam
foot

ذكر
dhakar
male

انثى
untha
female

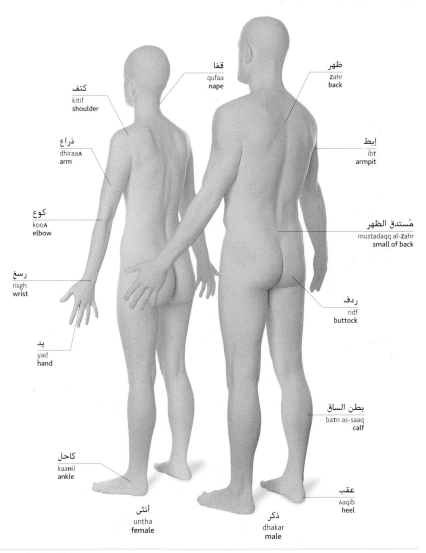

قفا
qufaa
nape

ظهر
zahr
back

كتف
kitif
shoulder

ذراع
dhiraaA
arm

إبط
ibT
armpit

كوع
kooA
elbow

مُستدق الظهر
mustadaqq al-zahr
small of back

رسغ
risgh
wrist

ردف
ridf
buttock

يد
yad
hand

بطن الساق
baTn as-saaq
calf

كاحل
kaaHil
ankle

عقب
Aaqib
heel

أنثى
untha
female

ذكر
dhakar
male

الوجه al-wajh • face

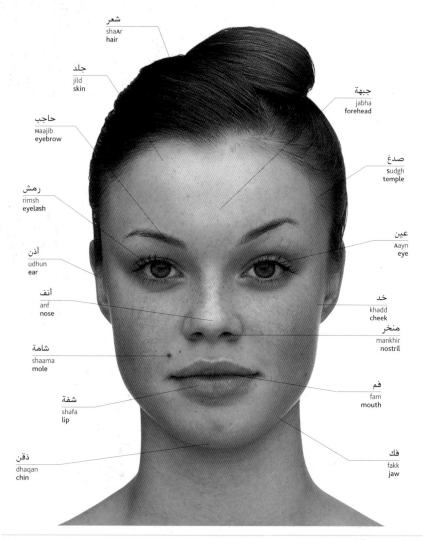

شعر
shaAr
hair

جلد
jild
skin

حاجب
Haajib
eyebrow

رمش
rimsh
eyelash

أذن
udhun
ear

أنف
anf
nose

شامة
shaama
mole

شفة
shafa
lip

ذقن
dhaqan
chin

جبهة
jabha
forehead

صدغ
sudgh
temple

عين
Aayn
eye

خد
khadd
cheek

منخر
mankhir
nostril

فم
fam
mouth

فك
fakk
jaw

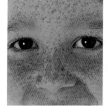

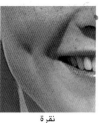

جعدة
jaAda
wrinkle

نمش
namash
freckle

مسام
masaam
pores

نقرة
nuqra
dimple

يد yad • hand

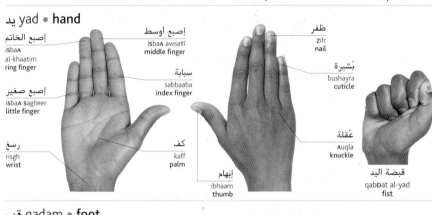

إصبع الخاتم
isbaA al-khaatim
ring finger
إصبع أوسط
isbaA awsaTi
middle finger
سبابة
sabbaaba
index finger
إصبع صغير
isbaA sagheer
little finger
رسغ
risgh
wrist
كف
kaff
palm

ظفر
zifr
nail
بُشيرة
bushayra
cuticle
عُقلة
Auqla
knuckle
إبهام
ibhaam
thumb

قبضة اليد
qabDat al-yad
fist

قدم qadam • foot

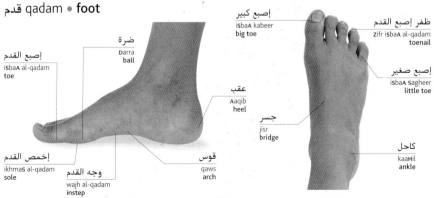

ضرة
Darra
ball
إصبع القدم
isbaA al-qadam
toe
عقب
Aaqib
heel
إخمص القدم
ikhmas al-qadam
sole
وجه القدم
wajh al-qadam
instep
قوس
qaws
arch

إصبع كبير
isbaA kabeer
big toe
ظفر إصبع القدم
zifr isbaA al-qadam
toenail
إصبع صغير
isbaA sagheer
little toe
جسر
jisr
bridge
كاحل
kaaHil
ankle

العضلات al-AaDalaat • muscles

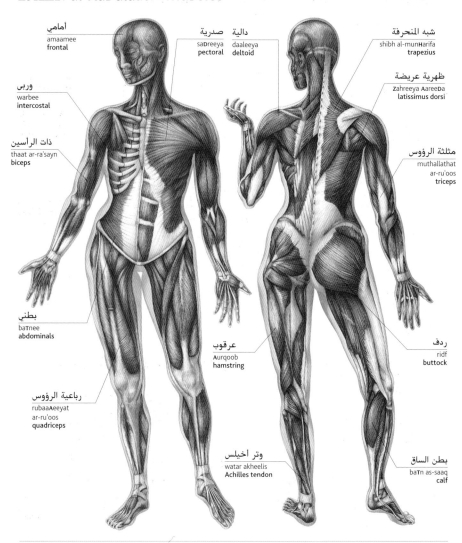

أمامي
amaamee
frontal
صدرية
saDreeya
pectoral
دالية
daaleeya
deltoid
شبه المنحرفة
shibh al-munHarifa
trapezius
وربى
warbee
intercostal
ظهرية عريضة
Zahreeya AareeDa
latissimus dorsi
ذات الرأسين
thaat ar-ra'sayn
biceps
مثلثة الرؤوس
muthallathat
ar-ru'oos
triceps
بطني
baTnee
abdominals
عرقوب
Aurqoob
hamstring
ردف
ridf
buttock
رباعية الرؤوس
rubaaAeeyat
ar-ru'oos
quadriceps
وتر أخيلس
watar akheelis
Achilles tendon
بطن الساق
baTn as-saaq
calf

الهيكل العظمي al-haykal al-ᴀᴀZmee • skeleton

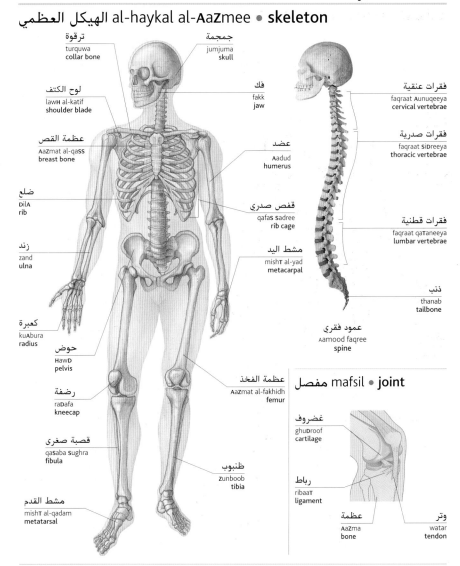

ترقوة
turquwa
collar bone

جمجمة
jumjuma
skull

لوح الكتف
lawH al-katif
shoulder blade

فك
fakk
jaw

عظمة القص
ᴀᴀZmat al-qaSS
breast bone

عضد
ᴀadud
humerus

ضلع
DilA
rib

قفص صدري
qafaS Sadree
rib cage

زند
zand
ulna

مشط اليد
mishᴛ al-yad
metacarpal

كعبرة
kuᴀbura
radius

حوض
HawD
pelvis

عظمة الفخذ
ᴀᴀZmat al-fakhidh
femur

رضفة
raDafa
kneecap

قصبة صغرى
qaSaba Sughra
fibula

ظنبوب
zunboob
tibia

مشط القدم
mishᴛ al-qadam
metatarsal

فقرات عنقية
faqraat ᴀunuqeeya
cervical vertebrae

فقرات صدرية
faqraat SiDreeya
thoracic vertebrae

فقرات قطنية
faqraat qaᴛaneeya
lumbar vertebrae

ذنب
thanab
tailbone

عمود فقري
ᴀamood faqree
spine

مفصل mafsil • joint

غضروف
ghuDroof
cartilage

رباط
ribaaᴛ
ligament

عظمة
ᴀᴀZma
bone

وتر
watar
tendon

الأعضاء الداخلية al-AaDaa' ad-daakhileeya • internal organs

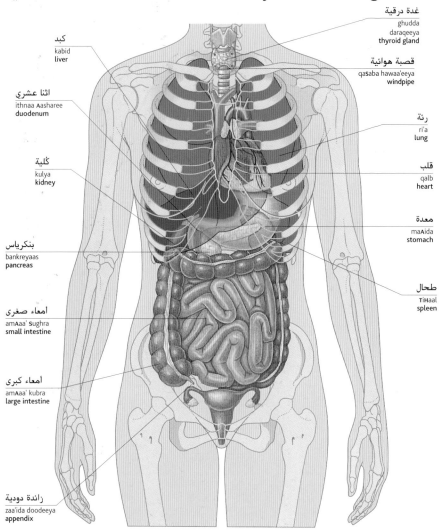

غدة درقية
ghudda
daraqeeya
thyroid gland

كبد
kabid
liver

قصبة هوائية
qaSaba hawaa'eeya
windpipe

اثنا عشري
ithnaa Aasharee
duodenum

رئة
ri'a
lung

كُلية
kulya
kidney

قلب
qalb
heart

بنكرياس
bankreyaas
pancreas

معدة
maAida
stomach

أمعاء صغرى
amAaa' Sughra
small intestine

طحال
TiHaal
spleen

أمعاء كبرى
amAaa' kubra
large intestine

زائدة دودية
zaa'ida doodeeya
appendix

الرأس ar-ra's • head

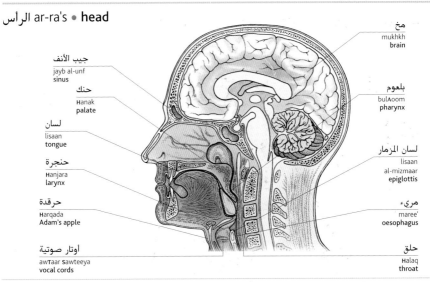

مخ
mukhkh
brain

جيب الأنف
jayb al-unf
sinus

حنك
Hanak
palate

لسان
lisaan
tongue

حنجرة
Hanjara
larynx

حرقدة
Harqada
Adam's apple

أوتار صوتية
awTaar Sawteeya
vocal cords

بلعوم
bulAoom
pharynx

لسان المزمار
lisaan
al-mizmaar
epiglottis

مريء
maree'
oesophagus

حلق
Halaq
throat

أجهزة الجسم ajhizat al-jism • body systems

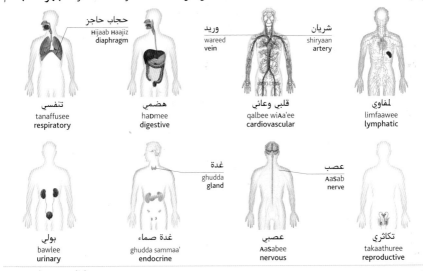

حجاب حاجز
Hijaab Haajiz
diaphragm

ورید
wareed
vein

شریان
shiryaan
artery

تنفسي
tanaffusee
respiratory

هضمي
haDmee
digestive

قلبي وعائي
qalbee wiAa'ee
cardiovascular

لمفاوي
limfaawee
lymphatic

غدة
ghudda
gland

عصب
AaSab
nerve

بولي
bawlee
urinary

غدة صماء
ghudda sammaa'
endocrine

عصبي
AaSabee
nervous

تكاثري
takaathuree
reproductive

أعضاء التكاثر AaDaa' at-takaathur • reproductive organs

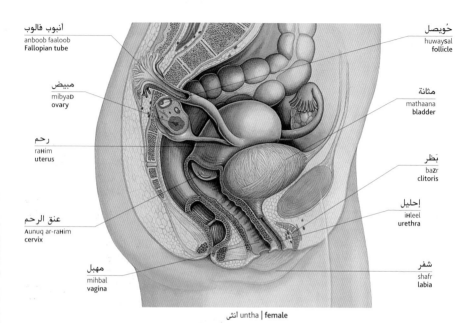

أنبوب فالوب
anboob faaloob
Fallopian tube

حُويصل
huwaySal
follicle

مبيض
mibyaD
ovary

مثانة
mathaana
bladder

رحم
raHim
uterus

بَظر
baZr
clitoris

عنق الرحم
Aunuq ar-raHim
cervix

إحليل
iHleel
urethra

مهبل
mihbal
vagina

شفر
shafr
labia

انثى untha | **female**

تكاثر takaathur • reproduction

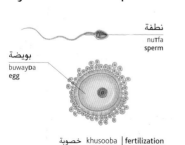

نطفة
nuTfa
sperm

بويضة
buwayDa
egg

خصوبة khusooba | **fertilization**

المفردات al-mufradaat • vocabulary

هرمون hormoon **hormone**	عنين Ainneen **impotent**	خصيب khaSeeb **fertile**
إباضة ibaaDa **ovulation**	تحمل taHmil **conceive**	ممارسة الجنس mumaarisat al-jins **intercourse**
عاقر Aaaqir **infertile**	حيض HayD **menstruation**	مرض ينتقل بممارسة الجنس maraD yantaqil bi-mumaarisat al-jins **sexually transmitted disease**

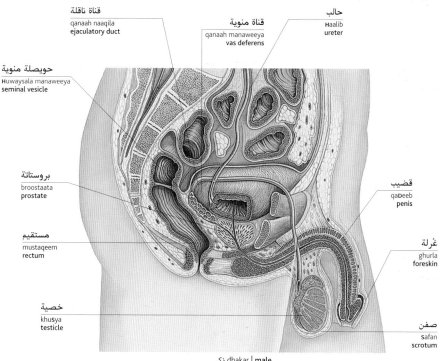

قناة ناقلة
qanaah naaqila
ejaculatory duct

قناة منوية
qanaah manaweeya
vas deferens

حالب
Haalib
ureter

حويصلة منوية
Huwaysala manaweeya
seminal vesicle

بروستاتة
broostaata
prostate

مستقيم
mustaqeem
rectum

خصية
khuSya
testicle

قضيب
qaDeeb
penis

غُرلة
ghurla
foreskin

صفن
Safan
scrotum

ذكر dhakar | **male**

مانع الحمل maaniA al-Haml • contraception

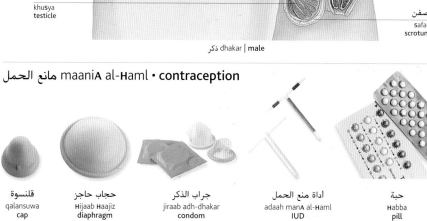

قلنسوة
qalansuwa
cap

حجاب حاجز
Hijaab Haajiz
diaphragm

جراب الذكر
jiraab adh-dhakar
condom

أداة منع الحمل
adaah manA al-Haml
IUD

حبة
Habba
pill

العائلة al-Aa'ila • family

جدة
jadda
grandmother
جد
jadd
grandfather
عم
Aamm
uncle (paternal)
عمة
Aamma
aunt (paternal)
أب
ab
father
أم
umm
mother
ابن/ابنة عم
ibn/ibnat Aamm
cousin (paternal)
أخ
akh
brother
أخت
ukht
sister
زوجة
zawja
wife
زوجة ابن
zawjat ibn
daughter-in-law
ابن
ibn
son
ابنة
ibna
daughter
زوج ابنة
zawj ibna
son-in-law
حفيد
Hafeed
grandson
حفيدة
Hafeeda
granddaughter
زوج
zawj
husband

المفردات al-mufradaat • vocabulary

أقارب aqaarib **relatives**	والدان waalidaan **parents**	أحفاد aHfaad **grandchildren**	خال khaal **maternal uncle**	زوجة الأب zawjat al-ab **stepmother**	رفيق/رفيقة rafeeq/rafeeqa **partner**
جيل jeel **generation**	أطفال aTfaal **children**	جد وجدة jadd wa-jadda **grandparents**	خالة khaala **maternal aunt**	زوج الأم zawj al-umm **stepfather**	توائم tawaa'im **twins**

حماة
Hamaah
mother-in-law

حم
Ham
father-in-law

زوج أخت/أخو زوج(ة)
zawj ukht/
akhoo zawj(a)
brother-in-law

زوجة أخ/أخت زوج(ة)
zawjat akh/
ukht zawj(a)
sister-in-law

ابنة أخ/أخت
ibnat akh/ukht
niece

ابن أخ/أخت
ibn akh/ukht
nephew

لقب laqab • titles

آنسة
aanisa
Miss

سيدة
sayyida
Mrs

سيد
sayyid
Mr

مراحل maraaHil • stages

رضيع
raDeeA
baby

طفل
Tifl
child

ولد
walad
boy

بنت
bint
girl

مراهق
muraaHiq
teenager

بالغ
baaligh
adult

رجل
rajul
man

امرأة
imra'a
woman

العلاقات al-Ailaaqaat • relationships

مساعد
musaaAid
assistant

مدير
mudeer
manager

شريك أعمال
shareek aAmaal
business partner

صاحب عمل
SaaHib aAmaal
employer

موظف
muwaZZaf
employee

زميل
zameel
colleague

مكتب maktab | office

جار
jaar
neighbour

صديق
Sadeeq
friend

معرفة
maArifa
acquaintance

صديق مراسلة
Sadeeq muraasala
penfriend

رفيق
rafeeq
boyfriend

رفيقة
rafeeqa
girlfriend

خطيب
khaTeeb
fiancé

خطيبة
khaTeeba
fiancée

رفيقان rafeeqaan | couple

مخطوبان makhToobaan | engaged couple

العواطف al-AawaaTif • emotions

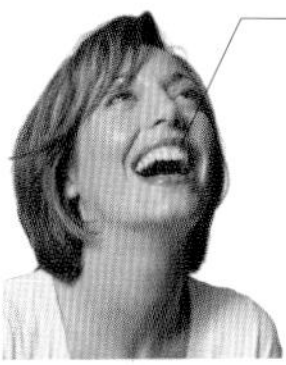

ابتسامة
ibtisaama
smile

سعيد
saAeed
happy

حزين
Hazeen
sad

مُثار
muthaar
excited

ضجر
Dajir
bored

مندهش
mundahish
surprised

مرتعب
murtaAib
scared

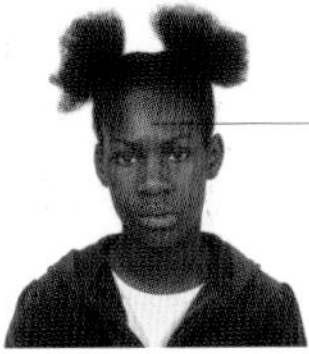

عبوس
Aaboos
frown

غاضب
ghaaDib
angry

مرتبك
murtabik
confused

قلق
qaliq
worried

عصبي
AaSabee
nervous

فخور
fakhoor
proud

واثق
waathiq
confident

محرج
muhraj
embarrassed

خجول
khajool
shy

المفردات al-mufradaat • vocabulary

منغص munaghghas **upset**	يضحك yadHak **laugh (v)**	ينهّد yunahhid **sigh (v)**	يصيح yaSeeH **shout (v)**
مصدوم masdoom **shocked**	يبكي yabkee **cry (v)**	يُغمي عليه yughmee Aalayhi **faint (v)**	يتثاءب yatathaa'ab **yawn (v)**

أحداث الحياة aHdaath al-Hayaah • life events

يُولد
yuwallad
be born (v)

يبدأ الدراسة
yabda' ad-diraasa
start school (v)

يعقد صداقات
yaAqud Sadaaqaat
make friends (v)

يتخرج
yatakharraj
graduate (v)

يحصل على وظيفة
yaHsul Aala waZeefa
get a job (v)

يقع في الحب
yaqaA fil-Hubb
fall in love (v)

يتزوج
yatazawwaj
get married (v)

يرزق بمولود
yarzuq bi-mawlood
have a baby (v)

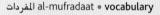

زفاف zifaaf | **wedding**

طلاق
Talaaq
divorce

جنازة
jinaaza
funeral

المفردات al-mufradaat • vocabulary

تعميد
taAmeed
christening

ذكرى
dhikra
anniversary

يهاجر
yuhaajir
emigrate (v)

يتقاعد
yataqaaAad
retire (v)

يموت
yamoot
die (v)

يكتب وصية
yaktub wasiya
make a will (v)

شهادة ميلاد
shihaadat meelaad
birth certificate

حفل قران
Hafl qiraan
wedding reception

شهر عسل
shahr Aasal
honeymoon

احتفال بلوغ عند اليهود
iHtifaal buloogh Aand al-yahood
bar mitzvah

الاحتفالات al-iHtifaalaat • celebrations

حفل عيد ميلاد
Hafl Aeed meelaad
birthday party

بطاقة
biTaaqa
card

هدية
hadeeya
present

يوم الميلاد
yawm al-meelaad
birthday

عيد ميلاد المسيح
Aeed meelaad al-miseeH
Christmas

رأس السنة
ra's as-sana
New Year

كرنفال
karnifaal
carnival

موكب
mawkib
procession

شريط
shareeT
ribbon

عيد الشكر
Aeed ash-shukr
Thanksgiving

عيد القيامة
Aeed al-qiyaama
Easter

عيد جميع القديسين
Aeed jameeA l-qiddeeseen
Halloween

أعياد aAyaad • festivals

عيد الفصح (لليهود)
Aeed al-fasH (lil-yahood)
Passover

رمضان
ramaDaan
Ramadan

عيد النور للهندوس
Aeed an-noor lil-hindoos
Diwali

المظهر al-mazhar
appearance

ملابس الأطفال malaabis al-aTfaal • children's clothing

ثوب الثلج
thawb ath-thalj
snowsuit

رضيع raDeeA • baby

صدرة
sudra
vest

حُلة
Hulla
babygro

كبّاس
kabbaas
popper

بذلة للنوم
badhla lin-nawm
sleepsuit

ثوب فضفاض
thawb fiDfaaD
romper suit

صدرية
sadreeya
bib

قفاز
quffaaz
mittens

حذاء قماش
Hidhaa' qumaash
booties

حِفاظ زغبي
Hifaaz zaghabee
terry nappy

حِفاظ للرمي
Hifaaz lir-ramy
disposable nappy

لباس بلاستيك
libaas blaasteek
plastic pants

طفل في أول مشية Tifl fee awwal mashiya • toddler

قبعة شمس
qubaAAat shams
sunhat

مريلة
maryala
apron

زي دنغري
ziyy dangharee
dungarees

شورت
short
shorts

تي شيرت
tee shirt
t-shirt

تنورة
tannoora
skirt

طفل Tifl • child

فستان
fustaan
dress

صندل
sandal
sandals

صيف
sayf
summer

غطوة
ghaTwa
hood

معطف مطر
miATaf maTar
raincoat

جينز
jeenz
jeans

حقيبة ظهر
Haqeebat Zahr
backpack

خريف
khareef
autumn

مشبك
mishbak
toggle

معطف سميك
miATaf sameek
duffel coat

وشاح
wishaaH
scarf

سترة
sutra
anorak

حذاء مطاط
Hidhaa' maTTaaT
wellington boots

شتاء
shitaa'
winter

روب
rohb
dressing gown

قميص نوم
qamees nawm
nightie

شبشب
shibshib
slippers

ملابس الليل
malaabis al-layl
nightwear

علامة تجارية
Aalaama tujaareeya
logo

حذاء رياضي
Hidhaa' riyaaDee
trainers

ملابس كرة القدم
malaabis kurat al-qadam
football strip

بذلة تدريب
badhlat tadreeb
tracksuit

طماقات
Timaaqaat
leggings

المفردات al-mufradaat • vocabulary

ألياف طبيعية alyaaf tabeeAeeya **natural fibres**	هل يمكن غسلها في الغسالة؟ hal yumkin ghasluhaa fil-ghasaala? **Is it machine washable?**
صناعي sinaaAee **synthetic**	هل تناسب عمرسنتين؟ hal tunaasib Aumr sanatayn? **Will this fit a two-year-old?**

ملابس الرجال malaabis ar-rijaal • men's clothing

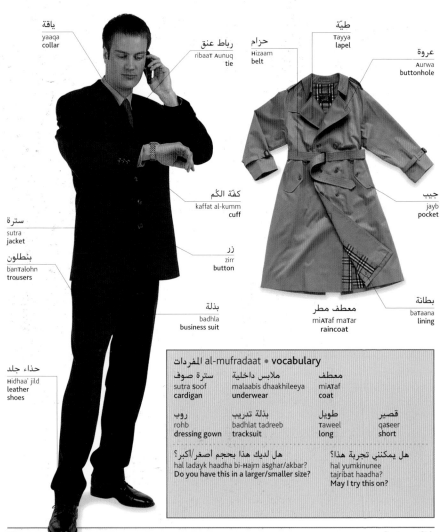

ياقة
yaaqa
collar

رباط عنق
ribaaT Aunuq
tie

كفّة الكُم
kaffat al-kumm
cuff

سترة
sutra
jacket

زر
zirr
button

بنطلون
banTalohn
trousers

بذلة
badhla
business suit

حذاء جلد
Hidhaa' jild
leather shoes

حزام
Hizaam
belt

طيّة
Tayya
lapel

عروة
Aurwa
buttonhole

جيب
jayb
pocket

بطانة
baTaana
lining

معطف مطر
miATaf maTar
raincoat

المفردات al-mufradaat • vocabulary

سترة صوف
sutra soof
cardigan

ملابس داخلية
malaabis dhaakhileeya
underwear

معطف
miATaf
coat

روب
rohb
dressing gown

بذلة تدريب
badhlat tadreeb
tracksuit

طويل
Taweel
long

قصير
qaseer
short

هل لديك هذا بحجم أصغر/أكبر؟
hal ladayk haadha bi-Hajm asghar/akbar?
Do you have this in a larger/smaller size?

هل يمكنني تجربة هذا؟
hal yumkinunee tajribat haadha?
May I try this on?

سترة فضفاضة
sutra fiDfaaDa
blazer

سترة رياضية
sutra riyaaDeeya
sports jacket

صدرية
Sadreeya
waistcoat

فتحة بشكل v
fatHa bi-shakl 'v'
v-neck

فتحة مستديرة
fatHa mustadeera
round neck

تي شيرت
tee shirt
t-shirt

جينز
jeenz
jeans

ملابس غير رسمية
malaabis ghayr rasmeeya
casual wear

سترة مطر
sutrat maTar
anorak

سويت شيرت
sweatshirt
sweatshirt

قميص
qameeS
shirt

كنزة
kanza
sweater

بيجاما
beejama
pyjamas

صدرة
Sudra
vest

شورت
short
shorts

سروال تحتي
sirwaal taHtee
briefs

شورت تحتي
short taHtee
boxer shorts

جوارب
jawaarib
socks

ملابس النساء malaabis an-nisaa' • women's clothing

جاكيت
jaakayt
jacket

دَرز
darz
seam

كُم
kumm
sleeve

تنورة
tannoora
skirt

حاشية
Hashiya
hem

حذاء
Hidhaa'
shoes

حتى الكاحل
Hatta l-kaaHil
ankle length

حتى الركبة
Hatta r-rukba
knee-length

بدون سرائح
bidoon saraa'iH
strapless

بدون أكمام
bidoon akmaam
sleeveless

فستان سهرة
fustaan sahra
evening dress

فستان
fustaan
dress

بلوزة
bilooza
blouse

بنطلون
banTalohn
trousers

غير رسمي
ghayr rasmee
casual

ملابس تحتية malaabis taHteeya • lingerie

رداء منزلي
ridaa' manzilee
dressing gown

دِرع
dirA
slip

سريحة
sareeHa
strap

صدير
sudayr
camisole

حمالات
Hammaalaat
suspenders

صدرة ضيقة
sudra Dayyiqa
basque

جورب طويل
jawrab Taweel
stocking

جورب نسائي
jawrab nisaa'ee
tights

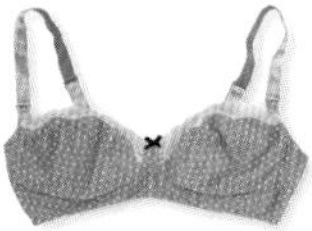

مِشد صدر
mishadd sadr
bra

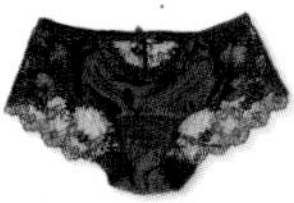

سروال تحتي
sirwaal taHtee
knickers

قميص نوم
qamees nawm
nightdress

زفاف zifaaf • wedding

حجاب
Hijaab
veil

دنتلة
dantilla
lace

باقة ورد
baaqat ward
bouquet

ذيل جرار
dhayl jarraar
train

فستان زفاف
fustaan zifaaf
wedding dress

المفردات al-mufradaat • vocabulary

مِشد mishadd **corset**	مفصل mufassal **tailored**
رباطة جورب rabbaaTat jawrab **garter**	مربوط على الرقبة marbooT Aala r-raqaba **halter neck**
حشية كتف Hashiyat katif **shoulder pad**	تحته سلك taHtahu silk **underwired**
خِصار khisaar **waistband**	مشد صدر للرياضة mishadd sadr lir-riyaaDa **sports bra**

الكماليات kamaaliyyaat • accessories

قلنسوة
qalansuwa
cap

قبعة
qubbaAa
hat

وشاح
wishaaH
scarf

إبزيم
ibzeem
buckle

حزام
Hizaam
belt

مقبض
miqbaD
handle

طرف
Tarf
tip

مِظلة
mizalla
umbrella

منديل
manDeel
handkerchief

ربطة عنق كفراشة
ribaaT Aunuq
ka-faraasha
bow tie

مِشبك رباط العنق
mishbak ribaaT
al-Aunuq
tie-pin

قفاز
quffaaz
gloves

المجوهرات al-mujawharaat • jewellery

دلاية
dallaaya
pendant

مشبك زينة
mishbak zeena
brooch

أزرار الكم
azraar al-kumm
cufflinks

وصلة
wasla
link

سوار
siwaar
bracelet

مِشبك
mishbak
clasp

حجر
Hajar
stone

سلسلة
silsila
chain

عقد من اللؤلؤ
Aiqd min al-lu'lu'
string of pearls

حلق
Halaq
earrings

خاتم
khaatim
ring

عِقد
Aiqd
necklace

ساعة
saaAa
watch

صندوق مجوهرات sundooq mujawharaat | jewellery box

الحقائب al-Haqaa'ib • bags

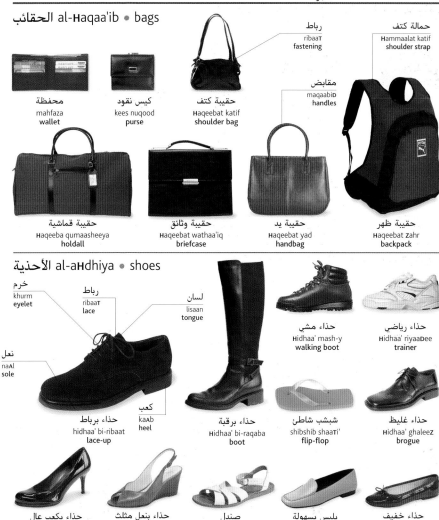

محفظة
mahfaza
wallet

كيس نقود
kees nuqood
purse

رباط
ribaaT
fastening

حقيبة كتف
Haqeebat katif
shoulder bag

حمالة كتف
Hammaalat katif
shoulder strap

مقابض
maqaabiD
handles

حقيبة قماشية
Haqeeba qumaasheeya
holdall

حقيبة وثائق
Haqeebat wathaa'iq
briefcase

حقيبة يد
Haqeebat yad
handbag

حقيبة ظهر
Haqeebat Zahr
backpack

الأحذية al-aHdhiya • shoes

خرم
khurm
eyelet

رباط
ribaaT
lace

لسان
lisaan
tongue

نعل
naAl
sole

كعب
kaAb
heel

حذاء برباط
hidhaa' bi-ribaat
lace-up

حذاء برقبة
Hidhaa' bi-raqaba
boot

حذاء مشي
Hidhaa' mash-y
walking boot

حذاء رياضي
Hidhaa' riyaaDee
trainer

شبشب شاطئ
shibshib shaaTi'
flip-flop

حذاء غليظ
Hidhaa' ghaleeZ
brogue

حذاء بكعب عال
Hidhaa' bi-kaAb Aaalee
high heel shoe

حذاء بنعل مثلث
Hidhaa' bi-naAl muthallath
wedge

صندل
Sandal
sandal

يلبس بسهولة
حذاء
Hidhaa' yulbas
bi-suhoola
slip-on

حذاء خفيف
Hidhaa' khafeef
pump

الشعر ash-shaAr • hair

مشط
mishT
comb

يمشط
yumashshiT
comb (v)

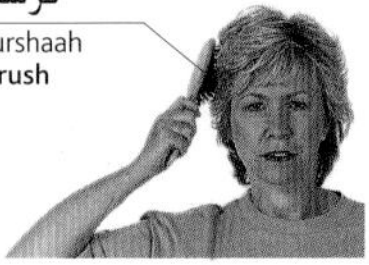

فرشاة
furshaah
brush

يفرش yufarrish | brush (v)

حلاق
Hallaaq
hairdresser

حوض
hawD
sink

عميلة
Aameela
client

يغسل yaghsil | wash (v)

روب
rohb
robe

يشطف
yushaTTif
rinse (v)

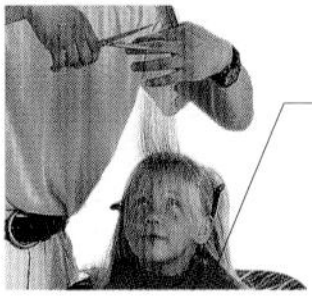

يقص
yaquSS
cut (v)

يجفف بالهواء
yujaffif bil-hawaa'
blow dry (v)

يثبت الشعر
yuthabbit ash-shaAr
set (v)

كماليات kamaaleeyaat • accessories

مجفف شعر
mujaffif shaAr
hairdryer

شامبو
shaamboo
shampoo

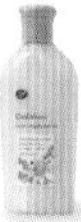

مُكيّف
mukayyif
conditioner

جيل
gel
gel

مثبت شعر
muthabbit shaAr
hairspray

كلابات تمويج
klaabaat tamweej
curling tongs

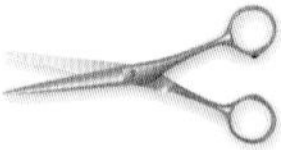

مقص
miqaSS
scissors

طوق شعر
Tawq shaAr
hairband

مكواة شعر
mikwaat shaAr
hair straighteners

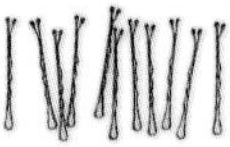

مِشبك شعر
mishbak shaAr
hairpin

الأشكال al-ashkaal • styles

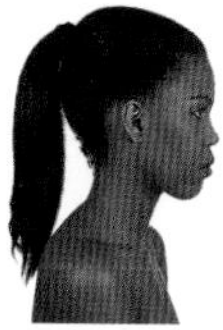

ذيل الفرس
dhayl al-faras
ponytail

ضفيرة
Dafeera
plait

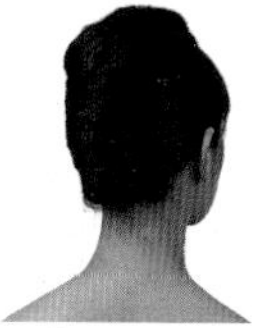

ثنية فرنسية
thanya faranseeya
french pleat

كعكة شعر
kaAkat shaAr
bun

ضفيرتان صغيرتان
Dafeerataan
sagheerataan
pigtails

شعر قصير
shaAr qaSeer
bob

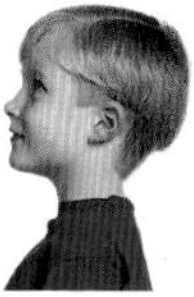

قص قصير
qaSS qaSeer
crop

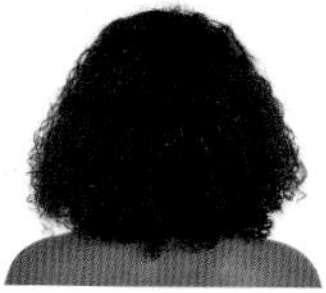

مموج
mumawwaj
curly

تمويج
tamweej
perm

مستقيم
mustaqeem
straight

جذور
judhoor
roots

إبراز
ibraaz
highlights

أصلع
aSlaA
bald

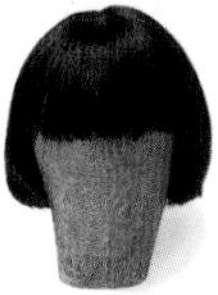

شعر مستعار
shaAr mustaAaar
wig

المفردات al-mufradaat • vocabulary

يحف yaHuff trim (v)	دهني duhnee greasy
يفرد yafrid straighten (v)	جاف jaaff dry
حلاق Hallaaq barber	عادي Aaadee normal
قشرة الرأس qishrat ar-ra's dandruff	جلد الرأس jild ar-ra's scalp
نهايات مشقوقة nihaayaat mashqooqa split ends	رباط مطاط ribaaT maTaaT hairtie

ألوان alwaan • colours

شقراء
shaqraa'
blonde

سمراء
samraa'
brunette

أسمر محمر
asmar miHmirr
auburn

أحمر
aHmar
ginger

أسود
aswad
black

رمادي
ramaadee
grey

أبيض
abyaD
white

مصبوغ
maSboogh
dyed

الجمال al-jamaal • beauty

صبغة الشعر
sibghat ash-shaAr
hair dye

تظليل العين
tazleel al-Aayn
eye shadow

مسكرة
maskara
mascara

كحل
kuHl
eyeliner

أحمر للخد
aHmar lil-khadd
blusher

قاعدة للماكياج
qaaAida lil-makyaaj
foundation

أحمر الشفاه
aHmar al-shifaah
lipstick

ماكياج makyaaj • make-up

قلم للحاجب
qalam lil-Haajib
eyebrow pencil

فرشاة للحاجب
furshaah lil-Haajib
eyebrow brush

ملقط
milqaT
tweezers

ملمع الشفة
mulammaA ash-shifa
lip gloss

فرشاة الشفة
furshaah ash-shifa
lip brush

مخطط الشفة
mukhaTTiT ash-shifa
lip liner

فرشاة
furshaah
brush

مُخفي
mukhfee
concealer

مرآة
mir'aah
mirror

بودرة الوجه
boodrat al-wajh
face powder

نفاشة البودرة
naffaashat al-boodra
powder puff

علبة بودرة صغيرة
Aulbat boodra Sagheera | **compact**

إجراءات التجميل ijraa'aat at-tajmeel • beauty treatments

قناع تنظيف
qinaaA tanzeef
face pack

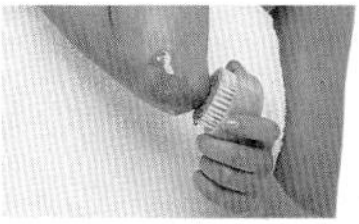

برنامج عناية للوجه
barnarmaj Ainaaya lil-wajh
facial

سرير تشميس
sareer tashmees
sunbed

يقشر
yuqashshir
exfoliate (v)

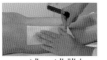

إزالة الشعر بالشمع
izaalat ash-shaAr bish-shamA
wax

عناية بالقدمين
Ainaaya bil-qadamayn
pedicure

تدريم الأظافر tadreem al-aZaafir • manicure

مبرد للأظافر
mibrad al-azaafir
nail file

مزيل لطلاء الأظافر
muzeel li-Tilaa' al-aZaafir
nail varnish remover

طلاء للأظافر
Tilaa' lil-azaafir
nail varnish

مقص للأظافر
miqaSS lil-aZaafir
nail scissors

مِقراض للأظافر
miqraad lil-azaafir
nail clippers

أدوات الحمام adawaat al-Hammaam • toiletries

منظف
munaZZif
cleanser

سائل للترطيب
saa'il lil-tarTeeb
toner

مُرطب
muraTTib
moisturizer

كريمة ذاتية الدبغ
kreema dhaatiyat ad-dabgh
self-tanning cream

عطر
AiTr
perfume

سائل معطر
saa'il muAaTTir
eau de toilette

المفردات al-mufradaat • vocabulary

لون البشرة lawn al-bashara **complexion**	دهني duhnee **oily**	دبغ dabgh **tan**
أشقر ashqar **fair**	حساس Hassaas **sensitive**	وشم washm **tattoo**
داكن daakin **dark**	غير مسبب للحساسية ghayr musabbib lil-Hassaaseeya **hypoallergenic**	مضاد للتجاعيد muDaadd at-tajaaAeed **anti-wrinkle**
جاف jaaff **dry**	ظل Zill **shade**	كرات قطن kuraat quTn **cotton balls**

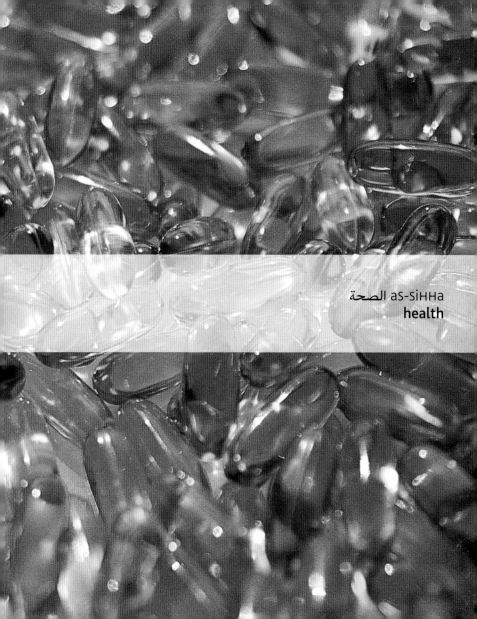

الصحة aS-SiHHa
health

المرض al-maraD • illness

صداع
sudaaA
headache

نزيف الأنف
nazeef al-anf
nosebleed

كحة
kuHHa
cough

حمى Hummaa | fever

عطس
AaTs
sneeze

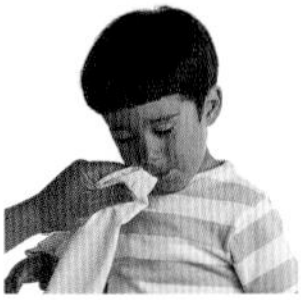

برد
bard
cold

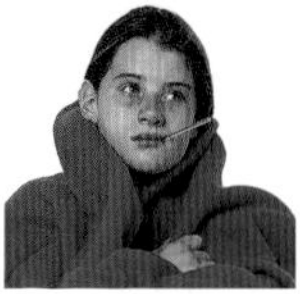

إنفلونزا
influwenza
flu

جهاز استنشاق
jihaaz istinshaaq
inhaler

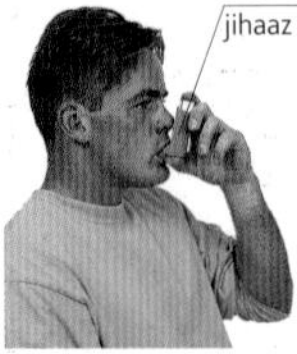

ربو
rabw
asthma

تقلصات
taqallusaat
cramps

غثيان
ghathyaan
nausea

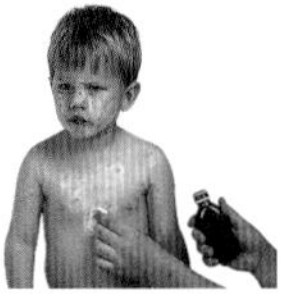

جدري الماء
judaree al-maa'
chickenpox

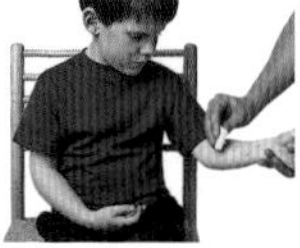

طفح جلدي
TafH jildee
rash

المفردات al-mufradaat • vocabulary

جلطة julTa stroke	داء السكري daa' as-sukkaree diabetes	أكزيما ekzeema eczema
ضغط دم DaghT dam blood pressure	حساسية Hassaaseeya allergy	عدوى Aadwaa infection
نوبة قلبية nawba qalbeeya heart attack	حمى الدريس Humma ad-darees hayfever	فيروس vayroos virus

قشعريرة qushaareera chill	يتقيأ yataqayya' vomit (v)	إسهال ishaal diarrhoea
ألم بالبطن alam bil-baTn stomach ache	صرع saraA epilepsy	حصبة Hasba measles
يُغمى عليه yughma Aalayhi faint (v)	صداع نصفي sudaaA nisfee migraine	نكاف nikaaf mumps

الطبيب aT-Tabeeb • doctor

استشارة istishaara • consultation

طبيب
Tabeeb
doctor
جهاز عرض الأشعة
jihaaz arD al-ashiAAa
x-ray viewer
وصفة طبية
waSfa Tibbeeya
prescription
مريض
mareeD
patient

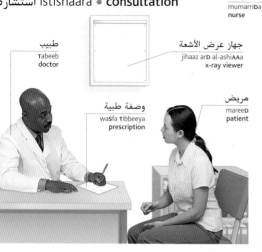

ممرضة
mumarriDa
nurse
ميزان
meezaan
scales

كفّة السماعة
kaffat as-sammaaAa
cuff
جهاز كهربائي لقياس ضغط الدم
jihaaz kahrabaa'ee li-qiyaas DaghT ad-dam
electric blood pressure monitor

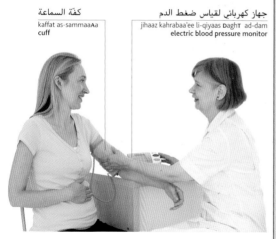

المفردات al-mufradaat • vocabulary

موعد mawAid **appointment**	تطعيم taTAeem **inoculation**
عيادة Aiyaada **surgery**	ترمومتر tirmometr **thermometer**
غرفة انتظار ghurfat intiZaar **waiting room**	فحص طبي faHS Tibbee **medical examination**

أحتاج أن أقابل طبيباً.
aHtaaj an uqaabil Tabeeban.
I need to see a doctor.

يؤلمني هنا.
yu'limunee huna.
It hurts here.

الإصابة al-isaaba • injury

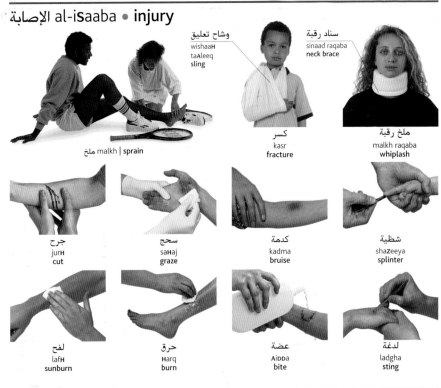

ملخ malkh | sprain

وشاح تعليق
wishaaH taAleeq
sling

كسر
kasr
fracture

سناد رقبة
sinaad raqaba
neck brace

ملخ رقبة
malkh raqaba
whiplash

جرح
jurH
cut

سحج
saHaj
graze

كدمة
kadma
bruise

شظية
shazeeya
splinter

لفح
lafH
sunburn

حرق
Harq
burn

عضة
AiDDa
bite

لدغة
ladgha
sting

المفردات al-mufradaat • vocabulary

حادث
Haadith
accident

حالة طارئة
Haala Taari'a
emergency

جرح
jurH
wound

نزيف
nazeef
haemorrhage

بثرة
bathra
blister

ارتجاج
irtijaaj
concussion

تسمم
tasammum
poisoning

صدمة كهربائية
sadma kahrabaa'eeya
electric shock

إصابة بالرأس
isaaba bir-ra's
head injury

هل سيكون/ستكون بخير؟
hal sa-yakoon/sa-takoon bi-khayr?
Will he/she be all right?

أين الألم؟
aynal-alam?
Where does it hurt?

رجاء طلب الإسعاف.
rajaa' Talab al-isAaaf.
Please call an ambulance.

إسعافات أولية isAaafaat awwaleeya • first aid

مرهم
marham
ointment

بلاستر
blaastir
plaster

دبوس أمان
dabboos amaan
safety pin

ضمادة
Dimaada
bandage

مسكنات الألم
musakkinaat al-alam
painkillers

مساحة مطهرة
massaaHa
muTahhira
antiseptic wipe

ملقط
milqaT
tweezers

مقص
miqass
scissors

مطهر
muTahhir
antiseptic

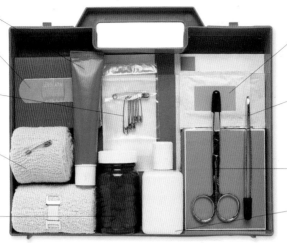

صندوق إسعافات أولية sandooq isAaafaat awwaleeya | **first aid box**

شاش
shaash
gauze

تضميد الجرح
taDmeed al-jurH
dressing

جبيرة jabeera | **splint**

شريط لاصق
shareeT laasiq
adhesive tape

إنعاش
inAaash
resuscitation

المفردات al-mufradaat • vocabulary

صدمة
sadma
shock

مغمي عليه
mughmee Aalayhi
unconscious

نبض
nabaD
pulse

تنفس
tanaffus
breathing

يختنق
yakhtaniq
choke (v)

معقم
muAaqqam
sterile

هل يمكنك المساعدة؟
hal yumkinuka al-musaaADa?
Can you help?

هل تعرف الإسعافات الأولية؟
hal taAraf al-isAaafaat al-awwaleeya?
Do you know first aid?

المستشفى al-mustashfa • hospital

جراح
jarraaH
surgeon

رسم بياني
rasm bayaanee
chart

طبيب تخدير
Tabeeb takhdeer
anaesthetist

ممرضة
mumarriDa
nurse

فحص الدم
faHS ad-dam
blood test

حقنة
Huqna
injection

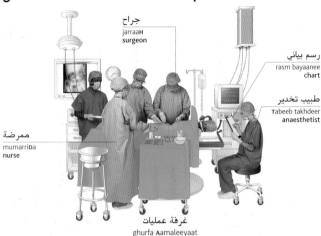

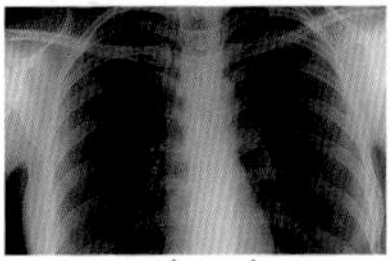

غرفة عمليات
ghurfa Aamaleeyaat
operating theatre

سرير بعجل
sareer bi-Aajal
trolley

زر استدعاء
zurr istidAaa'
call button

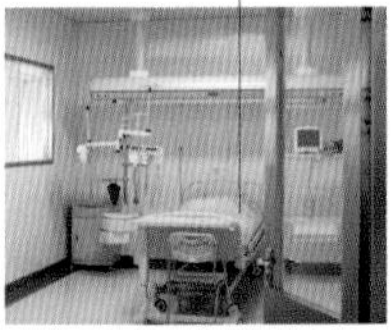

غرفة الطوارئ
ghurfat aT-Tawaari'
emergency room

عنبر
Aanbar
ward

كرسي بعجل
kursee bi-Aajal
wheelchair

أشعة أكس
ashiAAat aks
x-ray

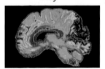

تفريسة
tafreesa
scan

المفردات al-mufradaat • vocabulary

عملية Aamaleeya operation	عيادة Aiyaada clinic	ساعات الزيارة saaAaat az-ziyaara visiting hours	عنبر الأطفال Aanbar al-aTfaal children's ward	مريض خارجي mareeD khaarijee outpatient
يُدخل للعلاج yudhkhal lil-Ailaaj admitted	يُسمح له بالخروج yusmaH lahu bil-khurooj discharged	عنبر الولادة Aanbar al-wilaada maternity ward	غرفة خاصة ghurfa khaaSSa private room	وحدة الرعاية المركزة waHdat ar-riAaaya al-murakkaza intensive care unit

الأقسام al-aqsaam • departments

أذن وأنف وحنجرة
udhun wa-anf wa-Hanjara
ENT

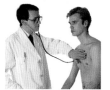

القلب والأوعية الدموية
al-qalb wal-awAiya
ad-damaweeya
cardiology

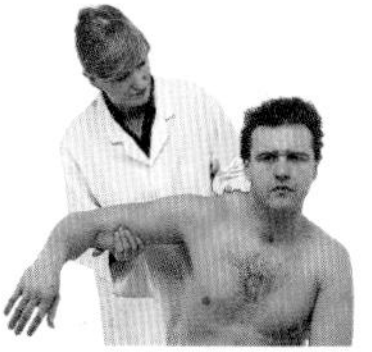

العظام
al-AiZaam
orthopaedy

النساء والولادة
an-nisaa' wal-wilaada
gynaecology

العلاج الطبيعي
al-Ailaaj aT-TabeeAee
physiotherapy

الجلدية
al-jildeeya
dermatology

الأطفال
al-aTfaal
paediatrics

الأشعة
al-ashiAAa
radiology

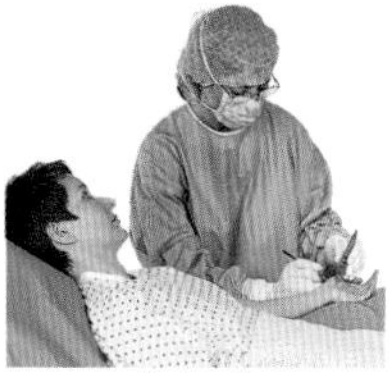

الجراحة
al-jiraaHa
surgery

الولادة
al-wilaada
maternity

الأمراض النفسية
al-amraaD an-nafseeya
psychiatry

العيون
al-Auyoon
ophthalmology

المفردات al-mufradaat • vocabulary

الأعصاب al-Aasaab **neurology**	التجميل at-tajmeel **plastic surgery**	الغدد الصماء al-ghudad aS-Samaa' **endocrinology**	الأمراض al-amraaD **pathology**	نتيجة nateeja **result**
السرطان as-saraTaan **oncology**	الجهاز البولي والكلي al-jihaaz al-boolee wal-kilee **urology**	إحالة iHaala **referral**	اختبار ikhtibaar **test**	مستشار mustashaar **consultant**

طبيب الأسنان Tabeeb al-asnaan • dentist

سنة sinna • tooth

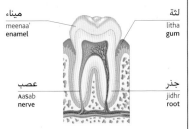

ميناء
meenaa'
enamel

لثة
litha
gum

عصب
AaSab
nerve

جذر
jidhr
root

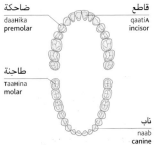

ضاحكة
daaHika
premolar

قاطع
qaatiA
incisor

طاحِنة
TaaHina
molar

ناب
naab
canine

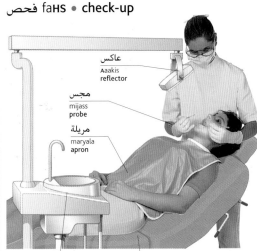

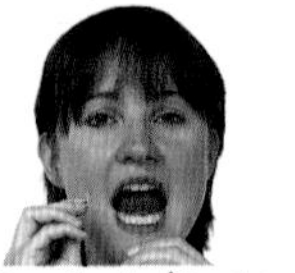

المفردات al-mufradaat • vocabulary

ألم أسنان alam bi-asnaan **toothache**	مثقب mithqab **drill**
قلاح qulaaH **plaque**	خيط للأسنان khayT lil-asnaan **dental floss**
تسوس tasawwus **decay**	خلع khalA **extraction**
حشو Hashw **filling**	تاج taaj **crown**

فحص faHS • check-up

عاكس
Aaakis
reflector

مجس
mijass
probe

مريلة
maryala
apron

حوض
HawD
basin

كرسي طبيب الأسنان
kursee Tabeeb al-asnaan
dentist's chair

ينظف الأسنان بالخيط
yunaZZif al-asnaan bil-khayT
floss (v)

يفرش
yufarrish
brush (v)

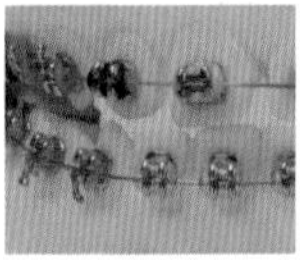

مثبت
muththabit
brace

تصوير الأسنان بأشعة أكس
taSweer al-asnaan bi-ashiAAat aks
dental x-ray

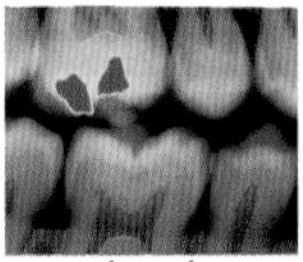

فيلم أشعة أكس
film ashiAAat aks
x-ray film

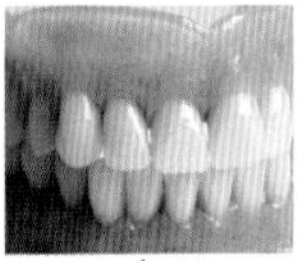

طقم أسنان
Taqm asnaan
dentures

طبيب العيون Tabeeb al-Auyoon • optician

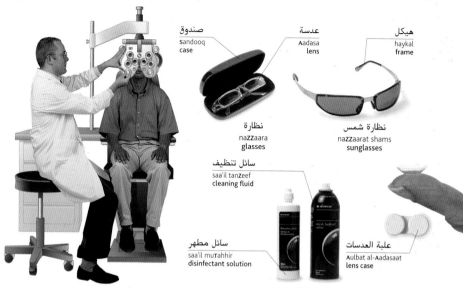

اختبار النظر ikhtibaar an-naZar | eye test

صندوق
sandooq
case
عدسة
Aadasa
lens
نظارة
naZZaara
glasses

هيكل
haykal
frame
نظارة شمس
naZZaarat shams
sunglasses

سائل تنظيف
saa'il tanZeef
cleaning fluid
سائل مطهر
saa'il muTahhir
disinfectant solution
علبة العدسات
Aulbat al-Aadasaat
lens case

عدسات لاصقة Aadasaat laaSiqa | contact lenses

عين Aayn • eye

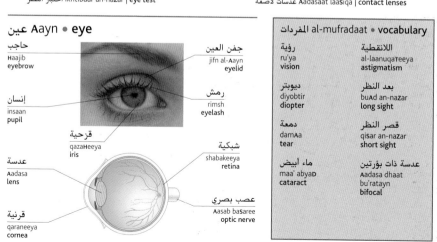

حاجب
Haajib
eyebrow
جفن العين
jifn al-Aayn
eyelid
إنسان
insaan
pupil
رمش
rimsh
eyelash
قزحية
qazaHeeya
iris

عدسة
Aadasa
lens
شبكية
shabakeeya
retina
قرنية
qaraneeya
cornea
عصب بصري
Aasab baSaree
optic nerve

المفردات al-mufradaat • vocabulary

رؤية ru'ya **vision**	اللانقطية al-laanuqaTeeya **astigmatism**
ديوبتر diyobtir **diopter**	بعد النظر buAd an-naZar **long sight**
دمعة damAa **tear**	قصر النظر qiSar an-naZar **short sight**
ماء أبيض maa' abyaD **cataract**	عدسة ذات بؤرتين Aadasa dhaat bu'ratayn **bifocal**

الحمل al-Haml • pregnancy

تفريسة
tafreesa
scan

اختبار الحمل
ikhtibaar al-Haml
pregnancy test

الحبل السري
al-Habl as-sirree
umbilical cord

المشيمة
masheema
placenta

عنق الرحم
Aunuq ar-raHm
cervix

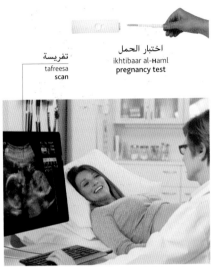

صوت فوق سمعي sawt fawq samAee | **ultrasound**

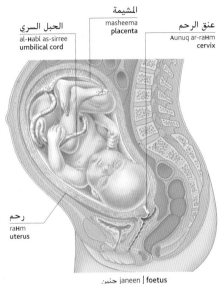

رحم
raHm
uterus

جنين janeen | **foetus**

المفردات al-mufradaat • vocabulary

إباضة ibaaDa **ovulation**	قبل الولادة qabla l-wilaada **antenatal**	تقلص taqallus **contraction**	اتساع ittisaaA **dilation**	وضع wadA **delivery**	جنين منعكس (janeen) munAakis **breech**
إخصاب ikhsaab **conception**	جنين janeen **embryo**	خروج السائل الأمنيوني khurooj as-saa'il al-amniyoonee **break waters (v)**	تخدير فوق الجافية takhdeer fawq al-jaafeeya **epidural**	ولادة wilaada **birth**	مبتسر mubtasir **premature**
حامل Haamil **pregnant**	رحم raHm **womb**	السائل الأمنيوني as-saa'il al-amniyoonee **amniotic fluid**	شق الفوهة الفرجية shaqq al-fooha al-farjeeya **episiotomy**	إجهاض ijhaaD **miscarriage**	طبيب نساء Tabeeb nisaa' **gynaecologist**
حامل Haamil **expectant**	ثلاثي الأشهر thulaathee al-ash-hur **trimester**	سحب السائل الأمنيوني saHb as-saa'il al-amniyoonee **amniocentesis**	القيصرية al-qaySareeya **caesarean section**	خيوط جراحية khuyooT jarraaHeeya **stitches**	طبيب توليد Tabeeb tawleed **obstetrician**

الولادة al-wilaada • childbirth

تغذية بالتنقيط
tagh-dhiya bil-tanqeeT
drip

قابلة
qaabila
midwife

مرقاب
mirqaab
monitor

قثطرة
qathTara
catheter

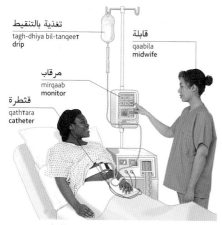

حث المخاض yahuthth il-makhaaD | **induce labour (v)**

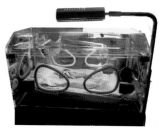

حاضنة HaaDina | **incubator**

الوزن عند الولادة al-wazn Ainda l-walaada | **birth weight**

ملقط
milqaT
forceps

كوب حجامة
koob Hijaama
ventouse cup

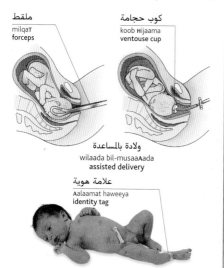

ولادة بالمساعدة
wilaada bil-musaaAada
assisted delivery

علامة هوية
Aalaamat haweeya
identity tag

حديث الولادة Hadeeth al-wilaada | **newborn baby**

تغذية بالثدي tagh-dhiya bith-thady • nursing

مضخة ثدي
xīrŭqì
breast pump

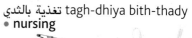

صدرية للتغذية بالثدي
sudreeya lit-tagh-dhiya
bith-thady
nursing bra

تغذي بالثدي
tughadh-dhee bith-thady
breastfeed (v)

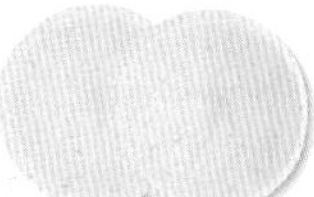

حشية
Hashiya
pads

العلاج البديل al-Ailaaj al-badeel • alternative therapy

مدرس
mudarris
teacher

سجادة
sijjaada
mat

يوجا yoga | **yoga**

تدليك
tadleek
massage

شياتسو
shiyaatsoo
shiatsu

تصحيح الجسم ذاتياً
tasHeeH al-jism dhaateeyan
chiropractic

تجبير العظم
tajbeer al-Aazm
osteopathy

علاج باليدين
Ailaaj bil-yadayn
reflexology

تأمل
ta'ammul
meditation

مستشار
mustashaar
counsellor

علاج جماعي
Ailaaj jamaaAee
group therapy

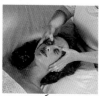

ري كي
raykee
reiki

أيورفيدية
ayoorfeedeeya
ayurveda

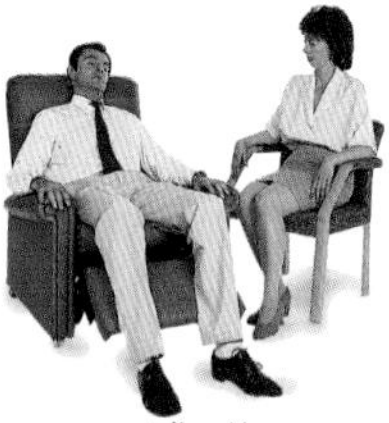

وخز بالإبر
wakhz bil-ibr
acupuncture

علاج بالتنويم
Ailaaj bit-tanweem
hypnotherapy

خلاصات الزيوت
khulaaSaat az-zuyoot
essential oils

علاج بالأعشاب
Ailaaj bil-aAshaab
herbalism

علاج بخلاصات الزيوت
Ailaaj bi-khulaaSaat az-zuyoot
aromatherapy

علاج بالمثل
Ailaaj bil-mithl
homeopathy

علاج بالضغط
Ailaaj biD-DaghT
acupressure

معالج
muAaalij
therapist

علاج نفسي
Ailaaj nafsee
psychotherapy

المفردات al-mufradaat • vocabulary

مكمل mukammil **supplement**	عشب Aushb **herb**	استرخاء istirkhaa' **relaxation**	توتر tawattur **stress**
علاج بالمياه Ailaaj bil-miyaah **hydrotherapy**	فينج شوي feng shuwee **feng shui**	علاج بالبلورات Ailaaj bil-ballooraat **crystal healing**	علاج بالطبيعية Ailaaj biT-TabeeAeeya **naturopathy**

المسكن al-maskan
home

المنزل al-manzil • house

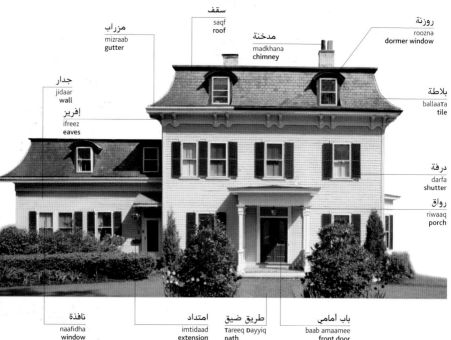

سقف
saqf
roof

مزراب
mizraab
gutter

مدخنة
madkhana
chimney

روزنة
roozna
dormer window

جدار
jidaar
wall

بلاطة
ballaaTa
tile

إفريز
ifreez
eaves

درفة
darfa
shutter

رواق
riwaaq
porch

نافذة
naafidha
window

امتداد
imtidaad
extension

طريق ضيق
Tareeq Dayyiq
path

باب أمامي
baab amaamee
front door

المفردات al-mufradaat • vocabulary

منفصل munfasil **detached**	مستأجر musta'jir **tenant**	جراج garaaj **garage**	جهاز إنذار jihaaz indhaar **burglar alarm**	صندوق الخطابات sandooq al-khiTaabaat **letterbox**	يستأجر yasta'jir **rent (v)**
شبه منفصل shibh munfasil **semidetached**	طابق Taabiq **floor**	فناء finaa' **courtyard**	مصباح رواق misbaaH riwaaq **porch light**	غرفة بأعلى دور ghurfa bi'Aalaa door **attic**	إيجار eejaar **rent**
بيت في مدينة bayt fee madeena **townhouse**	بدروم badroom **basement**	غرفة ghurfa **room**	صاحب الملك saaHib al-milk **landlord**	بيت من طابق واحد bayt min Taabiq waaHid **bungalow**	صف منازل saff manaazil **terraced**

المدخل al-madkhal • entrance

درابزين داخلي
darabzeen
daakhilee
hand rail

سلم
sullam
staircase

ميسط
masbaт
landing

درابزين خارجي
darabzeen
khaarijee
banister

مدخل
madkhal
hallway

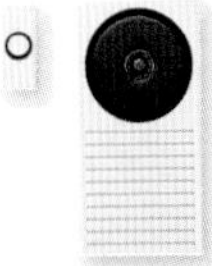

جرس الباب
jaras al-baab
doorbell

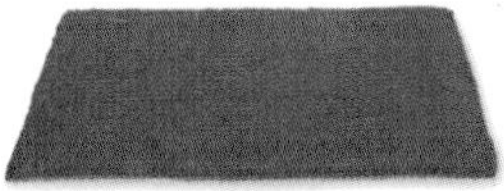

سجادة الباب
sijjaadat al-baab
doormat

مطرقة الباب
miтraqat al-baab
door knocker

سلسلة الباب
silsilat al-baab
door chain

قفل
qufl
lock

مفتاح
miftaaн
key

مزلاج
mizlaaj
bolt

شقة shaqqa • flat

شرفة
shurfa
balcony

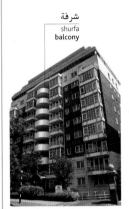

عمارة شقق
Aimaarat shuqaq
block of flats

تليفونات داخلية
tileefohnaat daakhileeya
intercom

مصعد
misAad
lift

الأنظمة الداخلية al-anzima ad-daakhileeya • internal systems

نصل
nasl
blade

مروحة
mirwaHa
fan

مشعاع
mishAaaA
radiator

سخان
sakhkhaan
heater

سخان بالحمل الحراري
sakhkhaan bil-Haml al-Haraaree
convector heater

كهرباء kahrabaa' • electricity

توصيل بالأرض
tawSeel bil-arD
earthing

سلك رقيق
silk raqeeq
filament

لمبة اقتصادية lamba iqtiSaadeeya
energy-saving bulb

محور
miHwar
pin

قابس qaabis | plug

غير مشحون
ghayr mash-Hoon
neutral

مشحون
mash-Hoon
live

أسلاك aslaak | wires

المفردات al-mufradaat • vocabulary

جهد كهربائي jahd kahrabaa'ee **voltage**	مصهر miShar **fuse**	مقبس miqbas **socket**	تيار مستمر tayyaar mustamirr **direct current**	انقطاع التيار inqitaaA at-tayyaar **power cut**
أمبير ambeer **amp**	صندوق المصاهر Sandooq al-maSaahir **fuse box**	مفتاح miftaaH **switch**	محول muHawwil **transformer**	التموين الرئيسي at-tamween ar-ra'eesee **mains supply**
قدرة qudra **power**	مولد muwallid **generator**	تيار متردد tayyaar mutaraddid **alternating current**	عداد كهرباء Aaddaad kahrabaa' **electricity meter**	

السباكة as-sibaaka • plumbing

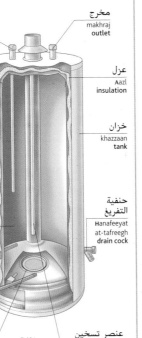

منفذ
manfadh
inlet

مخرج
makhraj
outlet

عزل
Aazl
insulation

الضغط صمام
simaam aD-DaghT
pressure valve

خزان
khazzaan
tank

ة الفائض ماسور
maasoorat al-faa'id
overflow pipe

حنفية التفريغ
Hanafeeyat at-tafreegh
drain cock

حجرة الماء
Hujrat al-maa'
water chamber

ثرموستات
thirmostat
thermostat

حارق غازي
Haariq ghaazee
gas burner

غلاية
ghallaaya
boiler

عنصر تسخين
Aunsur taskheen
heating element

حوض HawD • sink

حنفية
Hanafeeya
tap

رافعة
raafiAa
lever

حشية
Hashiya
gasket

ة الإمداد ماسور
maasoorat al-imdaad
supply pipe

صمام إيقاف
simaam eeqaaf
shutoff valve

مصرف
maSrif
drain

وحدة التخلص من النفايات
waHdat at-takhalluS min an-nifaayaat
waste disposal unit

مرحاض mirHaaD • water closet

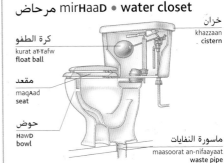

خزان
khazzaan
cistern

كرة الطفو
kurat aT-Tafw
float ball

مقعد
maqAad
seat

حوض
HawD
bowl

ماسورة النفايات
maasoorat an-nifaayaat
waste pipe

التخلص من النفايات at-takhalluS min an-nifaayaat • waste disposal

زجاجة
zujaaja
bottle

غطاء
ghiTaa'
lid

دواسة
dawwaasa
pedal

صندوق إعادة التدوير
Sandooq iAaadat at-tadweer
recycling bin

صندوق النفايات
Sandooq an-nifaayaat
rubbish bin

وحدة الفرز
waHdat al-farz
sorting unit

نفايات عضوية
nifaayaat AuDweeya
organic waste

غرفة الجلوس ghurfat al-juloos • living room

مصباح حائط
misbaaH Haa'iT
wall light

مستوقد
mustawqad
fireplace

سقف
saqf
ceiling

زهرية
zuhreeya
vase

مخدة
mikhadda
cushion

مصباح
misbaaH
lamp

طاولة قهوة
Taawilat qahwa
coffee table

أريكة
areeka
sofa

أرضية
arDeeya
floor

إطار
iTaar
frame

لوحة فنية
lawHa fanneeya
painting

ستارة
sittaara
curtain

ستارة شبكية
sittaara shabakeeya
net curtain

حاجبة فينيسية
Haajiba feeneeseeya
venetian blind

حاجبة تلف على بكرة
Haajiba taliff Aalaa bakra
roller blind

زخرفة السقف
zakhrafat as-saqf
moulding

كرسي وثير
kursee watheer
armchair

رف للكتب
raff lil-kutub
bookshelf

أريكة سريرية
areeka sareereeya
sofabed

بساط
bisaaT
rug

غرفة المكتب ghurfat al-maktab | **study**

غرفة الطعام ghurfat aT-TaAaam • dining room

فلفل
filfil
pepper
ملح
milH
salt
مائدة
maa'ida
table
أوان فخارية
awaanin fukhaareeya
crockery
أدوات المائدة
adawaat al-maa'ida
cutlery
كرسي
kursee
chair
ظهر
zahr
back
مقعد
maqAad
seat
ساق
saaq
leg

المفردات al-mufradaat • vocabulary

يفرش المائدة yafrish al-maa'ida **lay the table (v)**	جائع jaa'iA **hungry**	غداء ghadaa' **lunch**	شبعان shabAaan **full**	مضيف muDeef **host**	أنا شبعان، شكراً. ana shabAaan, shukran. **I'm full, thank you.**
يقدم الأكل yaqaddim al-akl **serve (v)**	مفرش mafrash **tablecloth**	عشاء Aashaa' **dinner**	حصة HiSSa **portion**	مضيفة muDeefa **hostess**	هذا كان لذيذاً. haadha kaana ladheedhan. **That was delicious.**
ياكل ya'kul **eat (v)**	إفطار ifTaar **breakfast**	مفرش فردي mafrash fardee **place mat**	وجبة wajba **meal**	مدعو madAoo **guest**	هل يمكنني أن آخذ المزيد؟ hal yumkinunee an aakhudh al-mazeed? **Can I have some more?**

الأواني الفخارية وأدوات المائدة al-awaanee al-fukhaareeya wa adawaat al-maa'ida
• crockery and cutlery

قدح
qadaH
mug

فنجان قهوة
finjaan qahwa
coffee cup

فنجان شاي
finjaan shaay
teacup

ملعقة شاي
milAaqat shaay
teaspoon

طبق
Tabaq
plate

سلطانية
sulTaaneeya
bowl

إبريق قهوة
ibreeq qahwa
cafetière

إبريق شاي
ibreeq shaay
teapot

دورق
dawraq
jug

كوب للبيض
koob lil-bayD
egg cup

كاس النبيذ
ka's an-nabeedh
wine glass

كاس
ka's
tumbler

أوان زجاجية
awaanin zujaajeeya
glassware

حلقة منديل
Halqat mindeel
napkin ring

طبق جانبي
Tabaq jaanibee
side plate

طبق كبير
Tabaq kabeer'
dinner plate

طبق الحساء
Tabaq al-Hasaa'
soup bowl

ملعقة الحساء
milAaqat al-Hasaa'
soup spoon

منديل مائدة
mindeel maa'ida
napkin

شوكة
shawka
fork

طقم فردي كامل
Taqm fardee kaamil
place setting

ملعقة
milAaqa
spoon

سكين
sikkeen
knife

المطبخ al-maTbakh • kitchen

رفوف
rufoof
shelves

واق من التناثر
waaqin min
at-tanaathur
splashback

حنفية
Hanafeeya
tap

حوض
HawD
sink

درج
durj
drawer

مستخرج
mustakhrij
extractor

سخان سيراميك
sakhkhaan
seerameek
ceramic hob

مسطح العمل
musaTTaH
al-Aamal
worktop

فرن
furn
oven

خزانة
khizaana
cabinet

الأدوات al-adawaat • appliances

فرن ميكروويف
furn meekroweef
microwave oven

طاسة خلط
Taasat khalT
mixing bowl

نصل
naSl
blade

غطاء
ghaTaa'
lid

غلاية
ghalaaya
kettle

محمصة خبز
muHamiSSat khubz
toaster

جهاز إعداد الطعام
jihaaz iAdaad aT-TaAaam
food processor

خلاط
khallaaT
blender

غسالة الصحون
ghassaalat aS-SuHoon
dishwasher

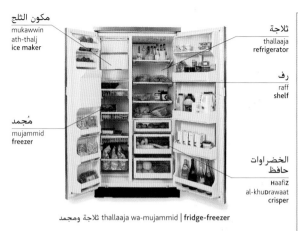

مكون الثلج
mukawwin
ath-thalj
ice maker
ثلاجة
thallaaja
refrigerator
رف
raff
shelf
مُجمد
mujammid
freezer
الخضراوات حافظ
Haafiz
al-khuDrawaat
crisper

ثلاجة ومجمد thallaaja wa-mujammid | **fridge-freezer**

المفردات al-mufradaat • vocabulary

لوح تجفيف الصحون
lawh tajfeef aS-SuHoon
draining board

محرقة
muHarriqa
burner

سخان
sakhkhaan
hob

صندوق النفايات
sandooq an-nifaayaat
rubbish bin

يطبخ بالبخار
yatbukh bil-bukhaar
steam (v)

يقلي سريعاً
yaqlee sareeAan
sauté (v)

يجمّد
yujammid
freeze (v)

يزيل الثلج
yuzeel ath-thalj
defrost (v)

طبخ Tabkh • cooking

يقشر
yuqashshir
peel (v)

يشرح
yusharriH
slice (v)

يبشر
yabshur
grate (v)

يدلق
yadluq
pour (v)

يخلط
yukhalliT
mix (v)

يخفق
yakhfuq
whisk (v)

يسلق
yasluq
boil (v)

يقلي
yaqlee
fry (v)

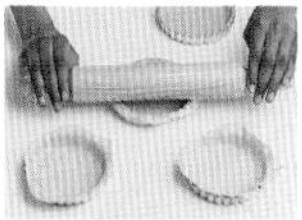

يرقق
yuraqqiq
roll (v)

يقلب
yuqallib
stir (v)

يطبخ على نار هادئة
yaTbukh Aala naar haadi'a
simmer (v)

يسلق
yasluq
poach (v)

يخبز
yakhbiz
bake (v)

يطبخ في الفرن
yaTbukh fil-furn
roast (v)

يشوي
yashwee
grill (v)

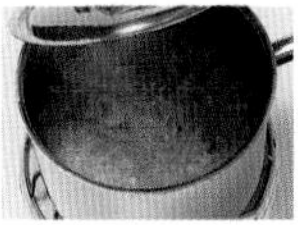

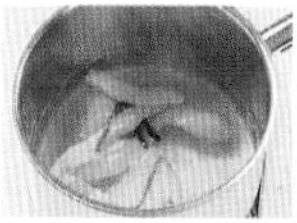

أدوات المطبخ adawaat al-maTbakh • kitchenware

لوح الشق
lawH ash-shaqq
chopping board

سكين الخبز
sikkeen al-khubz
bread knife

سكين المطبخ
sikkeen al-maTbakh
kitchen knife

ساطور
saaToor
cleaver

مسن السكين
misann as-sikkeen
knife sharpener

ملين اللحم
mulayyin al-laHm
meat tenderizer

سيخ
seekh
skewer

مبشرة
mibshara
grater

يد الهاون
yad al-haawun
pestle

هاون
haawun
mortar

هراسة
harraasa
masher

مقشرة
muqashshira
peeler

مستخرجة قلب التفاح
mustakhrijat qalb at-tuffaaH
apple corer

فتاحة علب
fattaaHat Aulab
can opener

فتاحة زجاجات
fattaaHat zujaajaat
bottle opener

مكبس الثوم
mikbas ath-thoom
garlic press

ملعقة غرف
milAaqat gharf
serving spoon

حامل شريحة السمك
Haamil shareeHat as-samak
fish slice

مصفاة
misfaah
colander

مبسط
mibsaT
spatula

ملعقة خشب
milAaqa khashab
wooden spoon

ملعقة مخرمة
milAaqa mukharrama
slotted spoon

مغرفة
mighrafa
ladle

شوكة قطع
shawkat qaTA
carving fork

مغرفة آيس كريم
mighrafat aays kreem
scoop

خفاقة
khaffaaqa
whisk

منخل
munkhul
sieve

غطاء
ghaTaa'
lid

لا يلتصق
laa yaltaSiq
non-stick

مقلاة
miqlaah
frying pan

كفت
kift
saucepan

شواية
shawwaaya
grill pan

مقلاة مستديرة
miqlaah mustadeera
wok

آنية خزفية
aaniya khazafeeya
earthenware dish

زجاج
zujaaj
glass

لا يتأثر بالفرن
laa yata'aththar bil-furn
ovenproof

طاسة خلط
Taasat khalT
mixing bowl

إناء النفيخة
inaa' an-nafeekha
soufflé dish

إناء تكوين القشرة السمراء
inaa' takween al-qishra as-samraa'
gratin dish

رمكين
ramakin
ramekin

كسرولة
kasarola
casserole dish

خبز الكعك khabz al-kaAk • baking cakes

ميزان
meezaan
scales

دورق قياس
dawraq qiyaas
measuring jug

صينية كعك
Seneeyat kaAk
cake tin

صينية فطائر
Seneeyat faTaa'ir
pie tin

صينية فلان
Seneeyat flaan
flan tin

فرشاة معجنات
furshaat muAajjinaat
pastry brush

مرقاق mirqaaq | **rolling pin**

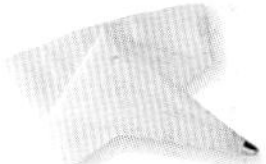

كيس تزيين المعجنات
kees tazyeen al-muAajjinaat | **piping bag**

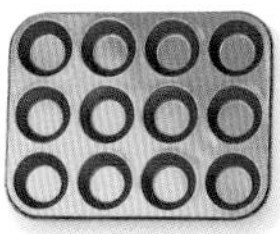

صينية أقراص الكعك
Seneeyat aqraaS al-kaAk
muffin tray

صينية خبز
Seneeyat khabz
baking tray

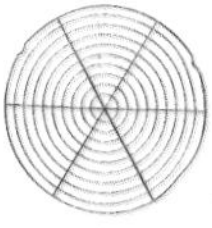

حامل تبريد
Haamil tabreed
cooling rack

قفاز الفرن
quffaaz al-furn
oven glove

مريلة
maryala
apron

غرفة النوم ghurfat an-nawm • **bedroom**

خزانة
khizaana
wardrobe

مصباح بجوار السرير
misbaaH bi-jiwaar as-sareer
bedside lamp

مسند للرأس
misnad lir-ra's
headboard

منضدة بجوار السرير
minDadda bi-jiwaar as-sareer
bedside table

مجموعة أدراج
majmooAat adraaj
chest of drawers

درج
durj
drawer

سرير
sareer
bed

مرتبة
martaba
mattress

شرشف
sharshaf
bedspread

مخدة
mikhadda
pillow

زجاجة ماء ساخن
zujaajat maa' saakhin
hot-water bottle

راديو بساعة
raadyo bi-saaAa
clock radio

منبه
munabbih
alarm clock

علبة مناديل ورق
Aulbat manaadeel waraq
box of tissues

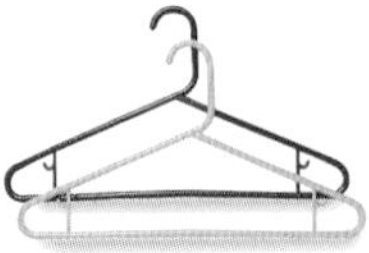

علاقة ملابس
Aallaaqat malaabis
coat hanger

بياض الفراش bayaaD al-firaash • bed linen

مرآة
mir'aa
mirror
طاولة الزينة
Taawilat
az-zeena
dressing table
أرضية
arDeeya
floor

غطاء المخدة
ghaTaa' al-mikhadda
pillowcase
ملاءة
milaa'a
sheet
سجافة
sijaafa
valance
لحاف
liHaaf
duvet

لحاف مزين
liHaaf muzayyan
quilt
بطانية
baTTaneeya
blanket

المفردات al-mufradaat • vocabulary

سرير فردي sareer fardee **single bed**	مسند للقدم misnad lil-qadam **footboard**	أرق araq **insomnia**	يستيقظ yastayqaz **wake up (v)**	يضبط المنبه yaDbuT al-munabbih **set the alarm (v)**
سرير مزدوج sareer muzdawij **double bed**	زنبرك zanbarak **spring**	يذهب للنوم yadh-hab lin-nawm **go to bed (v)**	يقوم yaqoom **get up (v)**	يشخر yushshakhir **snore (v)**
بطانية كهربائية baTTaneeya kahrabaa'eeya **electric blanket**	سجادة sajjaada **carpet**	ينام yanaam **go to sleep (v)**	يرتب الفراش yurattib al-firaash **make the bed (v)**	خزانة في الحائط khizanna fil-haa'iT **built-in wardrobe**

الحمام al-Hammaam • bathroom

قضيب الفوط
qaDeeb al-fuwaT
towel rail

باب الدش
baab ad-dush
shower door

حنفية الماء البارد
Hanafeeyat al-maa'
al-baarid
cold tap

حنفية الماء الساخن
Hanafeeyat al-maa'
as-saakhin
hot tap

رأس الدش
ra's ad-dush
shower head

حوض
HawD
washbasin

دش
dush
shower

صمّة
simma
plug

مصرف
maSrif
drain

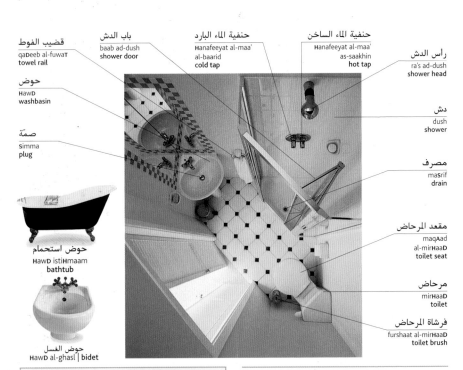

مقعد المرحاض
maqAad
al-mirHaaD
toilet seat

حوض استحمام
HawD istiHmaam
bathtub

مرحاض
mirHaaD
toilet

فرشاة المرحاض
furshaat al-mirHaaD
toilet brush

حوض الغسل | bidet
HawD al-ghasl

المفردات al-mufradaat • vocabulary

خزانة الأدوية
khizaanat al-adwiya
medicine cabinet

سجادة الحمام
sajjaadat al-Hammaam
bath mat

ورق الحمام
waraq al-Hammaam
toilet roll

ستارة الدش
sitaraat ad-dush
shower curtain

يأخذ دش
ya'khudh dush
take a shower (v)

يستحم
yastaHamm
take a bath (v)

نظافة الأسنان naZaafat al-asnaan • dental hygiene

فرشاة أسنان
furshaat asnaan
toothbrush

معجون أسنان
maAjoon asnaan
toothpaste

للأسنان
خيط
khayT lil-
asnaan
dental
floss

منظف للفم
munazzif lil-fam
mouthwash

إسفنج
isfinj
sponge

نسفة
nasfa
pumice stone

فرشاة للظهر
furshaah liz-Zahr
back brush

مزيل رائحة العرق
muzeel raai'Hat al-Aaraq
deodorant

وعاء الصابون
waAaa' aS-Saaboon
soap dish

جيل الدش
jel ad-dush
shower gel

صابون
Saaboon
soap

كريمة للوجه
kreema lil-wajh
face cream

رغوة للحمام
raghwa lil-Hammaam
bubble bath

فوطة يد
fooTat yad
hand towel

فوطة حمام
fooTat
Hammaam
bath towel

فوط
fuwaT
towels

غسول للجسم
ghasool lil-jism
body lotion

بودرة تلك
boodrat talk
talcum powder

روب حمام
rohb Hammaam
bathrobe

حلاقة Hilaaqa • shaving

جهاز حلاقة كهربائي
jihaaz Hilaaqa
kahrabaa'eeya
electric razor

موس حلاقة
moos Hilaaqa
razor blade

رغوة حلاقة
raghwat Hilaaqa
shaving foam

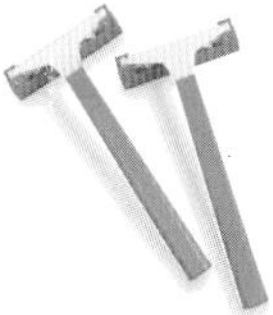

موس للرمي
moos lir-ramy
disposable razor

عطر لبعد الحلاقة
Aitr li-baAd al-Hilaaqa
aftershave

الحضانة al-HaDaana • nursery

رعاية الرضيع riAaayat ar-raDeeA • baby care

إسفنج
isfinj
sponge

كريمة لطفح الحفاظ
kreema li-Tafh al-HiffaAZ
nappy rash cream

مساحة مبللة
massaaHa
muballala
wet wipe

حمام للرضيع
Hammaam lir-radeeA
baby bath

قصرية
qaSreeya
potty

وسادة تغيير
wisaadat taghyeer
changing mat

النوم an-nawm • sleeping

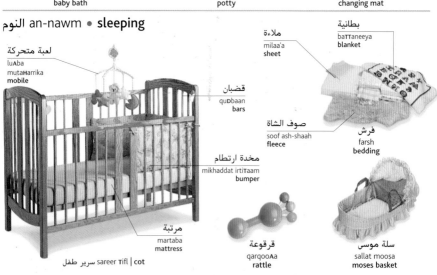

لعبة متحركة
luAba
mutaHarrika
mobile

قضبان
quDbaan
bars

مخدة ارتطام
mikhaddat irtiTaam
bumper

مرتبة
martaba
mattress

سرير طفل sareer Tifl | cot

ملاءة
milaa'a
sheet

بطانية
baTTaneeya
blanket

صوف الشاة
soof ash-shaah
fleece

فرش
farsh
bedding

قرقوعة
qarqooAa
rattle

سلة موسى
sallat moosa
moses basket

اللعب al-laAib • playing

دمية
dumya
doll

لعبة طرية
laAba Tareeya
soft toy

منزل الدمية
manzil ad-dumya
doll's house

منزل لعبة
manzil luAba
playhouse

دب كدمية
dubb ka-dumya
teddy bear

لعبة
luAba
toy

سلة اللعب
sallat al-luAab
toy basket

كرة
kura
ball

ملعب متنقل
malAab mutannaqil
playpen

السلامة as-salaama • safety

قفل أطفال
qufl aTfaal
child lock

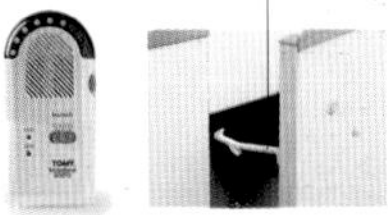

مراقب الطفل
muraaqib aT-Tifl
baby monitor

بوابة السلم
bawwaabat as-sullam
stair gate

الأكل al-akl • eating

كرسي مرتفع
kursee murtafiA
high chair

حلمة الزجاجة
Halamat az-zujaaja
teat

كوب شرب
koob shurb
drinking cup

زجاجة
zujaaja
bottle

الخروج al-khurooj • going out

كرسي بعجل
kursee bi-Aajal
pushchair

غطاء العربة
ghiTaa' al-Aaraba
hood

عربة أطفال
Aarabat aTfaal
pram

مهد
mahd
carrycot

حفاظ
HiffaAZ
nappy

حقيبة تغيير
Haqeebat taghyeer
changing bag

حمالة رضيع
Hammaalat raDeeA
baby sling

غرفة المنافع ghurfat al-manaafiA • utility room

الغسيل al-ghaseel • laundry

ملابس متسخة
malaabis
muttasikha
dirty washing

ملابس نظيفة
malaabis nazeefa
clean clothes

سلة الغسيل
sallat al-ghaseel
laundry basket

غسالة
ghassaala
washing machine

غسالة ومجففة
ghassaala wa-mujaffifa
washer-dryer

مجففة
mujaffifa
tumble dryer

سلة فرش السرير
sallat farsh as-sareer
linen basket

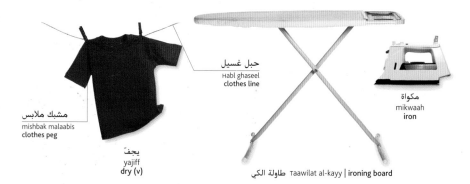

حبل غسيل
Habl ghaseel
clothes line

مكواة
mikwaah
iron

مشبك ملابس
mishbak malaabis
clothes peg

يجفّ
yajiff
dry (v)

طاولة الكي Taawilat al-kayy | **ironing board**

المفردات al-mufradaat • vocabulary

يعبئ yuAabbi' **load (v)**	يدور بسرعة yadoor bi-surAa **spin (v)**	يكوي yakwee **iron (v)**	كيف أشغل الغسالة؟ kayfa ushagh-ghil al-ghassaala? **How do I operate the washing machine?**
يشطف yashTuf **rinse (v)**	مجففة بالدوران majaffifa bil-dawaraan **spin dryer**	منعم الملابس munaAAim al-malaabis **fabric conditioner**	ما معايير الضبط للملابس الملونة/البيضاء؟ maa maAaayeer aD-DabT lil-malaabis al-mulawwana/ al-bayDaa'? **What is the setting for coloureds/whites?**

معدات التنظيف muAiddaat at-tanzeef • cleaning equipment

خرطوم الامتصاص
khartoom al-imtisaas
suction hose

فرشاة
furshaah
brush

مجرفة
mijrafa
dust pan

مادة تقصير
maadat taqseer
bleach

دلو
dilw
bucket

مسحوق
mas-Hooq
powder

سائل
saa'il
liquid

منفضة
minfaDa
duster

مكنسة كهربائية
miknasa kahrabaa'eeya
vacuum cleaner

ممسحة
mimsaHa
mop

منظف
munazzif
detergent

مادة تلميع
maadat talmeeA
polish

الأنشطة al-anshiTa • activities

ينظف
yunazzif
clean (v)

يغسل
yaghsil
wash (v)

يمسح
yamsaH
wipe (v)

ينظف بالحك
yunazzif bil-Hakk
scrub (v)

يكشط
yakshiT
scrape (v)

مكنسة
miknasa
broom

يكنس
yaknus
sweep (v)

ينفض الغبار
yanfuD al-ghubaar
dust (v)

يلمّع
yulammiA
polish (v)

ورشة العمل warshat al-Aamal • workshop

قابض لقم
qaabid luqam
chuck

لقمة ثقب
luqmat thaqb
drill bit

مجموعة البطاريات
majmooAat al-bataareeyaat
battery pack

منشار قطع النماذج
minshaar qatA
al-namaadhij
jigsaw

مثقاب يعاد شحنه
mithqaab yuAaad shaHnuhu
rechargeable drill

مثقاب كهربائي
mithqaab kahrabaa'ee
electric drill

مسدس غراء
musaddas ghiraa'
glue gun

ماسك
maasik
clamp

نصل
nasl
blade

منجلة
manjala
vice

مصنفرة
muSanfira
sander

منشار دائري
minshaar daa'iree
circular saw

منضدة عمل
minDaddat Aamal
workbench

غراء خشب
ghiraa' khashab
wood glue

رف العدة
raff al-Aidda
tool rack

مسحاج تخديد
misHaaj takhdeed
router

ملفاف بلقم
milfaaf bi-luqam
bit brace

قشارة الخشب
qishaarat
al-khashab
wood shavings

سلك إطالة
silk iTaala
extension lead

الأساليب التقنية al-asaalееb at-taqneeya • techniques

يقطع
yaqTaA
cut (v)

ينشر
yanshur
saw (v)

يثقب
yathqub
drill (v)

يدق
yaduqq
hammer (v)

يكشط yakshiT | **plane (v)**

يدور yudawwir | **turn (v)**

ينحت yanHit | **carve (v)**

لحم
laHm
solder

يلحم yalHum | **solder (v)**

الخامات al-khaamaat • materials

ألواح متوسطة الكثافة
alwaaH mutawassiTat al-kathaafa
MDF
خشب رقائقي
khashab raqaa'iqee
plywood
لوح من رقائق مضغوطة
lawH min raqaa'iq maDghooTa
chipboard
لوح صلد
lawH Sald
hardboard
خشب لين
khashab layyin
softwood
خشب صلد
khashab Sald
hardwood
ورنيش
warneesh
varnish
صبغة للخشب
sabgha lil-khashab
woodstain

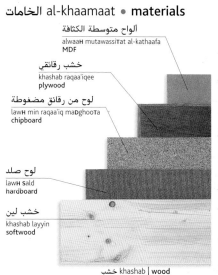

خشب khashab | **wood**

سلك
silk
wire
كبل
kabl
cable

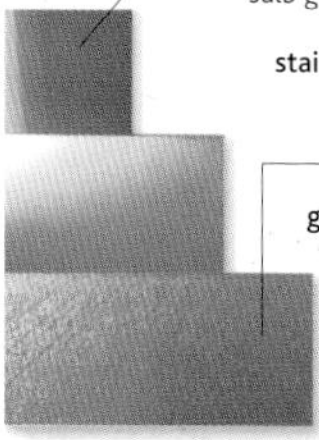

صلب غير قابل للصدأ
sulb ghayr qaabil lis-Sada'
stainless steel
مجلفن
mugalfan
galvanised

معدن maAdin | **metal**

صندوق العدة sandooq al-Aidda • toolbox

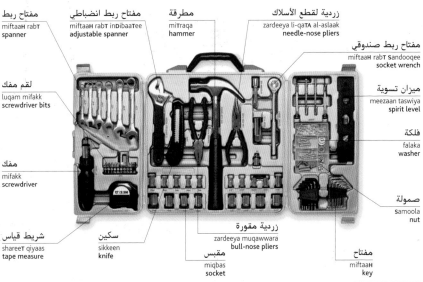

مفتاح ربط
miftaaH rabT
spanner

مفتاح ربط انضباطي
miftaaH rabT inDibaaTee
adjustable spanner

مطرقة
miTraqa
hammer

زردية لقطع الأسلاك
zardeeya li-qaTA al-aslaak
needle-nose pliers

مفتاح ربط صندوقي
miftaaH rabT Sandooqee
socket wrench

لقم مفك
luqam mifakk
screwdriver bits

ميزان تسوية
meezaan taswiya
spirit level

فلكة
falaka
washer

مفك
mifakk
screwdriver

صمولة
Samoola
nut

زردية مقورة
zardeeya muqawwara
bull-nose pliers

شريط قياس
shareeT qiyaas
tape measure

سكين
sikkeen
knife

مقبس
miqbas
socket

مفتاح
miftaaH
key

لقم ثقب luqam thaqb • drill bits

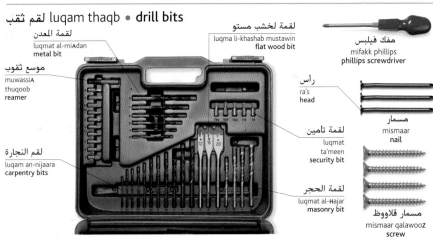

لقمة المعدن
luqmat al-miAdan
metal bit

لقمة لخشب مستو
luqma li-khashab mustawin
flat wood bit

مفك فيلبس
mifakk phillips
phillips screwdriver

موسع ثقوب
muwassiA thuqoob
reamer

رأس
ra's
head

مسمار
mismaar
nail

لقمة تأمين
luqmat ta'meen
security bit

لقم النجارة
luqam an-nijaara
carpentry bits

لقمة الحجر
luqmat al-Hajar
masonry bit

مسمار قلاووظ
mismaar qalawooZ
screw

مُعرية الأسلاك المعزولة
muAreeyat al-aslaak
al-maAzoola
wire strippers

قاطعة أسلاك
qaaTiAat aslaak
wire cutters

شريط عازل
shareeT Aaazil
insulating tape

كاوية لحام
kaawiyat liHaam
soldering iron

شريط لحام
shareeT liHaam
solder

مشرط
mishraT
scalpel

منشار منحنيات
minshaar munHanayaat
fretsaw

منشار تلسين
minshaar talseen | tenon saw

نظارات أمان
naZZaaraat amaan
safety goggles

فارة
faara
plane

منشار يدوي
minshaar yadawee
handsaw

قالب القطع المائل
qaalib al-qaTA al-maa'il
mitre block

منشار معادن
minshaar maAaadin
hacksaw

مثقاب يدوي
mithqaab yadawee
hand drill

صوف سلكي
soof silkee
wire wool

مفتاح إنكليزي
miftaaH inkleezee
wrench

ورق صنفرة
waraq Sanfara
sandpaper

إزميل
izmeel
chisel

كباس
kabbaas
plunger

مبرد
mibrad
file

حجر السن
Hajar as-sann
sharpening stone

قاطعة أنابيب
qaaTiAat anaabeeb | pipe cutter

التزيين at-tazyeen • decorating

مزخرف
muzakhrif
decorator

فرشاة لورق الحائط
furshaah li-waraq
al-Haa'iT
wallpaper brush

مقص
miqaSS
scissors

ورق حائط
waraq Haa'iT
wallpaper

طاولة عجن
Taawilat Aajn
pasting table

سكين حرفي
sikkeen Hirafee
craft knife

فرشاة عجن
furshaat Aajn
pasting brush

سلم نقال
sullam naqqaal
stepladder

شاقول البناء
shaaqool al-binaa'
plumb line

عجين لورق الحائط
Aajeen li-waraq
al-Haa'iT
wallpaper paste

مكشطة
mikshaTa
scraper

دلو
dilw
bucket

يلصق ورق الحائط yulSiq waraq Haa'iT | wallpaper (v)

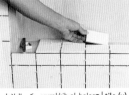

يزيل الورق yuzeel al-waraq | strip (v)

يملأ yamla' | fill (v)

يصقل بورق صنفرة
yaSqul bi-waraq Sanfara | sand (v)

يملط yumalliT | plaster (v)

يلصق yulSiq | hang (v)

يركب البلاط yurakkib al-balaaT | tile (v)

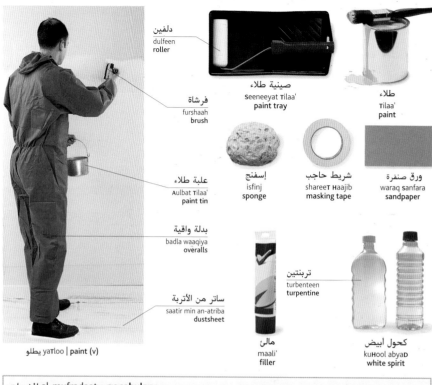

دلفين
dulfeen
roller

صينية طلاء
Seeneeyat Tilaa'
paint tray

طلاء
Tilaa'
paint

فرشاة
furshaah
brush

إسفنج
isfinj
sponge

شريط حاجب
shareeT Haajib
masking tape

ورق صنفرة
waraq Sanfara
sandpaper

علبة طلاء
Aulbat Tilaa'
paint tin

بدلة واقية
badla waaqiya
overalls

تربنتين
turbenteen
turpentine

ساتر من الأتربة
saatir min an-atriba
dustsheet

مالئ
maali'
filler

كحول أبيض
kuHool abyaD
white spirit

يطلو yaTloo | paint (v)

المفردات al-mufradaat • vocabulary

جبس jibs plaster	لامع laamiA gloss	ورق بنقش بارز waraq bi-naqsh baariz embossed paper	طبقة أولى Tabaqa oola undercoat	مانع للتسرب maaniA lit-tasarrub sealant
ورنيش warneesh varnish	غير لامع ghayr laamiA mat	طبقة ورق أولى Tabaqa waraq oola lining paper	طبقة أخيرة Tabaqa akheera top coat	مادة مذيبة maada mudheeba solvent
مستحلب mustaHlib emulsion	إستنسل istinsil stencil	بطانة طلاء biTaanat Tilaa' primer	مادة حافظة maada Haafiza preservative	ملاط رقيق milaaT raqeeq grout

الحديقة al-Hadeeqa • garden

طرازات الحدائق Tiraazaat al-Hadaa'iq • garden styles

حديقة مبلطة Hadeeqa muballaTa | patio garden

حديقة رسمية Hadeeqa rasmeeya | formal garden

حديقة بيت ريفي
Hadeeqat bayt reefee
cottage garden

حديقة أعشاب
Hadeeqat Aashaab
herb garden

حديقة على السطح
Hadeeqa Aala s-saTH
roof garden

حديقة صخرية
Hadeeqa sakhreeya
rock garden

فناء finaa' | courtyard

حديقة مائية
Hadeeqa maa'eeya
water garden

معالم الحديقة maAaalim al-Hadeeqa • garden features

سلة معلقة
salla muAallaqa
hanging basket

تعريشة taAreesha | trellis

تعريشة أفقية
taAreesha ufuqeeya
pergola

أرصفة
arSifa
paving
ممشى
mamshaa
path
كومة سماد
kawmat simaad
compost heap
حوض زهور
HawD zuhoor
flowerbed
بوابة
bawwaaba
gate
سقيفة
suqayfa
shed
مرجة
marja
lawn
مستخضر
mustakhDir
greenhouse
بركة
birka
pond
سور
soor
fence
سياج
siyaaj
hedge
قوس
qaws
arch
خضراوات حديقة
Hadeeqat khuDrawaat
vegetable garden
حاشية عشبية
Haashiya Aushbeeya
herbaceous border

شرفة خشبية
shurfa khashabeeya
decking

نافورة naafoora | **fountain**

تربة turba • soil

طبقة التربة العليا
Tabaqat at-turba al-Aulya
topsoil

رمل
raml
sand

طباشير
Tabaasheer
chalk

غرين
ghareen
silt

صلصال
salsaal
clay

نباتات الحديقة nabataat al-Hadeeqa • garden plants

أنواع من النباتات anwaaA min an-nabataat • types of plants

سنوي
sanawee
annual

كل سنتين
kull sanatayn
biennial

معمرة
muAamirra
perennial

بصلة
basala
bulb

سرخس
sirkhas
fern

سمار
samaar
rush

خيزران
khayzaraan
bamboo

أعشاب ضارة
Aashaab Daarra
weeds

عشب
Aushb
herb

نباتات مائية
nabataat maa'eeya
water plants

شجرة
shajara
tree

نخلة
nakhla
palm

صنوبرية
Sunawbareeya
conifer

دائم الخضرة
daa'im al-khaDra
evergreen

مُعبل
muAbil
deciduous

تشذيب
tashdheeb
topiary

الألب
al-alb
alpine

عصاري
auSaaree
succulent

صبار
Sabbaar
cactus

نبات أصيص
nabaat aSees
potted plant

نبات الظل
nabaat az-zill
shade plant

متسلق
mutasalliq
climber

جنبة مزهرة
janba muzhira
flowering shrub

غطاء أرضي
ghiTaa' arDee
ground cover

نبات زاحف
nabaat zaaHif
creeper

نبات زينة
nabaat zeena
ornamental

نجيل
najeel
grass

أدوات الحديقة adawaat al-Hadeeqa • garden tools

مِلمّ المروج
milamm al-murooj
lawn rake

مجراف
mijraaf
spade

شوكة
shawka
fork

مقراض بأذرع طويلة
miqraad bi-adhruA Taweela
long-handled shears

مِدمّة
midamma
rake

فأس
fa's
hoe

سماد
simaad
compost

بذور
budhoor
seeds

مسحوق العظم
mas-Hooq al-Aazam
bone meal

حصى
HuSan
gravel

سلة معدنية
salla miAdaneeya
trug

كيس العشب
kees al-Aushb
grass bag

محرك
muHarrik
motor

حاجب
Haajib
shield

آلة تشذيب
aalat tashdheeb
trimmer

جزازة العشب
jazzaazat al-Aushb
lawnmower

مقبض
miqbaD
handle

حامل
Haamil
stand

نقالة
naqqaala
wheelbarrow

شوكة يدوية
shawka yadaweeya
hand fork

مالج
maalij
trowel

نصل
naSl
blade

مقراض
miqraaD
shears

منشار يدوي
minshaar yadawee
hand saw

مقراض تقليم صغير
miqraaD taqleem Sagheer
secateurs

صينية بذور
Seneeyat budhoor
seed tray

مبيد آفات
mubeed aafaat
pesticide

قفاز للحديقة
quffaaz lil-Hadeeqa
gardening gloves

خيط مجدول
khayT majdool
twine

بطاقات
biTaaqaat
labels

أربطة مجدولة
arbiTa majdoola
twist ties

حلقات ربط
Halqaat rabT
ring ties

خيزران
khayzaraan
canes

منخل
munkhul
sieve

أصيص نبات
aSeeS nabaat
plant pot

حذاء مطاطي
Hidhaa' maTaaTee
rubber boots

سقي saqy • watering

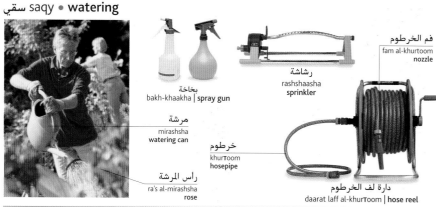

بخاخة
bakh-khaakha | **spray gun**

رشاشة
rashshaasha
sprinkler

فم الخرطوم
fam al-khurtoom
nozzle

مرشة
mirashsha
watering can

رأس المرشة
ra's al-mirashsha
rose

خرطوم
khurToom
hosepipe

دارة لف الخرطوم
daarat laff al-khurToom | **hose reel**

البستنة al-bastana • gardening

سياج
siyaaj
hedge

مرجة
marja
lawn

حوض زهور
HawD zuhoor
flowerbed

جزازة العشب
jazzaazat
al-Aushb
lawnmower

وتد
watad
stake

يجز yajuzz | mow (v)

يكسو بالنجيل
yaksoo bin-najeel
turf (v)

يسكك
yusakkik
spike (v)

يلم
yalumm
rake (v)

يشذب
yashdhub
trim (v)

يحفر
yaHfur
dig (v)

يبذر
yabdhur
sow (v)

يفرش السماد
yufarrish as-simaad
top dress (v)

يسقي
yasqee
water (v)

خيزرانة
khayzaraana
cane

يسند
yasnid
train (v)

يزيل الزهور الميتة
yuzeel az-zuhoor al-mayyita
deadhead (v)

يرش
yarushsh
spray (v)

تقليم
taqleem
cutting

يطعم
yuTaAAim
graft (v)

يتكاثر
yatakaathar
propagate (v)

يقلم
yaqlim
prune (v)

يوتد
yuwattid
stake (v)

ينقل الشتل
yanqil ash-shatl
transplant (v)

يزيل الأعشاب الضارة
yuzeel al-Aashaab aD-Daarra
weed (v)

يفرش الوقاية
yafrish al-wiqaaya
mulch (v)

يحصد
yaHSud
harvest (v)

المفردات al-mufradaat • vocabulary

يزرع yazraA cultivate (v)	يزين الحديقة yuzayyin al-Hadeeqa landscape (v)	يسمد yusammid fertilize (v)	ينخل yankhul sieve (v)	عضوي AuDwee organic	شتلة shatla seedling	تحتربة taHturba subsoil
يرعي yarAee tend (v)	يزرع في أصص yazraA fi usuS pot up (v)	يقطف yaqTif pick (v)	يهوي yuhawwee aerate (v)	الصرف as-Sarf drainage	سماد simaad fertilizer	مبيد أعشاب ضارة mubeed Aashaab Daarra weedkiller

JKL
5
TUV
8
7
0

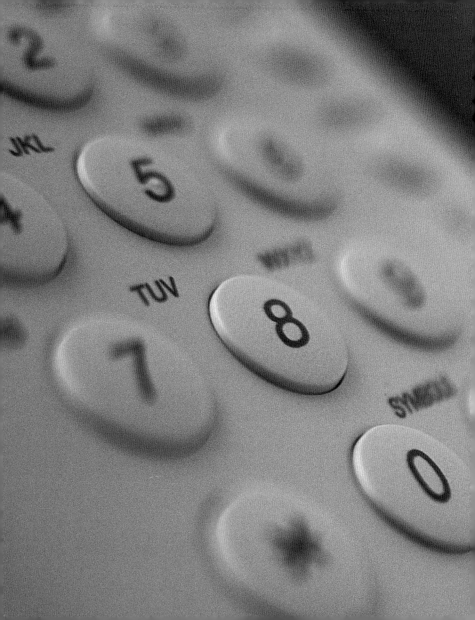

الخدمات al-khidmaat
services

خدمات الطوارئ khidamaat aT-Tawaari' • emergency services

إسعاف isAaaf • ambulance

إسعاف
isAaaf | ambulance

نقالة
naqqaala
stretcher

مساعد طبي
musaaAid Tibbee | paramedic

شرطة shurTa • police

شارة
shaara
badge

زي رسمي
ziyy rasmee
uniform

صفارة إنذار
sifaarat
indhaar
siren

مصابيح
maSaabeeH
lights

سيارة شرطة
sayyaarat shurTa
police car

مركز الشرطة
markaz ash-shurTa
police station

هراوة
hiraawa
truncheon

مسدس
musaddas
gun

صفاد اليدين
Sifaad al-yadayn
handcuffs

ضابط شرطة Daabit shurTa | police officer

المفردات al-mufradaat • vocabulary

مفتش mufattish inspector	مشتبه فيه mutashabbah feehi suspect	شكوى shakwa complaint	قبض على qabD Aala arrest
جريمة jareema crime	اعتداء iAtidaa' assault	تحقيق taHqeeq investigation	زنزانة شرطة zinzaanat shurTa police cell
مخبر mukhbir detective	بصمة الإصبع baSmat al-isbaA fingerprint	سطو على منزل saTw Aala manzil burglary	تهمة tuhma charge

فرقة الإطفاء firqat al-iтfaa' • fire brigade

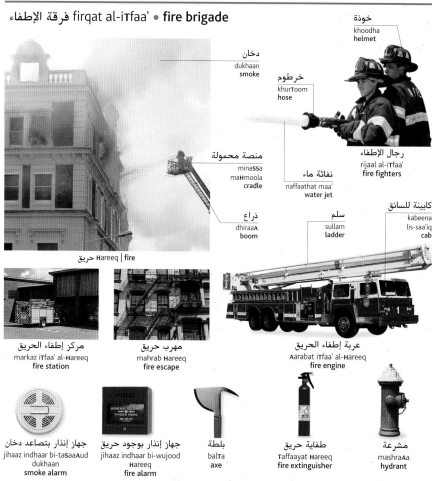

دخان
dukhaan
smoke

منصة محمولة
minaSSa
maHmoola
cradle

ذراع
dhiraaA
boom

حريق Hareeq | **fire**

خوذة
khoodha
helmet

خرطوم
khurToom
hose

نفاثة ماء
naffaathat maa'
water jet

رجال الإطفاء
rijaal al-iтfaa'
fire fighters

سلم
sullam
ladder

كابينة للسائق
kabeena
lis-saa'iq
cab

مركز إطفاء الحريق
markaz iтfaa' al-Hareeq
fire station

مهرب حريق
mahrab Hareeq
fire escape

عربة إطفاء الحريق
Aarabat iтfaa' al-Hareeq
fire engine

جهاز إنذار بتصاعد دخان
jihaaz indhaar bi-taSaaAud
dukhaan
smoke alarm

جهاز إنذار بوجود حريق
jihaaz indhaar bi-wujood
Hareeq
fire alarm

بلطة
balTa
axe

طفاية حريق
Taffaayat Hareeq
fire extinguisher

مشرعة
mashraAa
hydrant

أحتاج الشرطة/فرقة الإطفاء/الإسعاف.
aHtaaj ash-shurta/firqat al-iтfaa'/
al-isAaaf.
I need the police/fire brigade/ambulance.

هناك حريق في...
hunaaka Hareeq fee....
There's a fire at...

لقد حدث حادث.
laqad Hadatha Haadith.
There's been an accident.

استدعوا الشرطة!
istadAoo
sh-shurTa!
Call the police!

البنك al-bank • bank

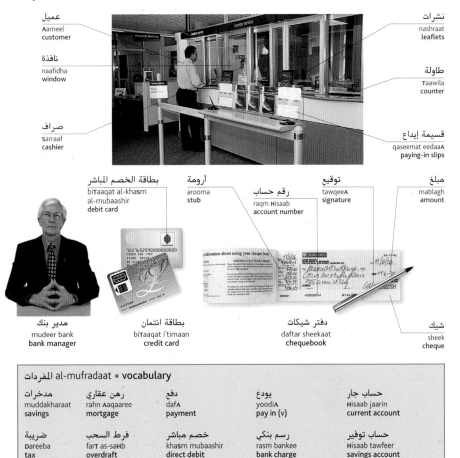

عميل
Aameel
customer

نافذة
naafidha
window

صراف
sarraaf
cashier

نشرات
nashraat
leaflets

طاولة
Taawila
counter

قسيمة إيداع
qaseemat eedaaA
paying-in slips

مدير بنك
mudeer bank
bank manager

بطاقة الخصم المباشر
biTaaqat al-khasm al-mubaashir
debit card

بطاقة ائتمان
biTaaqat i'timaan
credit card

أرومة
arooma
stub

رقم حساب
raqm Hisaab
account number

توقيع
tawqeeA
signature

مبلغ
mablagh
amount

دفتر شيكات
daftar sheekaat
chequebook

شيك
sheek
cheque

المفردات al-mufradaat • vocabulary

مدخرات muddakharaat **savings**	رهن عقاري rahn Aaqaaree **mortgage**	دفع dafA **payment**	يودع yoodiA **pay in (v)**	حساب جار Hisaab jaarin **current account**
ضريبة Dareeba **tax**	فرط السحب farT as-saHb **overdraft**	خصم مباشر khasm mubaashir **direct debit**	رسم بنكي rasm bankee **bank charge**	حساب توفير Hisaab tawfeer **savings account**
قرض qarD **loan**	معدل الفائدة muAaddal al-faa'ida **interest rate**	قسيمة سحب qaseemat saHb **withdrawal slip**	تحويل بنكي taHweel bankee **bank transfer**	رقم سري raqm sirree **pin number**

عملة معدنية
Aumla miAdaneeya
coin

عملة ورقية
Aumla waraqeeya
note

مال maal | money

شاشة
shaasha
screen

لوحة المفاتيح
lawHat al-mafaateeH
key pad

شق البطاقة
shaqq al-biTaaqa
card slot

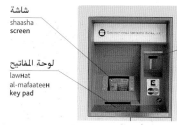

صراف الي Sarraaf aalee | cash machine

عملة أجنبية Aumla ajnabeeya • foreign currency

مكتب صرافة
maktab Sarraafa
bureau de change

شيك سياحي
sheek siyaaHee
traveller's cheque

سعر الصرف
siAr aS-Sarf
exchange rate

تمويل tamweel • finance

سعر السهم
siAr as-sahm
share price

مستشار مالي
mustashaar maalee
financial advisor

سمسار مالي
simsaar maalee
stockbroker

سوق الأوراق المالية sooq al-awraaq al-maaleeya | stock exchange

المفردات al-mufradaat • vocabulary

يصرف نقدا yaSrif naqdan **cash (v)**	أسهم ashum **shares**
محاسب muHaasib **accountant**	ربحية ribHeeya **dividends**
عمولة Aumoola **commission**	محفظة maHfaZa **portfolio**
استثمار istithmaar **investment**	فئة الأوراق المالية fi'at al-awraaq al-maaleeya **denomination**
أوراق مالية awraaq maaleeya **stocks**	أرصدة وأسهم arSida wa-ashum **equity**

هل يمكنني تغيير هذا؟
hal yumkinunee taghyeer haadha?
Can I change this?

ما سعر الصرف اليوم؟
maa siAr aS-Sarf al-yawm?
What's today's exchange rate?

الاتصالات al-ittiSaalaat • communications

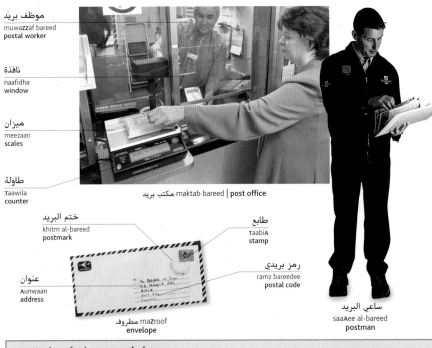

موظف بريد
muwaZZaf bareed
postal worker

نافذة
naafidha
window

ميزان
meezaan
scales

طاولة
Taawila
counter

مكتب بريد maktab bareed | **post office**

ساعي البريد
saaAee al-bareed
postman

ختم البريد
khitm al-bareed
postmark

طابع
TaabiA
stamp

رمز بريدي
ramz bareedee
postal code

عنوان
Aunwaan
address

مظروف maZroof
envelope

المفردات al-mufradaat • vocabulary

خطاب khiTaab **letter**	عنوان الرد Aunwaan ar-radd **return address**	توصيل tawSeel **delivery**	قابل للكسر qaabil lil-kasr **fragile**	لا تثني laa tathnee **do not bend (v)**
بالبريد الجوي bil-bareed al-jawwee **by airmail**	توقيع tawqeeA **signature**	حوالة بريدية Hawwaala bareedeeya **postal order**	حقيبة البريد Haqeebat al-bareed **mailbag**	الوضع الصحيح al-waDA aS-SaHeeH **this way up**
بريد مسجل bareed musajjal **registered post**	جمع jamA **collection**	سعر الطوابع siAr at-TawaabiA **postage**	تلغراف talighraaf **telegram**	فاكس faks **fax**

صندوق بريد
Sandooq bareed
postbox

صندوق خطابات
Sandooq khiTaabaat
letterbox

طرد
Tard
parcel

رسول
rasool
courier

هاتف haatif • telephone

سماعة متحركة
sammaaAa
mutaHarrika
handset

جهاز الرد على المكالمات
jihaaz ar-radd Aalal-
mukaalamaat
answering machine

هاتف فيديو
haatif vidyo
video phone

كابينة الهاتف
kabeenat al-haatif
telephone box

قاعدة ثابتة
qaaAida thaabita
base station

هاتف لاسلكي
haatif laasilkee
cordless phone

سماعة
sammaaAa
receiver

لوحة المفاتيح
lawHat
al-mafaateeH
keypad

هاتف ذكي
haatif dhakee
smartphone

هاتف محمول
haatif maHmool
mobile phone

استرداد النقد
istirdaad an-naqd
coin return

هاتف عام haatif Aaamm
payphone

المفردات al-mufradaat • vocabulary

استعلامات الدليل
istiAlaamaat ad-daleel
directory enquiries

أجرتها على المتلقي مكالمة
mukaalama ujratuhaa
Aalal-mutalaqqee
reverse charge call

يطلب رقماً
yaTlub raqaman
dial (v)

خدمة جوال
khidmat jawwaal
app

يرد
yarudd
answer (v)

رسالة جوال
risaalat jawwaal
text

رسالة صوتية
risaala Sawteeya
voice message

رقم مرورسري
raqam muroor sirree
passcode

مشغل
mushaghghil
operator

مشغول
mashghool
engaged/busy

غير موصول
ghayr mawSool
disconnected

هل يمكنك إعطائي رقم...؟
hal yumkinuka iATaa'ee raqm...?
Can you give me the number for...?

ما رمز الاتصال بـ...؟
maa ramz al-ittisaal bi...?
What is the dialling code for...?

ابعث لي رسالة!
ibAth lee risaala!
Text me!

الفندق al-funduq • hotel

ردهة radha • lobby

نزيل
nazeel
guest

مفتاح غرفة
miftaaH ghurfa
room key

رسائل
rasaa'il
messages

صندوق الرسائل
Aayn li-taSneef
ar-rasaa'il
pigeonhole

موظف الاستقبال
muwazzaf
al-istiqbaal
receptionist

سجل
sijil
register

طاولة
Taawila
counter

استقبال istiqbaal | reception

أمتعة
amtiAa
luggage

حامل بعجل
Haamil bi-Aajal
trolley

حمال Hammaal | porter

مصعد misAad | lift

رقم الغرفة
raqm al-ghurfa
room number

غرف ghuraf • rooms

غرفة لفرد واحد
ghurfa li-fard waaHid
single room

غرفة مزدوجة
ghurfa muzdawija
double room

غرفة لفردين
ghurfa li-fardayn
twin room

حمام خاص
Hammaam khaaSS
private bathroom

خدمات khidmaat • services

خدمات الخادمة
khidmaat al-khaadima
maid service

خدمات الغسيل
khidmaat al-ghaseel
laundry service

صينية الإفطار
seneeyat al-ifTaar
breakfast tray

خدمة الغرف khidmat al-ghuraf | room service

بار مصغر
baar musaghghar
mini bar

مطعم
maTAam
restaurant

جمنازيوم
jimnaazyum
gym

حمام سباحة
Hammaam sibaaHa
swimming pool

المفردات al-mufradaat • vocabulary

سرير وإفطار
sareer wa-ifTaar
bed and breakfast

إقامة كاملة
iqaama kaamila
full board

نصف إقامة
nisf iqaama
half board

هل لديكم غرف خالية؟
hal ladaykum ghuraf khaalya?
Do you have any vacancies?

لدي حجز.
ladayya Hajz.
I have a reservation.

أود غرفة لفرد واحد.
awadd ghurfa li-fard waaHid.
I'd like a single room.

أود غرفة لثلاث ليالي.
awadd ghurfa li-thalaath layaalee.
I'd like a room for three nights.

ما سعر الليلة؟
maa siAr al-layla?
What is the charge per night?

متى على أن أغادر الغرفة؟
mata Aalayya an ughaadir al-ghurfa?
When do I have to vacate the room?

التسوق at-tasawwuq
shopping

مركز التسوق markaz at-tasawwuq • **shopping centre**

ردهة
radha
atrium

لوحة الاسم
lawHat al-ism
sign

مصعد
misAad
lift

ثاني طابق
thaanee Taabiq
second floor

أول طابق
awwal Taabiq
first floor

درج متحرك
daraj mutaHarrik
escalator

طابق أرضي
Taabiq arDee
ground floor

عميل
Aameel
customer

المفردات al-mufradaat • **vocabulary**

قسم الأطفال qism al-aTfaal **children's department**	دليل المتجر daleel al-matjar **store directory**	غرف تجربة الملابس ghuraf tajribat al-malaabis **changing rooms**	بكم هذا؟ bikam haadha? **How much is this?**
قسم الأمتعة qism al-amtiAa **luggage department**	بائع baa'iA **sales assistant**	منافع تغيير حفاظات manaafiA taghyeer Hifaazaat **baby changing facilities**	هل يمكنني استبدال هذا؟ hal yumkinunee istibdaal haadha? **May I exchange this?**
قسم الأحذية qism al-aHdhiya **shoe department**	خدمة العملاء khidmat al-Aumalaa' **customer services**	دورات المياه dawraat al-miyaah **toilets**	

متجر تجزئة كبير matjar tajzi'a kabeer • department store

ملابس الرجال
malaabis ar-rijaal
men's wear

ملابس النساء
malaabis an-nisaa'
women's wear

ملابس النساء الداخلية
malaabis an-nisaa'
ad-daakhileeya
lingerie

عطور
Autoor
perfumery

جمال
jamaal
beauty

بياضات
bayyaaDaat
linen

تجهيزات المنزل
tajheezaat al-manzil
home furnishings

مستلزمات الملابس
mustalzamaat al-malaabis
haberdashery

أدوات المطبخ
adawaat al-maTbakh
kitchenware

الخزف والصيني
al-khazaf waS-Seenee
china

أدوات كهربائية
adawaat kahrabaa'eeya
electrical goods

إضاءة
iDaa'a
lighting

رياضة
riyaaDa
sports

لعب
luAab
toys

قرطاسية
qarTaaseeya
stationery

قاعة الغذاء
qaaAat al-ghidhaa'
food hall

سوبر ماركت soobir maarkit • supermarket

ممر
mamarr
aisle

رف
raff
shelf

سير متحرك
sayr mutaHarrik
conveyer belt

صراف
Sarraaf
cashier

عروض
Aurood
offers

دفع الحساب dafA al-Hisaab | checkout

عميل
Aameel
customer

درج نقود
durj nuqood
till

كيس التسوق
kees at-tasawwuq
shopping bag

منتجات البقالة
muntajaat
al-baqqaala
groceries

مقبض
miqbaD
handle

780863 185779

شفرة التعرف
shufrat at-taAarruf
bar code

عربة
Aaraba
trolley

سلة salla | basket

جهاز مسح
jihaaz masH | scanner

منتجات المخبز
muntajaat al-makhbaz
bakery

منتجات الألبان
muntajaat al-albaan
dairy

حبوب الفطور
Huboob al-fuToor
breakfast cereals

أغذية معلبة
agh-dhiya muAallaba
tinned food

حلويات
Halawiyaat
confectionery

خضراوات
khuDrawaat
vegetables

فاكهة
faakiha
fruit

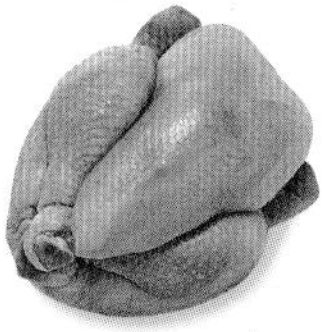

لحوم ودواجن
luHoom wa-dawaajin
meat and poultry

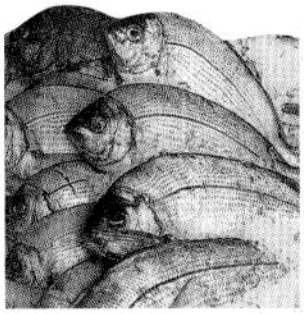

سمك
samak
fish

أغذية مستحضرة
agh-dhiya mustaHDara
deli

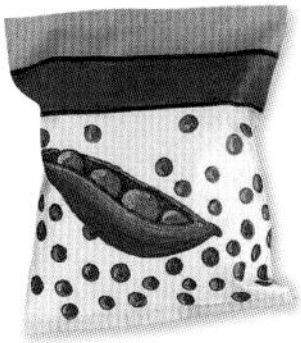

أغذية مجمدة
agh-dhiya mujammada
frozen food

وجبات سريعة
wajbaat sareeAa
convenience food

مشروبات
mashroobaat
drinks

مستلزمات منزلية
mustalzamaat manzileeya
household products

أدوات الحمام
adawaat al-Hammaam
toiletries

مستلزمات الرضع
mustalzamaat ar-ruDDaA
baby products

أدوات كهربائية
adawaat kahrabaa'eeya
electrical goods

أغذية الحيوانات الأليفة
agh-dhiyat
al-Hayawaanaat al-aleefa
pet food

مجلات majallaat | **magazines**

الصيدلية aS-Saydaleeya • chemist

رعاية الأسنان
riAaayat al-asnaan
dental care

النظافة الصحية للإناث
an-naZaafa aS-SiHHeeya lil-inaath
feminine hygiene

مزيل روائح العرق
muzeel rawaa'iH al-Aaraq
deodorants

فيتامينات
fitameenaat
vitamins

مستوصف
mustawSaf
dispensary

صيدلي
SayDalee
pharmacist

دواء للكحة
dawaa' lil-kuHHa
cough medicine

علاجات عشبية
Ailaajaat Aushbeeya
herbal remedies

رعاية الجلد
riAaayat al-jild
skin care

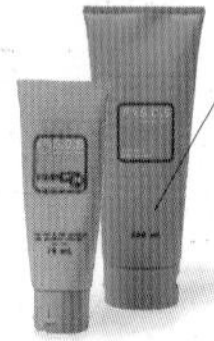

لما بعد التشمس
limaa baAd at-tashammus
aftersun

حاجب أشعة الشمس
Haajib ashiAat ash-shams
sunscreen

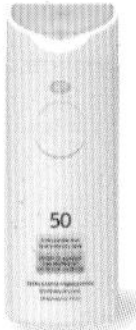

مانع أشعة الشمس
maaniA ashiAat ash-shams
sunblock

طارد للحشرات
Taarid lil-Hasharaat
insect repellent

مساحة مبللة
massaaHa muballala
wet wipe

مناديل ورق
manaadeel waraq
tissues

فوطة صحية
fooTa siHHeeya
sanitary towel

سدادة قطنية
sidaada quTneeya
tampon

فوطة صحية صغيرة
fooTa siHHeeya Sagheera
panty liner

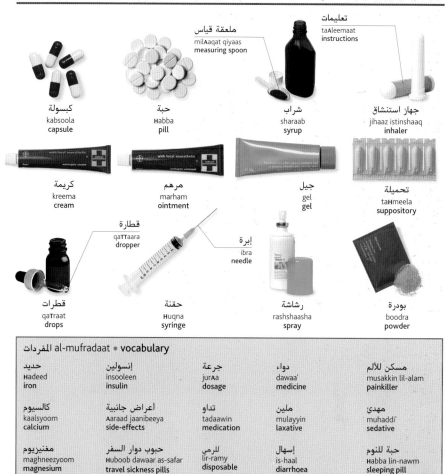

كبسولة
kabsoola
capsule

حبة
Habba
pill

ملعقة قياس
milAaqat qiyaas
measuring spoon

شراب
sharaab
syrup

تعليمات
taAleemaat
instructions

جهاز استنشاق
jihaaz istinshaaq
inhaler

كريمة
kreema
cream

مرهم
marham
ointment

جيل
gel
gel

تحميلة
taHmeela
suppository

قطارة
qaTTaara
dropper

قطرات
qaTraat
drops

إبرة
ibra
needle

حقنة
Huqna
syringe

رشاشة
rashshaasha
spray

بودرة
boodra
powder

المفردات al-mufradaat • vocabulary

حديد Hadeed **iron**	إنسولين insooleen **insulin**	جرعة jurAa **dosage**	دواء dawaa' **medicine**	مسكن للألم musakkin lil-alam **painkiller**
كالسيوم kaalsyoom **calcium**	أعراض جانبية Aaraad jaanibeeya **side-effects**	تداو tadaawin **medication**	ملين mulayyin **laxative**	مهدئ muhaddi' **sedative**
مغنيزيوم maghneezyoom **magnesium**	حبوب دوار السفر Huboob dawaar as-safar **travel sickness pills**	للرمي lir-ramy **disposable**	إسهال is-haal **diarrhoea**	حبة للنوم Habba lin-nawm **sleeping pill**
فيتامينات متعددة fitameenaat mutaAaddida **multivitamins**	تاريخ انتهاء الصلاحية taareekh intihaa' as-SalaaHeeya **expiry date**	قابل للذوبان qaabil lil-dhawabaan **soluble**	قرص دوائي للحنجرة qurs dawaa'ee lil-Hanjara **throat lozenge**	مضاد للالتهاب maDaadd lil-iltihaab **anti-inflammatory**

بائع الزهور baa'iA az-zuhoor • florist

زهور
zuhoor
flowers

زنبق
zanbaq
lily

سنط
sanT
acacia

قرنفل
qurunfil
carnation

نبات بأصيص
nabaat bi-aSeeS
pot plant

سيف الغراب
sayf al-ghuraab
gladiolus

سوسن
sawsan
iris

لؤلؤية
lu'lu'eeya
daisy

أقحوان
uqHuwaan
chrysanthemum

جبيصية
jeeSeeya
gypsophila

متيولا
matiyoola
stocks

جربارة
jarbaara
gerbera

ورق
waraq
foliage

ورد
ward
roses

فريزيا
freezyaa
freesia

زهرية
zuhreeya
vase

زهرة الأركيد
zahrat al-orkeed
orchid

عود الصليب
Aood aS-Saleeb
peony

باقة
baaqa
bunch

ساق
saaq
stem

نرجس
narjis
daffodil

برعم
burAum
bud

ورق اللف
waraq al-laff
wrapping

تيوليب tyooleeb | **tulip**

التنسيق at-tanseeq • arrangements

شريط
shareeт
ribbon

باقة ورد
baaqat ward
bouquet

زهور مجففة
zuhoor mujaffafa
dried flowers

خبيصة khabeesa | **pot-pourri**

إكليل ikleel | **wreath**

رعلة
ruAla
garland

هل يمكن إرسالها إلى...؟
hal yumkin irsaalhaa ila...?
Can you send them to....?

هل يمكنني إرفاق رسالة؟
hal yumkinunee irfaaq
risaala?
Can I attach a message?

هل يمكن تغليفها؟
hal yumkin tahgleefhaa?
Can I have them wrapped?

هل هي عطرة؟
hal hiya Aatira?
Are they fragrant?

هل يمكنني أخذ باقة من...؟
hal yumkinunee akhdh
baaqa min...?
Can I have a bunch of...?

كم يوماً ستعيش؟
kam yawm sa-taAeesh?
How long will these last?

بائع الجرائد baa'iA al-jaraa'id • newsagent

سجائر
sajaa'ir
cigarettes

علبة سجائر
Aulbat sajaa'ir
packet of cigarettes

طوابع
Tawaabia
stamps

بطاقة بريدية
biTaaqa bareedeeya
postcard

مجلة أطفال
majallat aTfaal
comic

مجلة
majalla
magazine

جريدة
jareeda
newspaper

تدخين tadkheen • smoking

تبغ
tabgh
tobacco

ولاعة
wallaaAa
lighter

ساق
saaq
stem

طاسة
Taasa
bowl

غليون
ghalyoon
pipe

سيجار
seejaar
cigar

محل الحلوى maHall al-Halwa • confectioner

علبة شوكولاتة
Aulbat shokolaata
box of chocolates

قطعة حلوة
qiTAa Hilwa
snack bar

رقائق البطاطس
raqaa'iq
al-baTaaTis
crisps

المفردات al-mufradaat • vocabulary

شوكولاتة بالحليب	كرملة
shookolaata bil-Haleeb	karamela
milk chocolate	caramel

شوكولاتة سادة	كما
shookolaata saada	kam'
plain chocolate	truffle

شوكولاتة بيضاء	بسكوت
shookolaata bayDaa'	baskoot
white chocolate	biscuit

اختر واخلط	حلويات مغلية
ikhtar wakhliT	Halawiyaat
pick and mix	maghleeya
	boiled sweets

محل الحلوى maHall al-Hulwa | sweet shop

الحلوى al-Halwa • confectionery

شوكولاتة
shookolaata
chocolate

قطعة شوكولاتة
qiTAat shookolaata
chocolate bar

حلويات
Halawiyaat
sweets

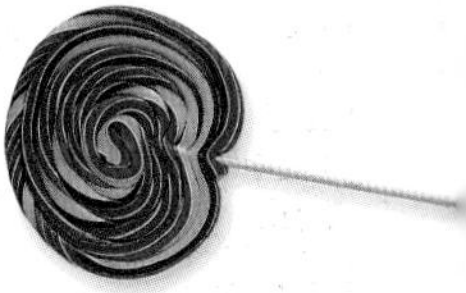

مصاصة
maSSaaSa
lollipop

طوفي Tofee | toffee

نوغة noogha | nougat

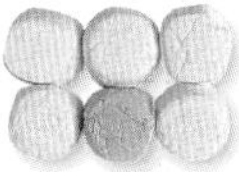

حلوى الخطمي
Hulwa al-khiTmee
marshmallow

نعناع
niAnaaA
mint

لبان
lubaan
chewing gum

حلوى مغلفة بالسكر
Hulwa mughallafa bis-sukkar
jellybean

حلوى فواكه
Hulwa fawaakih
fruit gum

عرق سوس
Airq soos
liquorice

متاجر أخرى mataajir ukhra • other shops

مخبز
makhbaz
baker's

حلواني
Halawaanee
cake shop

جزارة
jazzaara
butcher's

بائع سمك
baa'iA samak
fishmonger's

خضري
khuDaree
greengrocer's

بقالة
baqqaala
grocer's

محل أحذية
maHall aHdhiya
shoe shop

خردواتي
khurdawaatee
hardware shop

متجر الأنتيكات
matjar al-anteekaat
antiques shop

متجر هدايا
matjar hidaayaa
gift shop

وكيل سفر
wakeel safar
travel agent's

تاجر جواهر
taajir jawaahir
jeweller's

مكتبة
maktaba
book shop

متجر اسطوانات
matjar usTuwaanaat
record shop

متجر بيع الخمور
matjar beeA al-khumoor
off licence

متجر الحيوانات الأليفة
matjar al-Hayawaanaat
al-aleefa
pet shop

متجر أثاث
matjar athaath
furniture shop

بوتيك
booteek
boutique

المفردات al-mufradaat • **vocabulary**

مكتب عقارات
maktab Aaqaaraat
estate agent's

متجر آلات التصوير
matjar aalaat at-taSweer
camera shop

مركز البستنة
markaz al-bastana
garden centre

متجر الأغذية الصحية
matjar al-agh-dhiya aS-SiHHeeya
health food shop

التنظيف الجاف
at-tanzeef al-jaaff
dry cleaner's

متجر أدوات فنية
matjar adawaat fanneeya
art shop

مغسلة
maghsala
launderette

متجر السلع المستعملة
matjar as-silaA al-mustAmala
second-hand shop

خياط
khayyaaT
tailor's

مصفف الشعر
muSaffif as-shaAr
hairdresser's

سوق sooq | **market**

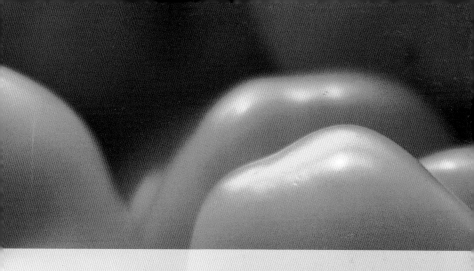

المأكولات al-ma'koolaat
food

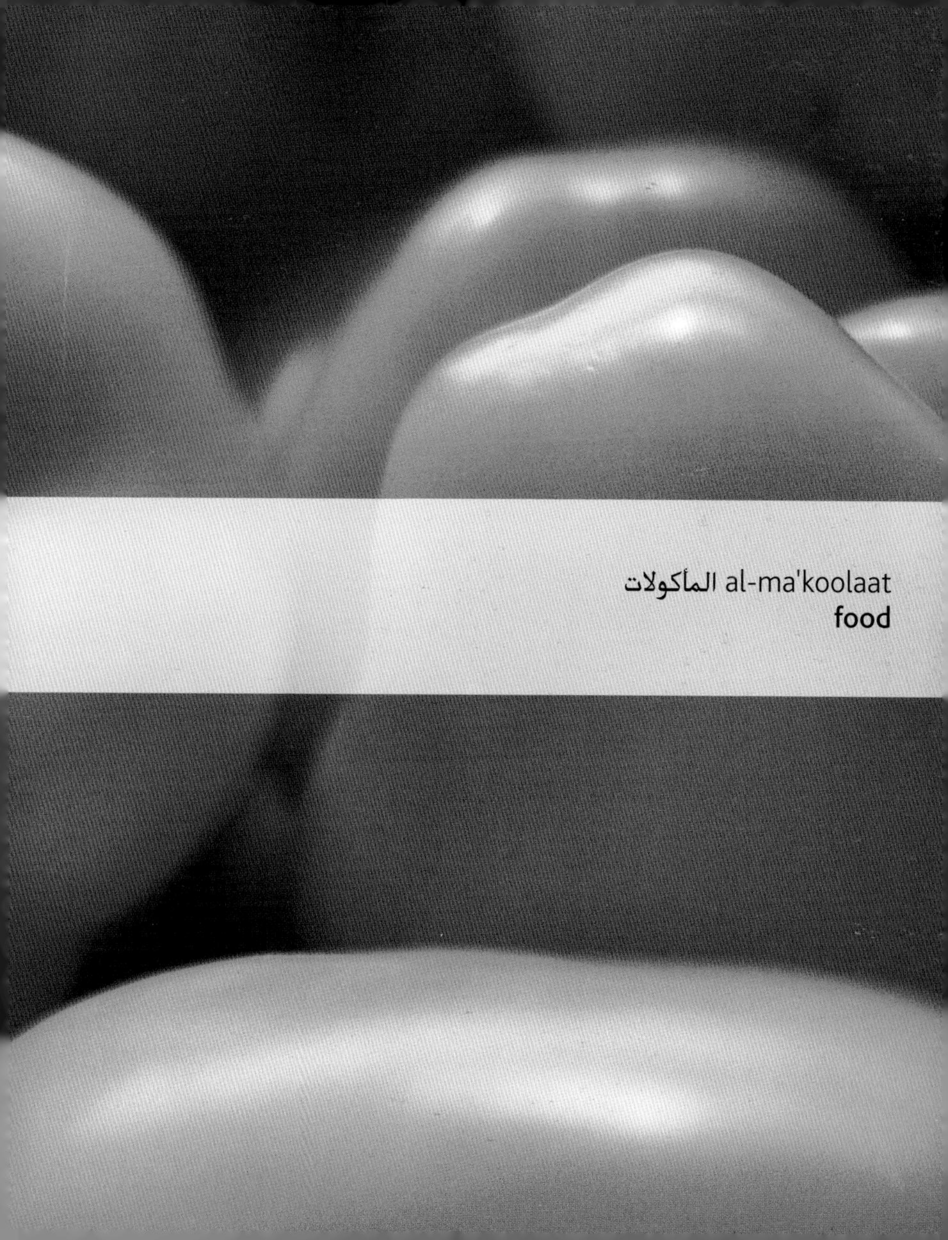

اللحم al-laHm • meat

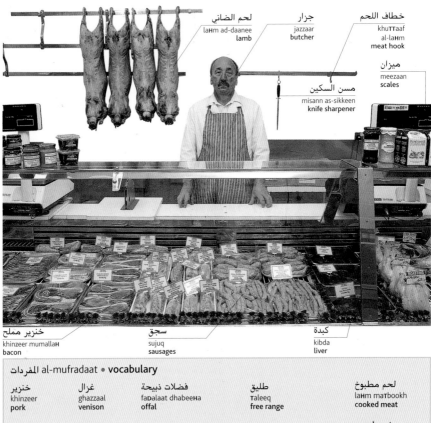

لحم الضاني
laHm ad-daanee
lamb
جزار
jazzaar
butcher
خطاف اللحم
khuTTaaf al-laHm
meat hook
ميزان
meezaan
scales
مسن السكين
misann as-sikkeen
knife sharpener
خنزير مملح
khinzeer mumallaH
bacon
سجق
sujuq
sausages
كبدة
kibda
liver

المفردات al-mufradaat • vocabulary

خنزير khinzeer **pork**	غزال ghazzaal **venison**	فضلات ذبيحة faDalaat dhabeeHa **offal**	طليق Taleeq **free range**	لحم مطبوخ laHm maTbookh **cooked meat**
بقري baqaraa **beef**	أرانب araanib **rabbit**	مدخن mudakhkhan **smoked**	عضوي AuDwee **organic**	لحم أبيض laHm abyaD **white meat**
عجل Aijl **veal**	لسان lisaan **tongue**	مملح ومدخن mumallaH wa-mudakhkhan **cured**	لحم خال من الدهن laHm khaalin min ad-dihn **lean meat**	لحم أحمر laHm aHmar **red meat**

قطع qiTAa • cuts

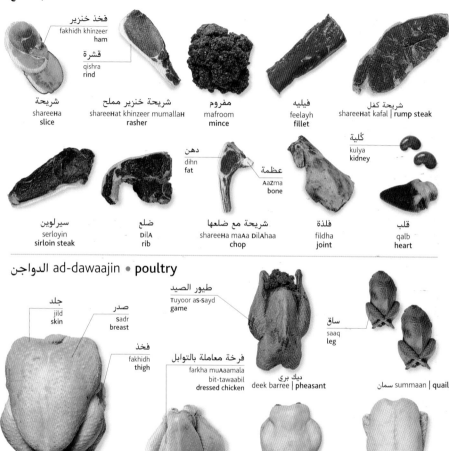

فخذ خنزير
fakhidh khinzeer
ham

قشرة
qishra
rind

شريحة
shareeHa
slice

شريحة خنزير مملح
shareeHat khinzeer mumallaH
rasher

مفروم
mafroom
mince

فيليه
feelayh
fillet

شريحة كفل
shareeHat kafal | rump steak

دهن
dihn
fat

عظمة
AaZma
bone

كلية
kulya
kidney

سيرلوين
serloyin
sirloin steak

ضلع
DilA
rib

شريحة مع ضلعها
shareeHa maAa DilAhaa
chop

فلذة
fildha
joint

قلب
qalb
heart

الدواجن ad-dawaajin • poultry

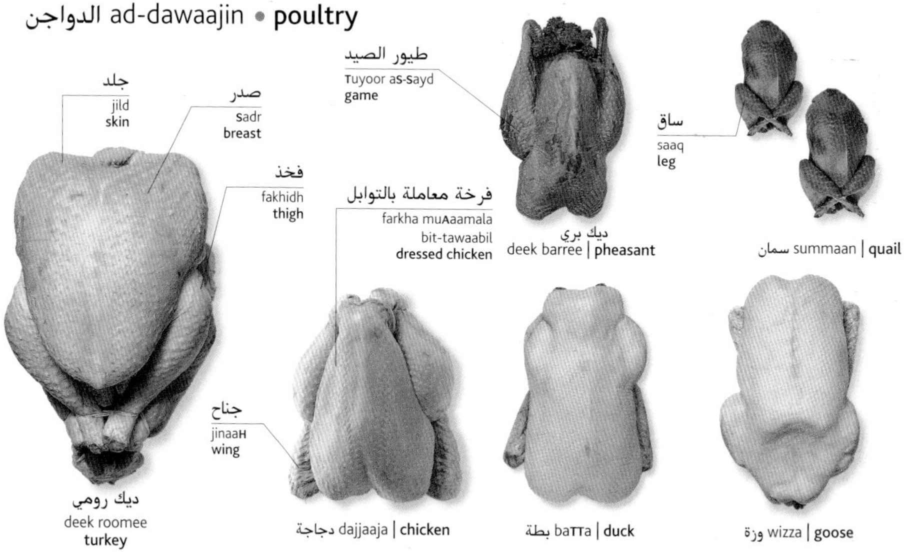

جلد
jild
skin

صدر
Sadr
breast

طيور الصيد
Tuyoor as-Sayd
game

ساق
saaq
leg

فخذ
fakhidh
thigh

فرخة معاملة بالتوابل
farkha muAaamala
bit-tawaabil
dressed chicken

ديك بري
deek barree | pheasant

سمان summaan | quail

جناح
jinaaH
wing

ديك رومي
deek roomee
turkey

دجاجة dajjaaja | chicken

بطة baTTa | duck

وزة wizza | goose

السمك as-samak • fish

جمبري مقشور
gambaree maqshoor
peeled prawns
ثلج
thalj
ice
بوري أحمر
booree aHmar
red mullet
شرائح الهلبوت
sharaa'iH al-haliboot
halibut fillets
سلمون مرقط نهري
salmoon muraqqaT nahree
rainbow trout
أجنحة شفنين
ajniHat shifneen
skate wings

بائع سمك
baa'iA samak
fishmonger's

سمك الضفادع
samak aD-DafaadiA
monkfish

إسقمري
isqamaree
mackerel

سلمون مرقط
salmoon muraqqaT
trout

سمك السيف
samak as-sayf
swordfish

موسى دوفر
moosa dover
Dover sole

موسى ليمون
moosa laymoon
lemon sole

قديد
qadeed
haddock

سردين
sardeen
sardine

شفنين
shifneen
skate

مرلانوس
marlaanoos
whiting

ذئب البحر
dhi'b al-baHr
sea bass

سلمون salmoon | **salmon**

بقلة
baqala
cod

أسبور
asboor
sea bream

طون
Toon
tuna

فواكه البحر fawaakih al-baHr • seafood

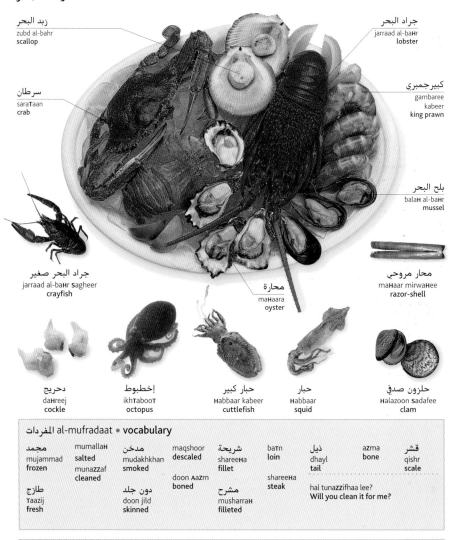

زبد البحر
zubd al-bahr
scallop

جراد البحر
jarraad al-baHr
lobster

سرطان
saraTaan
crab

كبير جمبري
gambaree kabeer
king prawn

بلح البحر
balaH al-baHr
mussel

محارة
maHaara
oyster

جراد البحر صغير
jarraad al-baHr Sagheer
crayfish

محار مروحي
maHaar mirwaHee
razor-shell

دحريج
daHreej
cockle

إخطبوط
ikhTabooT
octopus

حبار كبير
Habbaar kabeer
cuttlefish

حبار
Habbaar
squid

حلزون صدفي
Halazoon Sadafee
clam

المفردات al-mufradaat • vocabulary

مجمد mujammad **frozen**	mumallaH **salted**	مدخن mudakhkhan **smoked**	maqshoor **descaled**	شريحة shareeHa **fillet**	baTn **loin**	ذيل dhayl **tail**	aZma **bone**	قشر qishr **scale**
طازج Taazij **fresh**	munaZZaf **cleaned**	دون جلد doon jild **skinned**	doon AaZm **boned**	مشرح musharraH **filleted**	shareeHa **steak**			

hal tunaZZifhaa lee?
Will you clean it for me?

الخضراوات al-khuDrawaat • vegetables 1

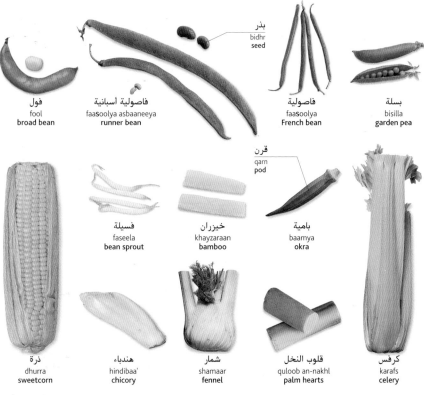

بذر
bidhr
seed

فول
fool
broad bean

فاصولية أسبانية
faaSoolya asbaaneeya
runner bean

فاصولية
faaSoolya
French bean

بسلة
bisilla
garden pea

قرن
qarn
pod

فسيلة
faseela
bean sprout

خيزران
khayzaraan
bamboo

بامية
baamya
okra

ذرة
dhurra
sweetcorn

هندباء
hindibaa'
chicory

شمار
shamaar
fennel

قلوب النخل
quloob an-nakhl
palm hearts

كرفس
karafs
celery

المفردات al-mufradaat • vocabulary

عضوي	طرف	زهيرة	ورقة
AuDwee	Tarf	zuhayra	waraqa
organic	tip	floret	leaf

كيس بلاستيك	قلب	نواة	ساق
kees blaasteek	qalb	nawaah	saaq
plastic bag	heart	kernel	stalk

هل تبيع خضراوات عضوية؟
hal tabeeA khuDrawaat AuDweeya?
Do you sell organic vegetables?

هل هذه مزروعة محلياً؟
hal haadhihi mazrooAa maHalleeyan?
Are these grown locally?

جرجير
jarjeer
rocket

جرجير الماء
jarjeer al-maa'
watercress

هندباء إيطالية
hindibaa' eeTaaleeya
radicchio

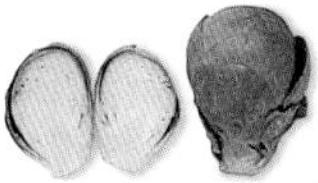

كرنب بروكسل
kurunb brooksel
Brussels sprouts

سلق سويسري
salq sweesree
Swiss chard

كرنب لارُؤيسي
kurunb laaru'eesee
kale

حُماض
HumaaD
sorrel

هِندب
hindab
endive

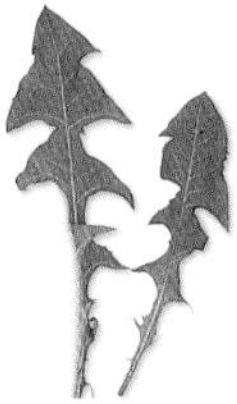

هندباء برية
hindibaa' barreeya
dandelion

سبانخ
sabaanikh
spinach

كرنب ساقي
kurunb saaqee
kohlrabi

كرنب صيني
kurunb Seenee
pak-choi

خس
khass
lettuce

قرنبيط لارُؤيسي
qarnabeeT laaru'eesee
broccoli

كرنب ملفوف
kurunb malfoof
cabbage

كرنب بري
kurunb barree
spring greens

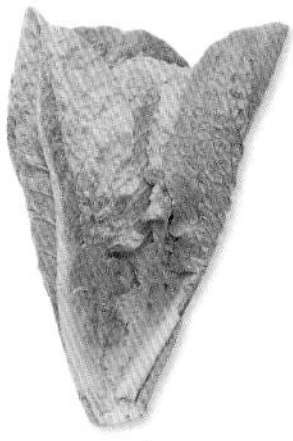

الخضراوات ٢ al-khuDrawaat ithnaan • vegetables 2

لفت
lift
turnip
خرشوف
kharshoof
artichoke
فجل
fijl
radish
قرنبيط
qarnabeet
cauliflower
هليون
hilyawn
asparagus
بطاطس
baTaaTis
potato
كوسة كبيرة
kosa kabeera
marrow
بصل
basal
onion
فلفل
filfil
pepper
ذرة حلوة
dhurra Hulwa
sweetcorn
فلفل حريف
filfil Hareef
chilli

المفردات al-mufradaat • vocabulary

طماطم الكرز TamaaTim al-karaz **cherry tomato**	كرفس karafs **celeriac**	مجمد mujammad **frozen**	مر murr **bitter**
جزر jazar **carrot**	جذر القلقاس jidhr al-qulqaas **taro root**	نيئ nayy' **raw**	صلب sulb **firm**
شجرة الخبز shajarat al-khubz **breadfruit**	كسافا kasaafaa **cassava**	حار Haarr **hot (spicy)**	لب lubb **flesh**
بطاطس الموسم baTaaTis al-mawsim **new potato**	قسطل الماء qasTal al-maa' **water chestnut**	حلو Hilw **sweet**	جذر jidhr **root**

كيلو بطاطس من فضلك.
keelo baTaaTis min faDlak.
A kilo of potatoes, please.

ما سعر الكيلو؟
maa siAr al-keelo?
What's the price per kilo?

ما اسم هذه؟
maa ism haadhihi?
What are those called?

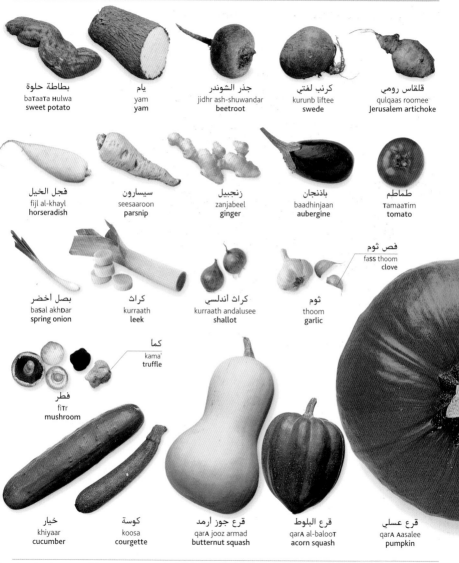

بطاطة حلوة
baTaaTa Hulwa
sweet potato

يام
yam
yam

جذر الشوندر
jidhr ash-shuwandar
beetroot

كرنب لفتي
kurunb liftee
swede

قلقاس رومي
qulqaas roomee
Jerusalem artichoke

فجل الخيل
fijl al-khayl
horseradish

سيسارون
seesaaroon
parsnip

زنجبيل
zanjabeel
ginger

باذنجان
baadhinjaan
aubergine

طماطم
TamaaTim
tomato

بصل أخضر
baSal akhDar
spring onion

كراث
kurraath
leek

كراث أندلسي
kurraath andalusee
shallot

فص ثوم
faSS thoom
clove

ثوم
thoom
garlic

كمأ
kama'
truffle

فطر
fiTr
mushroom

خيار
khiyaar
cucumber

كوسة
koosa
courgette

قرع جوز أرمد
qarA jooz armad
butternut squash

قرع البلوط
qarA al-balooT
acorn squash

قرع عسلي
qarA Aasalee
pumpkin

الفواكه ١ al-fawaakih waaнid • fruit 1

الموالح al-mawaaliн • citrus fruit

برتقال
burtuqaal
orange

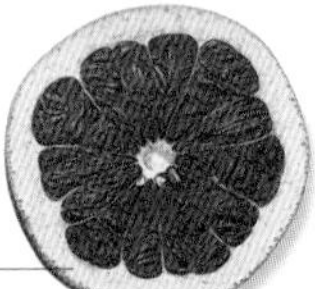

كلمانتين
klemanteen
clementine

نرنج
naranj
ugli fruit

لب
lubb
pith

جريب فروت
greeb froot
grapefruit

يوسفي
yoosufee
tangerine

فص
fass
segment

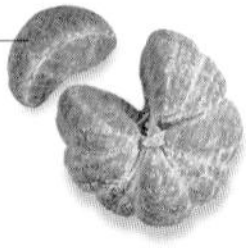

يوسفي ساتسوما
yoosufee satsooma
satsuma

لحاء
liнaa'
zest

ليمون مالح
laymoon maaliн
lime

ليمون
laymoon
lemon

كوم كوات
kumkwaat
kumquat

الفواكه ذات النواة al-fawaakiн dhaat al-nawaah • stoned fruit

خوخ
khawkh
peach

خوخ أملس
khawkh amlas
nectarine

مشمش
mishmish
apricot

برقوق
barqooq
plum

كرز
karaz
cherry

كمثرى
kumathra
pear

تفاح
tuffaaн
apple

سلة الفواكه sallat al-fawaakiн | **basket of fruit**

العنبيات و البطيخ al-Aanabeeyaat wal-biTTeekh • berries and melons

فراولة
faraawla
strawberry

توت العليق
toot al-Aulayq
raspberry

بطيخ أصفر
biTTeekh asfar
melon

عنب
Ainab
grapes

توت أسود
toot aswad
blackberry

كشمش
kishkish
redcurrant

قشرة
qishra
rind

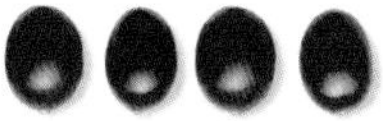

بذور
bukhoor
seeds

لب
lubb
flesh

بطيخ أخضر
biTTeekh akhDar
watermelon

كشمش أسود
kishkish aswad
blackcurrant

أويسة
aweesa
cranberry

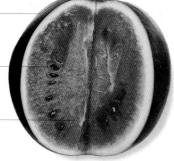

كشمش أبيض
kishkish abyaD
white currant

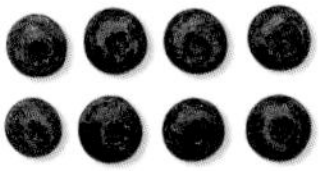

عنب الدب
Ainab ad-dubb
blueberry

توت لوغان
toot looghaan
loganberry

كشمش شائك
kishkish shaa'ik
gooseberry

المفردات al-mufradaat • vocabulary

راوند raawand **rhubarb**	مر murr **sour**	ناضر naaDir **crisp**	عصير Aaseer **juice**	هل هي ناضجة؟ hal hiya naaDija? **Are they ripe?**
ألياف alyaaf **fibres**	طازج Taazij **fresh**	متعفن mutaAaffin **rotten**	قلب qalb **core**	هل يمكنني تذوق واحدة؟ hal yumkinunee tadhawwuq waaHida? **Can I try one?**
حلو Hilw **sweet**	عصيري Aaseeree **juicy**	لباب lubaab **pulp**	بدون بذر bidoon badhr **seedless**	كم يوماً ستحتفظ بنضارتها؟ kam yawm sa-taHtafiz bi-naDaarat-haa? **How long will they keep?**

الفواكه ٢ al-fawaakih ithnaan • **fruit 2**

مانجو
maango
mango
أفوكادو
afokaado
avocado
خوخ
khawkh
peach
فاكهه الكيوي
faakihat al-keewee
kiwifruit
أناناس
anaanaas
pineapple
بابايا
babaayaa
papaya
ليتشية
leetsheeya
lychee
قرنفش
qunufish
cape gooseberry

حبة
Habba
pip

سفرجل
safarjal
quince

ثمرة زهرة الآلام
thamrat zahrat al-aalaam
passion fruit

جلد
jild
skin

موز
mawz
banana

جوافة
jawaafa
guava

رمان
rummaan
pomegranate

ديوسبيروس
diyoosbeeroos
persimmon

فيجوا
feejowa
feijoa

تين شوكي
teen shawkee
prickly pear

فاكهة النجمة
fakihat an-najma
starfruit

جوز جندم
jawz jandam
mangosteen

الجوزيات والفواكه الجافة al-jowzeeyaat wal-fawaakiH al-jaaffa • nuts and dried fruit

حب الصنوبر
Habb as-Sanoobar
pine nut

فستق
fustuq
pistachio

بلاذر
balaadhir
cashewnut

فول سوداني
fool soodaanee
peanut

بندق
bunduq
hazelnut

بندق برازيلي
bunduq braazeelee
brazil nut

باكانية
baakaneeya
pecan

لوز
lawz
almond

جوز
jawz
walnut

كستنا
kastana
chestnut

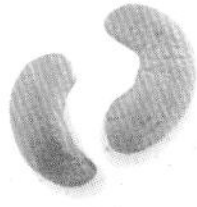

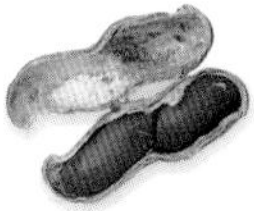

بندق كوينزلندة
bunduq kweenzlanda
macadamia

تين
teen
fig

بلح
balaH
date

برقوق مجفف
barqooq mujaffafa
prune

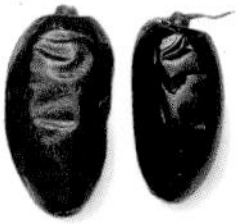

كشمش
kishmish
sultana

زبيب
zabeeb
raisin

سماق
samaaq
currant

قشر
qishr
shell
لب
lubb
flesh

جوز الهند
jawz al-hind
coconut

المفردات al-mufradaat • vocabulary

أخضر akhDar **green**	صلب sulb **hard**	نواة nawaah **kernel**	مملح mumallaH **salted**	محمر muHammar **roasted**	مقشر muqashshar **shelled**	فاكهة مسكرة faakiha musakkara **candied fruit**
ناضج naaDij **ripe**	طري Taree **soft**	مجفف mujaffaf **desiccated**	نيئ nayy' **raw**	موسمي mawsimee **seasonal**	كامل kaamil **whole**	فاكهة استوائية faakiha istiwaa'eeya **tropical fruit**

الحبوب والبقول al-Huboob wal-buqool • grains and pulses

الحبوب al-Huboob • grains

قمح
qamH
wheat

شوفان
shoofaan
oats

شعير
shaAeer
barley

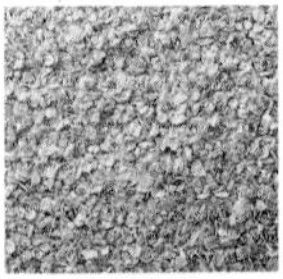

دخن
dukhn
millet

ذرة
dhura
corn

كينوا
keenwa
quinoa

بذر badhr **seed**	معطر muAaTTar **fragranced**	حبوب كاملة Huboob kaamila **wholegrain**
عصافة AuSaafa **husk**	غلال ghilaal **cereal**	حبوب طويلة Huboob Taweela **long-grain**
نواة nawaah **kernel**	ينقع yanqaA **soak (v)**	حبوب قصيرة Huboob qaseera **short-grain**
جاف jaaff **dry**	سهل الطبخ sahl aT-Tabkh **easy cook**	
طازج Taazaj **fresh**		

الأرز al-aruzz • rice

أرز أبيض
aruzz abyaD
white rice

أرز بني
aruzz bunnee
brown rice

أرز بري
aruzz barree
wild rice

أرز للحلوى
aruzz lil-Halwa
pudding rice

الحبوب المعالجة al-Huboob al-muAaalaja • processed grains

كسكسي
kuskusee
couscous

برغل
burghul
cracked wheat

سميد
sameed
semolina

نخالة
nukhaala
bran

البقول al-buqool • pulses

فاصوليا الزبد
faSoolya az-zubd
butter beans

فازول
faazool
haricot beans

فاصوليا حمراء
faSoolya Hamraa'
red kidney beans

حبوب أدوكي
Huboob adookee
aduki beans

باقلاء
baaqilaa'
broad beans

فول الصويا
fool as-Soyaa
soya beans

لوبيا
loobya
black-eyed beans

حبوب بنتو
Huboob binto
pinto beans

حبوب مونج
Huboob munj
mung beans

فاصوليا فرنسية
faSoolya faranseeya
flageolet beans

عدس بني
Aads bunnee
brown lentils

عدس أحمر
Aads aHmar
red lentils

بسلة خضراء
bisilla khaDraa'
green peas

حمص
HummuS
chick peas

بسلة مشقوقة
bisilla mashqooqa
split peas

البذور al-budhoor • seeds

بذور القرع
budhoor al-qarA
pumpkin seed

بذور الخردل
budhoor al-khardal
mustard seed

كراويا
karawiya
caraway

بذور السمسم
budhoor as-simsim
sesame seed

بذور عباد الشمس
budhoor Aabbaad ash-shams
sunflower seed

الأعشاب والتوابل al-aAshaab wat-tawaabil • herbs and spices

التوابل at-tawaabil • spices

فانيلا faneelaa | vanilla

جوز الطيب
jawz aT-Teeb
nutmeg

قشرة جوز الطيب
qishrat jawz aT-Teeb
mace

كركم
kurkum
turmeric

كمون
kammoon
cumin

باقة أعشاب
baaqat aAshaab
bouquet garni

حب البهار
Habb al-buhaar
allspice

بذور الفلفل الأسود
budhoor al-filfil al-aswad
peppercorn

حلبة
Hulba
fenugreek

فلفل حريف
filfil Hareef
chilli

كامل
kaamil
whole

مسحوق خشنا
masHooq
khashinan
crushed

زعفران
zaAfaraan
saffron

حب الهال
Habb al-haal
cardamom

كاري
kaaree
curry powder

مسحوق
masHooq
ground

فلفل حلو
filfil Hulw
paprika

قشيرات
qushayraat
flakes

ثوم
thoom
garlic

عربي Aarabee • **english**

الأعشاب al-aAshaab • herbs

عيدان
Aeedaan
sticks

قرفة
qirfa
cinnamon

حشيشة الليمون
Hasheeshat al-laymoon
lemon grass

قرنفل
qurunfil
cloves

أنيسون
aneesoon
star anise

زنجبيل
zanjabeel
ginger

شمار
shamaar
fennel

بذور الشمار
budhoor
ash-shamaar
fennel seeds

ورق الغار
waraq al-ghaar
bay leaf

بقدونس
baqdoonis
parsley

ثوم معمر
thoom muAammar
chives

نعناع
niAnaaA
mint

زعتر
zaAtar
thyme

مريمية
maryameeya
sage

طرخون
tarakhoon
tarragon

مردقوش
mardaqoosh
marjoram

ريحان
rayHaan
basil

أوريجانو
oreejaano
oregano

كسبرة
kusbara
coriander

شبت
shibitt
dill

حصا البان
HaSaa albaan
rosemary

الأغذية في زجاجات al-agh-dhiya fee zujaajaat • bottled foods

زيت الجوز
zayt al-jawz
walnut oil

زيت بذور العنب
zayt budhoor al-Ainab
grapeseed oil

سدادة
sidaada
cork

زيت عباد الشمس
zayt Aabbaad
ash-shams
sunflower oil

زيت اللوز
zayt al-lawz
almond oil

زيت بذور السمسم
zayt budhoor
as-simsim
sesame seed oil

زيت البندق
zayt al-bunduq
hazelnut oil

زيت الزيتون
zayt az-zaytoon
olive oil

أعشاب
Aashaab
herbs

زيت منكه
zayt munakkah
flavoured oil

زيوت
zuyoot
oils

بسطات حلوة basaTaat Hulwa • sweet spreads

إناء
inaa'
jar

قرص عسل النحل
qurS Aasal al-naHl
honeycomb

عسل جامد
Aasal jaamid
set honey

خثارة الليمون
khuthaarat al-laymoon
lemon curd

مربى العليق
murabba al-Aullayq
raspberry jam

مربى النرنج
murabba an-naranj
marmalade

عسل رائق
Aasal raa'iq
clear honey

شراب القبقب
sharaab al-qabqab
maple syrup

البهارات al-bihaaraat • condiments

مايونيز
mayonayz
mayonnaise

خل التفاح المخمر
khall at-tuffaaH
al-mukhammar
cider vinegar

خل بلسمي
khall balsamee
balsamic vinegar

زجاجة
zujaaja
bottle

كتشب
katshab
ketchup

خردل إنجليزي
khardal injileezee
English mustard

خردل فرنسي
khardal faransee
French mustard

شطني
shuTnee
chutney

خل المولت
khall al-molt
malt vinegar

خل النبيذ
khall an-nabeedh
wine vinegar

خل
khall
vinegar

صوص
saws
sauce

خردل الحبوب الكاملة
khardal al-huboob
al-kaamila
wholegrain mustard

زبد الفول السوداني
zubd al-fool
as-soodaanee
peanut butter

بسطة شوكولاتة
basTat shokolaata
chocolate spread

إناء محكم القفل
inaa' muHkam
al-qafl
sealed jar

فاكهه محفوظة
faakiha maHfooza
preserved fruit

المفردات al-mufradaat • vocabulary

زيت الذرة
zayt adh-dhura
corn oil

زيت اللفت
zayt al-lift
rapeseed oil

زيت فستق العبيد
zayt fustuq
al-Aabeed
groundnut oil

زيت عصرة باردة
zayt Asra baarida
cold-pressed oil

زيت نباتي
zayt nabaatee
vegetable oil

منتجات الألبان muntajaat al-albaan • dairy produce

جبن jubn • cheese

قشرة
qishra
rind

جبن شبه جامد
jubn shibh jaamid
semi-hard cheese

جبن مبشور
jubn mabshoor
grated cheese

جبن جامد
jubn jaamid
hard cheese

جبن شبه طري
jubn shibh Taree
semi-soft cheese

جبن منزوع الدسم
jubn manzooA
ad-dasam
cottage cheese

جبن قشدي
jubn qishdee
cream cheese

جبن أزرق
jubn azraq
blue cheese

جبن طري
jubn Taree
soft cheese

جبن طازج jubn Taazij I fresh cheese

الحليب al-Haleeb • milk

حليب كامل
Haleeb kaamil
whole milk

حليب منزوع نصف الدسم
Haleeb manzooA nisf ad-dasam
semi-skimmed milk

حليب منزوع الدسم
Haleeb manzooA
ad-dasam
skimmed milk

علبة حليب
Aulbat Haleeb
milk carton

حليب الماعز
Haleeb maaAiz
goat's milk

حليب مكثف
Haleeb mukaththaf
condensed milk

حليب البقر Haleeb al-baqar I cow's milk

Check Out Receipt

Saskatoon - Carlyle King Branch
306-975-7592
http://www.saskatoonlibrary.ca

Wednesday, February 20, 2019
7:13:42 PM
75341

Item: 36001402306301
Title: Arabic English bilingual visual
dictionary
Material: Literacy / EOL Material
Due: 13/03/2019

Total items: 1

Thank you! If you would like to update
your library notification to telephone,
email or text message, please contact
your local library.

زبد
zubd
butter

مرجرين
marjareen
margarine

قشدة
qishda
cream

قشدة سائلة
qishda saa'ila
single cream

قشدة كثيفة
qishda katheefa
double cream

قشدة مخفوقة
qishda makhfooqa
whipped cream

قشدة حامضة
qishda Haamida
sour cream

لبن رائب
laban raa'ib
yoghurt

أيس كريم
aays kreem
ice-cream

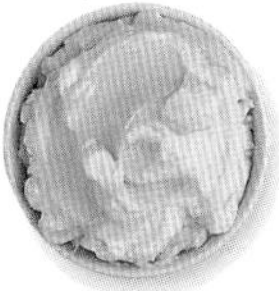

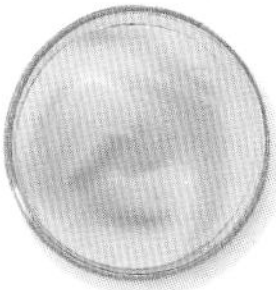

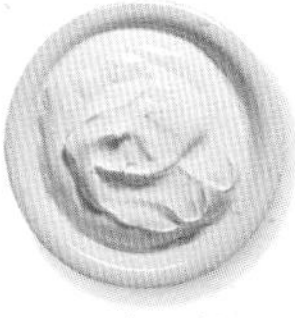

البيض al-bayD • eggs

صفار
safaar
yolk

بياض
bayaaD
egg white

قشر
qishr
shell

بيضة دجاجة
bayDat dajaaja
hen's egg

بيضة بطة
bayDat baTTa
duck egg

كوب البيض
koob al-bayD
egg cup

بيضة مسلوقة bayDa maslooqa I **boiled egg**

بيضة وزة
bayDat iwizza
goose egg

بيضة سمان
bayDat summaan
quail egg

المفردات al-mufradaat • vocabulary

مبستر	شراب حليب مخفوق	مملح	حليب الغنم	لاكتوز	متجانس
mubastar	sharaab Haleeb makhfooq	mumallaH	Haleeb al-ghanam	laktooz	mutajaanas
pasteurized	**milkshake**	**salted**	**sheep's milk**	**lactose**	**homogenised**
غير مبستر	لبن رائب مجمد	غير مملح	لبن خض	خالية الدسم	مسحوق الحليب
ghayr mubastar	laban raa'ib mujammad	ghayr mumallaH	laban khaDD	khaaliyat ad-dasam	masHooq al-Haleeb
unpasteurized	**frozen yoghurt**	**unsalted**	**buttermilk**	**fat free**	**powdered milk**

الخبز والدقيق al-khubz wad-daqeeq • breads and flours

خبز مخرط
khubz mukharraT
sliced bread

بذور الخشخاش
budhoor al-khashkhaash
poppy seeds

خبز الشيلم
khubz ash-shaylam
rye bread

خبز فرنسي
khubz faransee
baguette

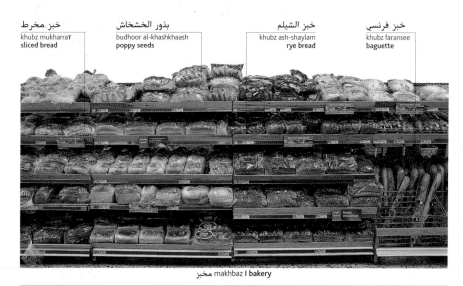

مخبز makhbaz | **bakery**

صناعة الخبز SinaaAat al-khubz • making bread

دقيق أبيض
daqeeq abyaD
white flour

دقيق بني
daqeeq bunnee
brown flour

دقيق من حبوب كاملة
daqeeq min Huboob kaamila
wholemeal flour

خميرة
khameera
yeast

يغربل yugharbil | **sift (v)**

يخلط yukhalliT | **mix (v)**

عجين
Aajeen
dough

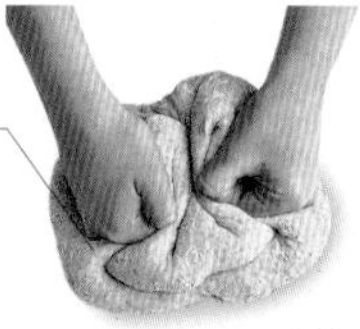

يعجن yuAajjin | **knead (v)**

يخبز yakhbiz | **bake (v)**

قشرة
qishra
crust

خبز أبيض
khubz abyaD
white bread

رغيف
ragheef
loaf

خبز بني
khubz bunnee
brown bread

خبز من حبوب كاملة
khubz min Huboob kaamila
wholemeal bread

شريحة
shareeHa
slice

خبز بحبوب
khubz bi-Huboob
granary bread

خبز الذرة
khubz adh-dhurra
corn bread

خبز الصودا
khubz aS-Soda
soda bread

خبز من عجينة محمضة
khubz min Aajeena muHammaDa
sourdough bread

خبز مفلطح
khubz mufalTaH
flatbread

خبز عبري
khubz Aibree
bagel

رول كبير
roll kabeer **I bap**

رول
roll **I roll**

خبز فواكه
khubz fawaakih
fruit bread

خبز مضاف له بذور
khubz muDaaf lahu budhoor
seeded bread

خبز نان
khubz naan
naan bread

خبز بيتا
khubz bita
pitta bread

بقسمات
buqsumaat
crispbread

المفردات al-mufradaat • **vocabulary**

دقيق قوي daqeeq qawee **strong flour**	ينفخ yanfakh **rise (v)**	يريح yureeH **prove (v)**	فتات الخبز fataat al-khubz **breadcrumbs**	مخرطة خبز mikhraTat khubz **slicer**
دقيق ذاتي النفخ daqeeq dhaatee an-nafkh **self-raising flour**	دقيق عادي daqeeq Aaadee **plain flour**	يكسو yaksoo **glaze (v)**	رغيف على شكل مزمار ragheef Aala shakl mizmaar **flute**	خباز khabbaaz **baker**

الكعك والحلويات al-kaak wal-Halaweeyaat • cakes and desserts

إكلير
iklayr
éclair

كريم
kreem
cream

حشو
Hashw
filling

عجين شو
Aajeen shoo
choux pastry

عجين بوف
Aajeen buff
puff pastry

عجين فيلو
Aajeen feelo
filo pastry

كعك بالفواكه
kaAk bil-fawaakih
fruit cake

تارت بالفواكه
tart bil-fawaakih
fruit tart

مرينج
mareeng
meringue

مكسو بالشوكولاتة
maksoo bish-shokolaata
chocolate coated

موفينة
mofeena
muffin

كعك إسفنجي
kaAk isfinjee
sponge cake

كعك kaAk I cakes

المفردات al-mufradaat • vocabulary

كريم باتيسيري kreem batisayree crème pâtissière	قرص qurs bun	معجنات muAajjanaat pastry	أرز بالحليب aruzz bil-Haleeb rice pudding	ممكن شريحة من فضلك؟ mumkin shareeHa min faDlak? May I have a slice please?
كعك شوكولاتة kaAk shokolaata chocolate cake	كسترد kustard custard	شريحة shareeHa slice	احتفال iHtifaal celebration	

زر شوكولاتة
zirr shokolaata
chocolate chip

أصابع إسفنجية
aSaabiA isfinjeeya
sponge fingers

بسكوت فلورينتين
baskoot filoorinteen
florentine

ترفيل
tarifeel
trifle

بسكوت baskoot I **biscuits**

موسية
mooseeya
mousse

سوربيه
sorbayh
sorbet

فطيرة القشدة
faTeerat al-qishda
cream pie

كريم كراملة
krem karamela
crème caramel

كعك الاحتفالات kaAk al-iHtifaalaat • celebration cakes

طبقة علوية
Tabaqa Aulweeya
top tier

شريط
shareeT
ribbon

زخراف
zakhraaf
decoration

شموع عيد ميلاد
shumooA Aeed meelaad
birthday candles

يطفئ بالنفخ
yuTfi' bin-nafkh
blow out (v)

طبقة سفلية
Tabaqa
sufleeya
bottom tier

كسوة
kiswa
icing

مرزبان
marzibaan
marzipan

كعكة الزفاف kaAkat al-zifaaf I **wedding cake**

كعكة عيد ميلاد kaAkat Aeed meelaad I **birthday cake**

الأطعمة الخاصة al-aTAima al-khaaSSa • delicatessen

سجق متبل
sujuq mutabbal
spicy sausage

خل
khall
vinegar

قرص محشو
qurs maHshoo
flan

زيت
zayt
oil

لحم غير مطبوخ
laHm ghayr maTbookh
uncooked meat

طاولة
Taawila
counter

باتيه
baateh
pâté

سلامي
salaamee
salami

ببروني
beberoonee
pepperoni

موتزاريللا
motzarella
mozzarella

بري
bree
brie

جبن الماعز
jubn al-maaAiz
goat's cheese

شيدر
sheedar
cheddar

جبن رومي
jubn roomee
parmesan

كاميمبير
kamembayr
camembert

قشرة
qishra
rind

إيدام
eedam
edam

مانشيجو
manshego
manchego

فطائر
faTaa'ir
pies

زيتون أسود
zaytoon aswad
black olives

فلفل حريف
filfil Hareef
chili

صلصة
salSa
sauce

رول
roll
bread roll

لحم مطبوخ
laHm maTbookh
cooked meat

زيتون أخضر
zaytoon akhDar
green olives

فخذ خنزير
fakhidh khinzeer
ham

Taawila li-sandawitshaat | sandwich counter طاولة السندوتشات

سمك مدخن
samak mudakhkhan
smoked fish

ثمر الكبوسين
thamr al-kabbooseen
capers

المفردات al-mufradaat • vocabulary

في الزيت fiz-zayt in oil	متبل mutabbil marinated	مدخن mudakhkhan smoked
في محلول ملحي fee maHlool milHee in brine	مملح mumallaH salted	مجفف mujaffaf cured

خذ رقم من فضلك.
khudh raqam min faDlak
Take a number please.

ممكن أجرب هذا؟
mumkin ujarrib haadha?
May I try some of that?

ممكن ست شرائح من هذا؟
mumkin sitt sharaa'iH min haadha?
May I have six slices of that?

كاريزو
kareezo
chorizo

لحم خنزير مجفف
laHm khinzeer mujaffaf
prosciutto

زيتون محشو
zaytoon maHshoo
stuffed olive

المشروبات mashroobaat • drinks

الماء al-maa' • water

ماء معبأ
maa' muAabba'
bottled water

فائر مكربن
faa'ir mukarban
sparkling

ساكن
saakin
still

ماء من صنبور
maa' min Sunboor
tap water

ماء التونك
maa' al-tonik
tonic water

ماء الصودا
maa' aS-Soda
soda water

مياه معدنية
miyaah miAdaneeya
mineral water

المشروبات الساخنة al-mashroobaat as-saakhina • hot drinks

كيس شاي
kees shaay
teabag

أوراق شاي
awraaq shaay
loose leaf tea

شاي
shaay
tea

بن
bunn
beans

بن مطحون
bunn maTHoon
ground coffee

قهوة
qahwa
coffee

شوكولاتة ساخنة
shokolaata saakhina
hot chocolate

مشروب مولت
mashroob molt
malted drink

مشروب خفيف mashroob khafeef • soft drinks

مصاصة
maSSaaSa
straw

عصير الطماطم
Aaseer aT-TamaaTim
tomato juice

عصير العنب
Aaseer al-Ainab
grape juice

شراب الليمون
sharaab al-laymoon
lemonade

شراب البرتقال
sharaab al-burTuqaal
orangeade

كولا
kola
cola

المشروبات الكحولية al-mashroobaat al-kuHooleeya • alcoholic drinks

علبة
Aulba
can

بيرة
beera
beer

سيدر
sidar
cider

بيرة بيتير
beera beetir
bitter

بيرة سوداء
beera sawdaa'
stout

جن
jin | gin

فودكا
vodka | vodka

وسكي
wiskee | whisky

عرق السكر
Aaraq as-sukkar
rum

براندي
barandee
brandy

جاف
jaaff
dry

(نبيذ) وردي
(nabeedh) wardee
rosé (wine)

(نبيذ) أبيض
(nabeedh) abyaD
white (wine)

(نبيذ) أحمر
(nabeedh) aHmar
red (wine)

بورت
bort
port

شري
sheree
sherry

كمباري
kambaree
campari

مسكر
musakkar
liqueur

تيكيلا
tekeela
tequila

شمبانيا
shambanya
champagne

نبيذ nabeedh | wine

الأكل خارج المنزل al-akl khaarij al-manzil
eating out

المقهى al-maqha • café

ظُلَّة
zulla
awning

قائمة
qaa'ima
menu

مظلة
miZalla
umbrella

مقهى على شرفة
maqhan Aala shurfa
terrace café

نادل
naadil
waiter

جهاز إعداد القهوة
jihaaz iAdaad
al-qahwa
coffee machine

مائدة
maa'ida
table

مقهى على الرصيف maqhan Aalar-raSeef I **pavement café**

مطعم وجبات خفيفة maTAam wajabaat khafeefa I **snack bar**

القهوة al-qahwa • coffee

قهوة بالحليب
qahwa bil-
Haleeb
white coffee

قهوة سادة
qahwa saada
black coffee

بودرة الكاكاو
boodrat al-kakaw
cocoa powder

رغوة
raghwa
froth

قهوة أمريكية
qahwa amreekeeya
filter coffee

إسبرسو
isbreso
espresso

كابتشينو
kabatsheeno
cappuccino

قهوة مثلجة
qahwa muthallaja
iced coffee

الشاي ash-shaay • **tea**

شاي عشبي
shaay Aushbee
herbal tea

شاي بالبابونج
shaay bil-baboonj | camomile tea

شاي أخضر
shaay akhDar | green tea

شاي بالحليب
shaay bil-Haleeb
tea with milk

شاي سادة
shaay saada
black tea

شاي بالليمون
shaay bil-laymoon
tea with lemon

شاي بالنعناع
shaay bin-niAnaaA
mint tea

شاي مثلج
shaay muthallaj
iced tea

العصائر والحليب المخفوق al-AaSaa'ir wal-Haleeb al-makhfooq • **juices and milkshakes**

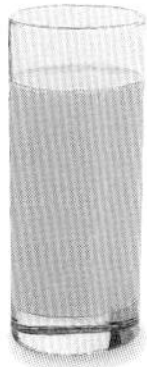

شوكولاتة بالحليب المخفوق
shokolaata bil-Haleeb
al-makhfooq
chocolate milkshake

فراولة بالحليب المخفوق
faraawla bil-Haleeb
al-makhfooq
strawberry milkshake

قهوة بالحليب المخفوق
qahwa bil-Haleeb
al-makhfooq
coffee milkshake

عصير البرتقال
AaSeer
al-burtuqaal
orange juice

عصير التفاح
AaSeer
at-tuffaaH
apple juice

عصير الأناناس
AaSeer
al-anaanaas
pineapple juice

عصير الطماطم
AaSeer
aT-TamaaTim
tomato juice

الغذاء al-ghidhaa' • **food**

خبز بني
khubz bunnee
brown bread

كرة
kura
scoop

سندوتش محمص
sandawitsh muHammaS
toasted sandwich

سلطة
salaTa
salad

أيس كريم
aayis kreem
ice cream

معجنات
muAajjinaat
pastry

البار al-baar • bar

أكواب زجاج
akwaab zujaaj
glasses

صراف بالمقاس
sarraaf bil-maqaas
optic

درج نقود
durj nuqood
till

قيم البار
qayyim al-baar
bartender

صنبور البيرة
sanboor al-beera
beer tap

جهاز إعداد القهوة
jihaaz iAdaad
al-qahwa
coffee machine

دلو الثلج
dilw ath-thalj
ice bucket

مقعد البار
maqAad al-baar
bar stool

طفاية سجائر
Tafaayat sajaa'ir
ashtray

وسادة للأكواب
wisaada lil-akwaab
coaster

مسطح البار
musaTTaH al-baar
bar counter

فتاحة زجاجات
fattaaHat zujaajaat
bottle opener

ملقط
milqaT
tongs

مرجف
murajjif
stirrer

مقياس
miqyaas
measure

رافعة
raafiAa
lever

بريمة
barreema | corkscrew

خضاضة الكوكتيل
khaDDaaDat al-koktayl | cocktail shaker

جن وتونك
jin wa-tonik
gin and tonic

دورق
dawraq
pitcher

ويسكي سكوتش وماء
weeskee skotsh wa-maa'
scotch and water

مكعب ثلج
mukaAAab thalj
ice cube

رم وكولا
rum wa-kola
rum and coke

فودكا وبرتقال
vodka wa-butuqaal
vodka and orange

مرتيني
marteenee
martini

كوكتيل
koktayl
cocktail

نبيذ
nabeedh
wine

بيرة
beera
beer

قدر بسيط
qadr baseeT
a shot

قدر واحد
qadr
waaHid
single
قدران
qadraan
double

مقياس
miqyaas
measure

بدون ثلج
bidoon thalj
without ice

ثلج وليمون
talj wa-laymoon
ice and lemon

بالثلج
bith-thalj
with ice

مزات بار mazzaat baar as-sareeA • bar snacks

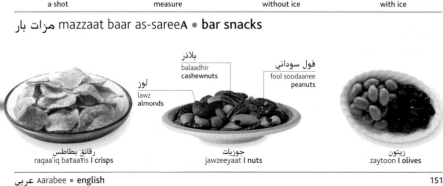

رقائق بطاطس
raqaa'iq baTaaTis | **crisps**

بلاذر
balaadhir
cashewnuts
فول سوداني
fool soodaanee
peanuts
لوز
lawz
almonds

جوزيات
jawzeeyaat | **nuts**

زيتون
zaytoon | **olives**

المطعم al-maTAam • restaurant

إعداد المائدة
iAdaad
al-maa'ida
table setting

طباخ مساعد
Tabbaakh
musaaAid
commis chef

طباخ رئيسي
Tabbaakh ra'eesee
chef

كأس
ka's
glass

صينية
seneeya
tray

مطبخ maTbakh | kitchen

نادل naadil | waiter

المفردات al-mufradaat • vocabulary

قائمة المساء qaa'imat al-masaa' **evening menu**	أطباق خاصة aTbaaq khaaSSa **specials**	سعر siAr **price**	بقشيش baqsheesh **tip**	بوفيه boofeh **buffet**	زبون zaboon **customer**
قائمة نبيذ qaa'imat nabeedh **wine list**	أطباق من القائمة aTbaaq min al-qaa'ima **à la carte**	حساب Hisaab **bill**	تتضمن الخدمة tataDamman al-khidma **service included**	بار baar **bar**	فلفل filfil **pepper**
قائمة غداء qaa'imat ghadaa' **lunch menu**	عربة الحلويات Aarabat al-Halawiyaat **sweet trolley**	إيصال eeSaal **receipt**	لا تتضمن الخدمة laa tataDamman al-khidma **service not included**	ملح milH **salt**	

قائمة
qaa'ima
menu

وجبة طفل
wajbat Tifl
child's meal

يطلب yaTlub | **order (v)**

يدفع yadfaA | **pay (v)**

أطباق الطعام aTbaaq aT-TaAaam • courses

بادئة
baadi'a
apéritif

مُقبّل
muqabbil
starter

حساء
Hisaa'
soup

طبق رئيسي
Tabaq ra'eesee
main course

طبق جانبي
Tabaq jaanibee
side order

حلو Hulw | **dessert**

قهوة qahwa | **coffee**

مائدة لاثنين، من فضلك.
maa'ida li-ithnayn, min faDlak
A table for two please.

الإطلاع على قائمة الطعام/ قائمة النبيذ؟
هل يمكنني
hal yumkinunee al-iTTilaaA Aala qaa'imat aT-TaAaam/ qaa'imat an-nabeedh?
May I see the menu/winelist?

هل هناك قائمة طعام بسعر ثابت؟
hal hunaaka qaa'imat TaAaam bi-siAr thaabit?
Is there a fixed price menu?

هل لديكم أي أطباق للنباتيين؟
hal ladaykum ayy aTbaaq lin-nabaateeyeen?
Do you have any vegetarian dishes?

ممكن الحساب/إيصال؟
mumkin al-Hisaab/eeSaal?
May I have the bill/a receipt?

هل يمكننا الدفع كل على حدة؟
hal yumkinuna ad-dafA kull Aala Hida?
Can we pay separately?

أين دورات المياه، من فضلك؟
ayna dawraat al-miyaah, min faDlak?
Where are the toilets, please?

المأكولات السريعة al-ma'koolaat as-sareeAa • fast food

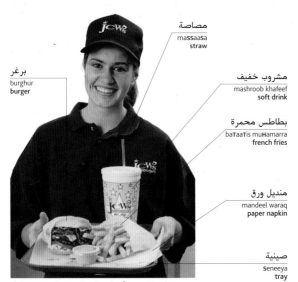

مصاصة
maSSaaSa
straw

برغر
burghur
burger

مشروب خفيف
mashroob khafeef
soft drink

بطاطس محمرة
baTaaTis muHamarra
french fries

منديل ورق
mandeel waraq
paper napkin

صينية
Seneeya
tray

وجبة برغر wajbat burghur | **burger meal**

بيتزا
beetza
pizza

قائمة أسعار
qaa'imat asAaar
price list

مشروب معلب
mashroob muAallab
canned drink

توصيل للمنزل
tawSeel lil-manzil | **home delivery**

عربة أطعمة بالشارع
Aarabat aTAima bish-shaariA | **street stall**

المفردات al-mufradaat • vocabulary

مطعم بيتزا
maTAam beetza
pizza parlour

مطعم البرغر
maTAam al-burghur
burger bar

قائمة
qaa'ima
menu

الأكل داخل المطعم
al-akl daakhil al-mmaTAam
eat-in

الاصطحاب للمنزل
al-iSTiHaab lil-manzil
take-away

يُعيد التسخين
yuAeed at-taskheen
re-heat (v)

صلصة طماطم
SalSat TamaaTim
tomato sauce

هل يمكنني أخذ هذا للمنزل؟
hal yumkinunee akhdh haadha lil-manzil?
Can I have that to go?

هل توصلون للمنازل؟
hal tuwaSSiloon lil-manaazil?
Do you deliver?

برغر
burghur
hamburger

قرص
qurs
bun

برغر دواجن
burghur dawaajin
chicken burger

برغر نباتي
burghur nabaatee
veggie burger

خردل
khardal
mustard
سجق
sujuq
sausage

سندوتش سجق
sandawitsh sujuq | **hot dog**

سندوتش
sandawitsh
sandwich

سندوتش متعدد الطبقات
sandawitsh mutaAaddid aT-Tabaqaat
club sandwich

سندوتش مكشوف
sandawitsh makshoof
open sandwich

حشو
hashw
filling

لفافة محشوة
laffaafa maHshoowa
wrap

صلصة
salsa
sauce

كباب
kabaab
kebab

دواجن مفرومة
dawaajin mafrooma
chicken nuggets

فاتح للشهية
faatiH lish-shahiya
savoury

حلو
Hulw
sweet

فطيرة faTeera | **crêpe**

سمك ورقائق بطاطس
samak wa-raqaa-iq baTaaTis
fish and chips

ضلوع
dulooA
ribs

دجاج مقلي
dajjaaj maqlee
fried chicken

طبقة علوية
Tabaqa Aulweeeya
topping

بيتزا
beetza
pizza

الفطور al-fuToor • breakfast

حليب
Haleeb
milk

حبوب
Huboob
cereal

مربى
murabba
jam

فواكه جافة
fawaakih jaaffa
dried fruit

فخذ خنزير
fakhidh khinzeer
ham

جبن
jubn
cheese

بقسمات
buqsumaat
crispbread

بوفيه فطور
boofeh fuToor
breakfast buffet

مربى النرنج
murabba an-narang
marmalade

باتيه
bateh
pâté

زبد
zubd
butter

عصير فواكه
Aaseer fawaakih
fruit juice

قهوة
qahwa
coffee

كرواسان
karawsaan
croissant

مائدة فطور maa'idat fuToor | breakfast table

شوكولاتة ساخنة
shokolaata saakhina
hot chocolate

شاي
shaay
tea

مشروبات mashroobaat | drinks

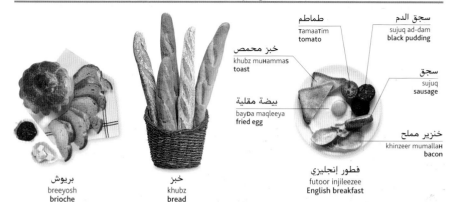

بريوش
breeyosh
brioche

خبز
khubz
bread

طماطم
TamaaTim
tomato

سجق الدم
sujuq ad-dam
black pudding

خبز محمص
khubz muHammas
toast

سجق
sujuq
sausage

بيضة مقلية
bayDa maqleeya
fried egg

خنزير مملح
khinzeer mumallaH
bacon

فطور إنجليزي
futoor injileezee
English breakfast

رنكة مدخنة
ranka mudakhkhana
kippers

خبز محمص ومقلي
khubz muHammas
wa-maqlee
french toast

صفار
Safaar
yolk

بيضة مسلوقة
bayDa maslooqa
boiled egg

بيض مضروب
bayD maDroob
scrambled eggs

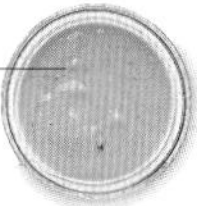

لبن رائب بالفواكه
laban raa'ib bil-fawaakih
fruit yoghurt

فطائر
faTaa'ir
pancakes

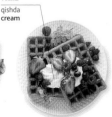

قشدة
qishda
cream

وفل
waffal
waffles

شوفان مطبوخ
shoofaan maTbookh
porridge

فواكه طازجة
fawaakih Taazija
fresh fruit

العشاء al-Aashaa' • dinner

حساء Hisaa' | **soup**

حساء خفيف
Hisaa' khafeef | **broth**

يخني yakhnee | **stew**

كاري kaaree | **curry**

مطبوخ في الفرن
maTbookh fil-furn
roast

فطيرة
faTeera
pie

سوفليه
soofleh
soufflé

كباب
kabaab
kebab

كفتة بالصلصة
kofta bis-Salsa | **meatballs**

عجة
Aijja | **omelette**

نودلز
noodalz
noodles

مقل سريعاً
maqlin sareeAan | **stir fry**

باستا basta | **pasta**

أرز
aruzz | **rice**

سلاطة مخلوطة
salaTa makhlooTa | **mixed salad**

سلاطة خضراء
salaTa khaDraa' | **green salad**

تتبيلة
tatbeela | **dressing**

الأساليب al-asaaleeb • techniques

محشو maнshoo | **stuffed**

بالصوص bil-saws | **in sauce**

مشوي mashwee | **grilled**

متبل mutabbil | **marinated**

مطبوخ بالماء
maтbookh bil-maa'
poached

مهروس mahroos | **mashed**

في الفرن fil-furn | **baked**

مقل في مقلاة
maqlin fee miqlaah
pan fried

مقل maqlin | **fried**

مخلل mukhallal | **pickled**

معامل بالدخان muAaamal bid-dukhaan | **smoked**

مقل في إناء عميق maqlin fee inaa' Aameeq | **deep fried**

في شراب
fee sharaab
in syrup

معامل بالتوابل والخل
muAaamal bit-tawaabil wal-khall | **dressed**

معامل بالبخار
muAaamal bil-bukhaar
steamed

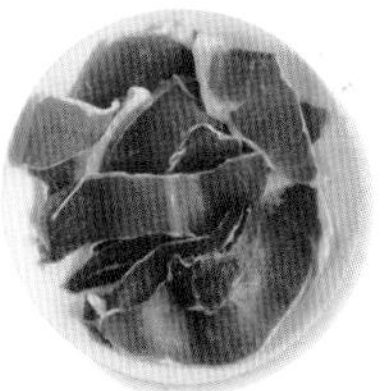

مجفف ومملح
mujaffaf wa-mumallaн
cured

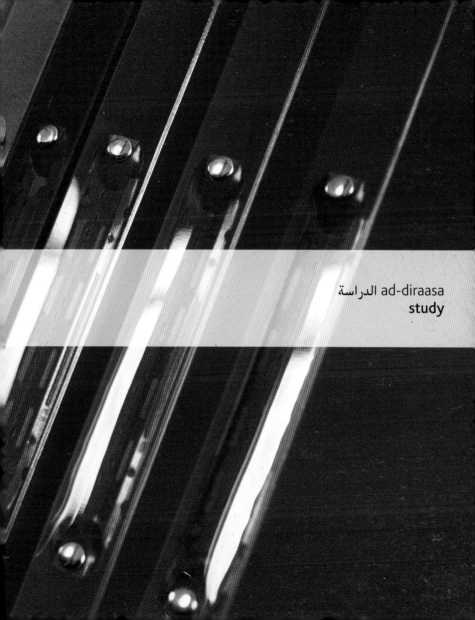

الدراسة ad-diraasa
study

المدرسة al-madrasa • **school**

سبورة بيضاء
sabboora baydaa'
whiteboard

مدرس
mudarris
teacher

حقيبة مدرسية
Haqeeba madraseeya
school bag

تلميذ
tilmeedh
pupil

تخت
takht
desk

طباشير
Tabaasheer
chalk

فصل fasl | **classroom**

تلميذة
tilmeedha
schoolgirl

تلميذ
tilmeedh
schoolboy

المفردات al-mufradaat • **vocabulary**

تاريخ taareekh **history**	علوم Auloom **science**	طبيعة TabeeAa **physics**
لغات lughaat **languages**	فن fann **art**	كيمياء keemyaa' **chemistry**
آداب aadaab **literature**	موسيقى mooseeqa **music**	علم الأحياء Ailm al-aHyaa' **biology**
جغرافيا jughraafiya **geography**	رياضيات riyaaDiyaat **maths**	تربية بدنية tarbeeya badaneeya **physical education**

الأنشطة al-anshiTa • **activities**

يقرا yaqra' | **read (v)**

يكتب yaktub | **write (v)**

يتهجى yatahajja | **spell (v)**

يرسم yarsim | **draw (v)**

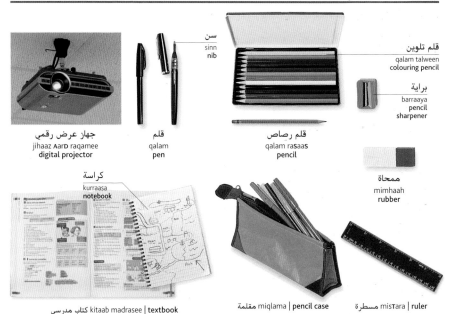

سن
sinn
nib

قلم تلوين
qalam talween
colouring pencil

براية
barraaya
**pencil
sharpener**

جهاز عرض رقمي
jihaaz AarD raqamee
digital projector

قلم
qalam
pen

قلم رصاص
qalam raSaaS
pencil

ممحاة
mimhaah
rubber

كراسة
kurraasa
notebook

كتاب مدرسي kitaab madrasee | **textbook**

مقلمة miqlama | **pencil case**

مسطرة misTara | **ruler**

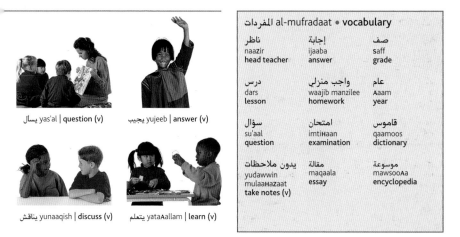

يسأل yas'al | **question (v)**

يجيب yujeeb | **answer (v)**

يناقش yunaaqish | **discuss (v)**

يتعلم yataAallam | **learn (v)**

المفردات al-mufradaat • vocabulary

ناظر naazir **head teacher**	إجابة ijaaba **answer**	صف saff **grade**
درس dars **lesson**	واجب منزلي waajib manzilee **homework**	عام Aaam **year**
سؤال su'aal **question**	امتحان imtiHaan **examination**	قاموس qaamoos **dictionary**
يدون ملاحظات yudawwin mulaaHazaat **take notes (v)**	مقالة maqaala **essay**	موسوعة mawsooAa **encyclopedia**

الرياضيات ar-riyaaDiyaat • **maths**

أشكال askhkaal • **shapes**

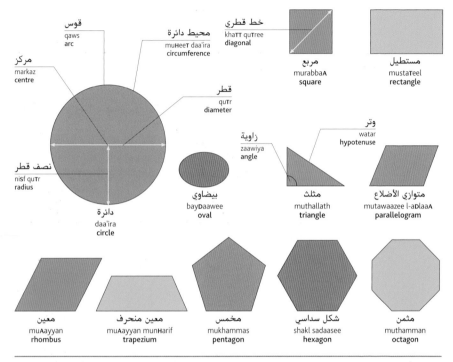

قوس
qaws
arc

محيط دائرة
muHeeT daa'ira
circumference

خط قطري
khaTT quTree
diagonal

مربع
murabbaA
square

مستطيل
mustaTeel
rectangle

مركز
markaz
centre

قطر
quTr
diameter

وتر
watar
hypotenuse

زاوية
zaawiya
angle

نصف قطر
nisf quTr
radius

بيضاوي
bayDaawee
oval

مثلث
muthallath
triangle

متوازي الأضلاع
mutawaazee l-aDlaaA
parallelogram

دائرة
daa'ira
circle

معين
muAayyan
rhombus

معين منحرف
muAayyan munHarif
trapezium

مخمس
mukhammas
pentagon

شكل سداسي
shakl sadaasee
hexagon

مثمن
muthamman
octagon

الأشكال المصمتة al-ashkaal al-muSammata • **solids**

جانب
jaanib
side

قمة
qimma
apex

قاعدة
qaa'idaĩ
base

مخروط
makhrooT
cone

اسطوانة
usTawaana
cylinder

مكعب
mukaAAab
cube

هرم
haram
pyramid

كروي
kurawee
sphere

الخطوط al-khuTooT • lines

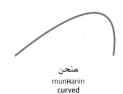

مستقيم
mustaqeem
straight

متواز
mutawaazin
parallel

متعامد
mutaAaamid
perpendicular

منحن
munHanin
curved

القياسات al-qiyaasat • measurements

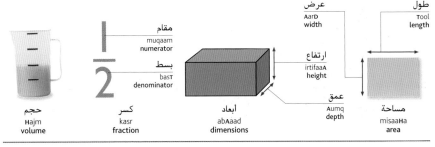

حجم
Hajm
volume

مقام
muqaam
numerator

بسط
basT
denominator

كسر
kasr
fraction

ارتفاع
irtifaaA
height

عمق
Aumq
depth

أبعاد
abAaad
dimensions

عرض
AarD
width

طول
Tool
length

مساحة
misaaHa
area

المعدات al-muAaddaat • equipment

مثلث قائم الزاوية
muthallath qaa'im az-zaawiya
set square

منقلة
manqala
protractor

مسطرة
misTara
ruler

برجل
barjal
compass

آلة حاسبة
aala Haasiba
calculator

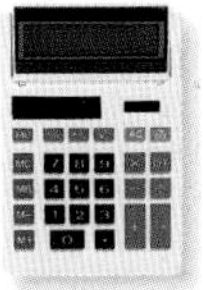

المفردات al-mufradaat • vocabulary

هندسة handasa **geometry**	زائد zaa'id **plus**	مضروب في maDroob fee **times**	يعادل yuAaadil **equals**	يُضيف yuDeef **add (v)**	يضرب yaDrib **multiply (v)**	معادلة muAaadala **equation**
رياضيات riyaaDiyaat **arithmetic**	ناقص naaqis **minus**	مقسوم على maqsoom Aala **divided by**	يعد yaAidd **count (v)**	يطرح yaTraH **subtract (v)**	يقسم yaqsim **divide (v)**	نسبة مئوية nisba mi'aweeya **percentage**

العلوم al-Auloom • science

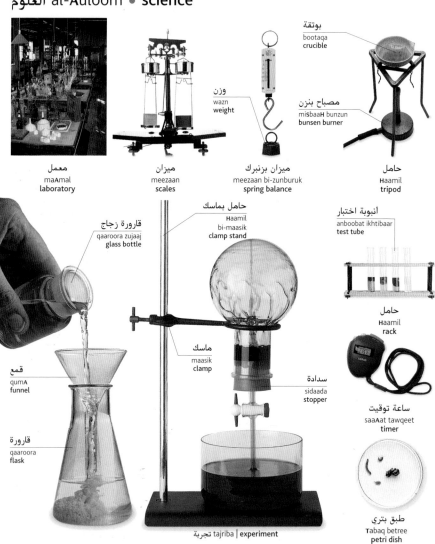

معمل
maAmal
laboratory

ميزان
meezaan
scales

وزن
wazn
weight

ميزان بزنبرك
meezaan bi-zunburuk
spring balance

بوتقة
bootaqa
crucible
مصباح بنزن
misbaaH bunzun
bunsen burner

حامل
Haamil
tripod

قارورة زجاج
qaaroora zujaaj
glass bottle
حامل بماسك
Haamil
bi-maasik
clamp stand
ماسك
maasik
clamp
قمع
qumA
funnel
سدادة
sidaada
stopper
قارورة
qaaroora
flask

تجربة tajriba | **experiment**

أنبوبة اختبار
anboobat ikhtibaar
test tube

حامل
Haamil
rack

ساعة توقيت
saaAat tawqeet
timer

طبق بتري
Tabaq betree
petri dish

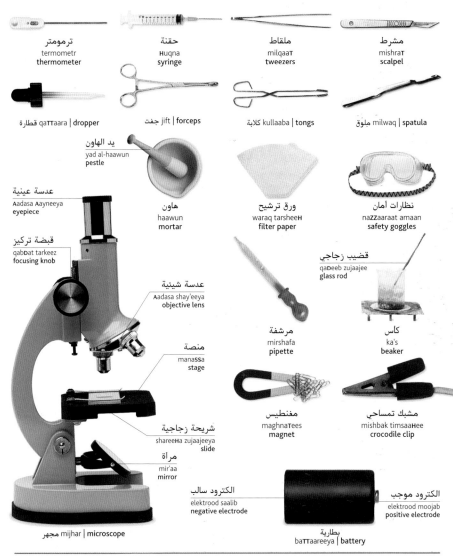

ترمومتر
termometr
thermometer

حقنة
Huqna
syringe

ملقاط
milqaaT
tweezers

مشرط
mishraT
scalpel

قطارة qaTTaara | **dropper**

جفت jift | **forceps**

كلابة kullaaba | **tongs**

ملوق milwaq | **spatula**

يد الهاون
yad al-haawun
pestle

هاون
haawun
mortar

ورق ترشيح
waraq tarsheeH
filter paper

نظارات أمان
naZZaaraat amaan
safety goggles

عدسة عينية
Aadasa Aayneeya
eyepiece

قبضة تركيز
qabDat tarkeez
focusing knob

عدسة شيئية
Aadasa shay'eeya
objective lens

قضيب زجاجي
qaDeeb zujaajee
glass rod

مرشفة
mirshafa
pipette

كأس
ka's
beaker

منصة
manaSSa
stage

شريحة زجاجية
shareeHa zujaajeeya
slide

مراة
mir'aa
mirror

مغنطيس
maghnaTees
magnet

مشبك تمساحي
mishbak timsaaHee
crocodile clip

الكترود سالب
elektrood saalib
negative electrode

الكترود موجب
elektrood moojab
positive electrode

مجهر mijhar | **microscope**

بطارية
baTTaareeya | **battery**

الجامعة al-jaamiAa • college

مكتب القبول
maktab al-qubool
admissions
قاعة طعام
qaaAat taAaam
refectory
مركز صحي
markaz SiHHee
health centre
ساحة رياضة
saaHat riyaaDa
sports field
مبنى نوم الطلاب
mabna nawm aT-Tullaab
hall of residence

باحة baaHa | campus

أمين مكتبة
ameen maktaba
librarian
مكتب استعارة الكتب
maktab istiAaarat al-kutub
loans desk
رف للكتب
raff lil-kutub
bookshelf
مطبوعة دورية
maTbooAa dawreeya
periodical
مجلة
majalla
journal

مكتبة maktaba | library

المفردات al-mufradaat • vocabulary

بطاقة مكتبة biTaaqat maktaba **library card**	استعلامات istiAlaamaat **enquiries**	استعارة istiAaara **loan**
غرفة قراءة ghurfat qiraa'a **reading room**	يستعير yastaAeer **borrow (v)**	كتاب kitaab **book**
قائمة قراءة qaa'imat qiraa'a **reading list**	يحجز yaHjiz **reserve (v)**	عنوان Aunwaan **title**
تاريخ الإرجاع taareekh al-irjaaA **return date**	يُجدد yujaddid **renew (v)**	ممر mamarr **aisle**

طالب لم يتخرج بعد
Taalib lam yatakharraj baAd
undergraduate

محاضر
muHaaDir
lecturer

قاعة محاضرات
qaaAat muHaaDaraat | **lecture theatre**

خريج
khareej
graduate

رداء
ridaa'
robe

احتفالية تخرج
iHtifaaleeyat takharruj | **graduation ceremony**

الكليات al-kulliyaat • schools

موديل
modeel
model

كلية الفنون
kulleeyat al-funoon | **art college**

قسم الموسيقى
qism al-mooseeqa | **music school**

معهد الرقص
maAhad ar-raqs | **dance academy**

المفردات al-mufradaat • vocabulary

منحة دراسية
minHa diraaseeya
scholarship

دبلوم
dibloom
diploma

درجة جامعية
daraja jaamiAeeya
degree

دراسات عليا
diraasaat Aulyaa
postgraduate

أبحاث
abHaath
research

ماجستير
majisteer
masters

دكتوراه
doktooraah
doctorate

أطروحة بحثية
uTrooHa baHtheeya
thesis

بحث
baHth
dissertation

قسم
qism
department

الحقوق
al-Huqooq
law

هندسة
handasa
engineering

طب
Tibb
medicine

علم الحيوان
Ailm al-Hayawaan
zoology

طبيعة
TabeeAa
physics

سياسة
siyaasa
politics

فلسفة
falsafa
philosophy

آداب
aadaab
literature

تاريخ الفنون
taareekh al-funoon
history of art

اقتصاد
iqtisaad
economics

العمل al-Aamal
work

المكتب ١ al-maktab waaHid • office 1

شاشة
shaasha
monitor
منظم المكتب
munaZZim al-maktab
desktop organizer
دفتر
daftar
notebook
كومبيوتر محمول
kombyootir mahmool
laptop
سلة الصادر
sallat aS-SaaDir
out-tray
سلة الوارد
sallat al-waarid
in-tray
درج
durj
drawer
مكتب
maktab
desk
مقعد دوار
maqAad
dawwaar
swivel chair
سلة نفايات
sallat nifaayaat
wastebasket
خزانة حفظ ملفات
kizaanat Hifz milaffaat
filing cabinet

معدات مكتب muAaddaat al-maktab • office equipment

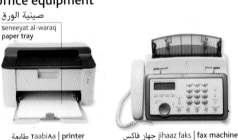

صينية الورق
Seneeyat al-waraq
paper tray

طابعة TaabiAa | printer

جهاز فاكس jihaaz faks | fax machine

print (v)

مستلزمات المكاتب mustalzamaat al-maktab • office supplies

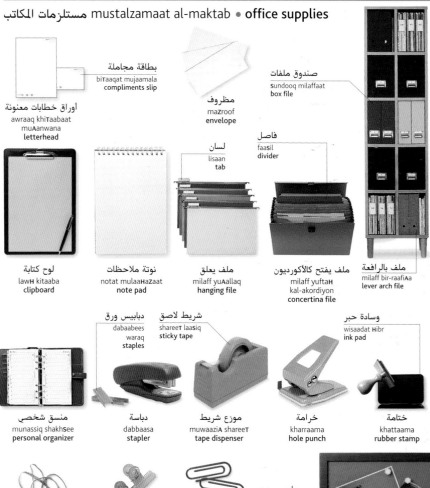

بطاقة مجاملة
biTaaqat mujaamala
compliments slip

مظروف
maZroof
envelope

صندوق ملفات
sundooq milaffaat
box file

أوراق خطابات معنونة
awraaq khiTaabaat
muAanwana
letterhead

فاصل
faasil
divider

لسان
lisaan
tab

لوح كتابة
lawH kitaaba
clipboard

نوتة ملاحظات
notat mulaaHaZaat
note pad

ملف يعلق
milaff yuAallaq
hanging file

ملف يفتح كالأكورديون
milaff yuftaH
kal-akordiyon
concertina file

ملف بالرافعة
milaff bir-raafiAa
lever arch file

دبابيس ورق
dabaabees
waraq
staples

شريط لاصق
shareeT laasiq
sticky tape

وسادة حبر
wisaadat Hibr
ink pad

منسق شخصي
munassiq shakhSee
personal organizer

دباسة
dabbaasa
stapler

موزع شريط
muwaaziA shareeT
tape dispenser

خرامة
kharraama
hole punch

ختامة
khattaama
rubber stamp

بندة مطاط
banda maTaaT
rubber band

مشبك قوي
mishbak qawee
bulldog clip

مشبك ورق
mishbak waraq
paper clip

دبابيس رسم
dabaabees rasm
drawing pins

لوحة إعلانات lawHat iAlaanaat
notice board

المكتب ٢ al-maktab ithnaan • office 2

سبورة ورق
sabboora waraq
flipchart

حامل
Haamil
easel

مدير
mudeer
manager

عرض
AarD
proposal

تقرير
taqreer
report

موظف تنفيذي
muwazzaf
tanfeedhee
executive

وقائع
waqaa'iA
minutes

اجتماع ijtimaaA | **meeting**

المفردات al-mufradaat • **vocabulary**

غرفة اجتماعات ghurfat ijtimaaAaat **meeting room**	يحضر yaHDur **attend (v)**
جدول أعمال jadwal Aamaal **agenda**	يترأس yatara"as **chair (v)**

ما موعد عقد الاجتماع؟
maa mawAid Aaqd al-ijtimaaA?
What time is the meeting?

ما ساعات عمل مكتبك؟
maa saaAaat Aamal maktabak?
What are your office hours?

متحدث
mutaHaddith
speaker

عرض AarD | **presentation**

الأعمال al-Aamaal • business

رجل أعمال
rajul Aamaal
businessman

سيدة أعمال
sayyidat Aamaal
businesswoman

غداء عمل ghadaa' Aamal | **business lunch**

مهمة عمل muhammat Aamal | **business trip**

موعد
mawAid
appointment

مفكرة mufakkira | **diary**

المدير العام
al-mudeer al-Aaamm
managing director

عميل
Aameel
client

صفقة safqa | **business deal**

المفردات al-mufradaat • vocabulary

شركة sharika **company**	العاملون al-Aaamiloon **staff**	قسم الحسابات qism al-Hisaabaat **accounts department**	قسم الشؤون القانونية qism ash-shu'oon al-qaanooneeya **legal department**
مركز رئيسي markaz ra'eesee **head office**	مرتب murattab **salary**	قسم التسويق qism at-tasweeq **marketing department**	قسم خدمة العملاء qism khidmat al-Aumalaa' **customer service department**
فرع farA **branch**	جدول رواتب jadwal rawaatib **payroll**	قسم المبيعات qism al-mabeeAaat **sales department**	قسم شؤون الأفراد qism shu'oon al-afraad **personnel department**

الكومبيوتر al-kompyootir • computer

طابعة
TaabiAa
printer

ماسحة
maasiHa
scanner

شاشة
shaasha
screen

مفتاح
miftaaH
key

لوحة مفاتيح
lawHat mafaateeH
keyboard

فأرة
fa'ra
mouse

كومبيوتر محمول
kombyootir mahmool
laptop

سماعة
sammaaAa
speaker

مكونات صلبة
mukawwanaat Salba
hardware

عصا ذاكرة
AaSaa dhaakira
memory stick

قرص صلب خارجي
qurs Sulb khaarijee
external hard drive

المفردات al-mufradaat • vocabulary

ذاكرة
dhaakira
memory

مجموعة برامج
majmooAat
baraamij
software

خادم
khaadim
server

بايتات
baaytaat
bytes

برنامج تطبيق
barnaamaj taTbeeq
application

منفذ
manfadh
port

نظام
niZaam
system

برنامج
barnaamaj
program

معالج
muAaalij
processor

ذاكرة التوصل العشوائي
dhaakirat
at-tawaSSul
al-Aashwaanee
RAM

شبكة
shabaka
network

تيار كهربائي كبل
kabl tayyaar
kahrabaa'ee
power cable

جهاز ايباد
jihaaz "ipad"
iPad

هاتف ذكي
haatif dhakee
smartphone

سطح المكتب sat-H al-maktab • desktop

شريط القائمة
shareeT al-qaa'ima
menubar

بنط/خط
bunT/khaTT
font

أيقونة
ayqoona
icon

شريط الأدوات
shareeT al-adawaat
toolbar

شريط تمرير
shareeT tamreer
scrollbar

ورق حائط
waraq Haa'it
wallpaper

نافذة
naafidha
window

ملف
milaff
file

ضبارة
Dubaara
folder

نفايات
nifaayaat
trash

الإنترنت al-internet • internet

مستعرض
mustaAriD
browser

يستعرض yastaArid | **browse (v)**

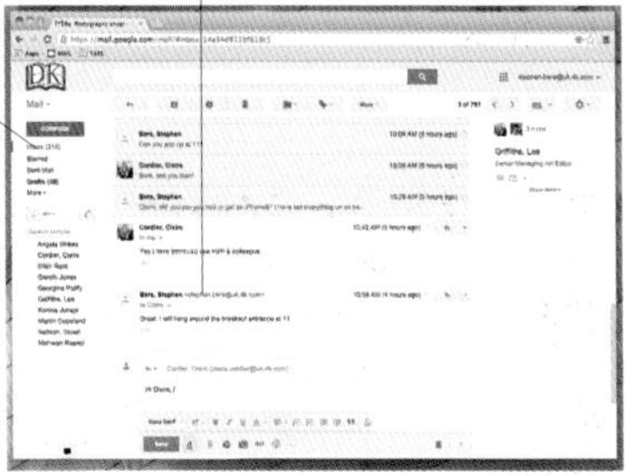

موقع بالإنترنت
mawqiA bil-internet
website

رسالة إليكترونية risaala iliktrooneeya • email

عنوان البريد الإلكتروني
Aunwaan al-bareed al-iliktroonee
email address

موقع الوارد
mawqiA
al-waarid
inbox

المفردات al-mufradaat • vocabulary

يتصل yattasil **connect (v)**	مقدم خدمة muqaddim khidma **service provider**	يُسجل الدخول yusajjil ad-dukhool **log on (v)**	يُحمل yuHammil **download (v)**	يُرسل yursil **send (v)**	يحفظ yaHfaz **save (v)**
يُركب yurakkib **install (v)**	حساب بريد إليكتروني hisaab bareed ileektronee **email account**	متصل بالانترنت mutassal bil-internet **on-line**	ملحق mulHaq **attachment**	يستقبل yastaqbil **receive (v)**	يبحث yabHath **search (v)**

الوسائط الإعلامية al-wasaa'iT al-iAlaameeya • media

أستوديو تليفزيون istoodiyo tileefizyon • television studio

تصميم إستوديو
tasmeem istoodiyo
set

مقدم
muqaddim
presenter

إضاءة
iDaa'a
light

آلة تصوير
aalat taSweer
camera

حامل آلة تصوير
Haamil aalat taSweer
camera crane

فني آلة تصوير
fannee aalat taSweer
cameraman

المفردات al-mufradaat • vocabulary

قناة qanaat **channel**	أخبار akhbaar **news**	صحافة saHaafa **press**	قصة مسلسلة qissa musalsala **soap**	صور متحركة Suwar mutaHarrika **cartoon**	حي Hayy **live**
برمجة barmaja **programming**	وثائقي wathaa'iqee **documentary**	سلسلة silsila **series**	برنامج ألعاب barnaarmij alAaab **game show**	سبق تسجيله sabaqa tasjeeluhu **prerecorded**	يُذيع yudheeA **broadcast (v)**

محاور muHaawir | interviewer

صحفي saHafee | reporter

جهاز تلقين الي
jihaaz talqeen aalee
autocue

قارئ الأخبار
qaari' al-akhbaar
newsreader

ممثلون
mumaththiloon
actors

حامل الميكروفون
Haamil al-mikrofoon
sound boom

لوح الكلابير
lawH al-clapper
clapper board

تصميم مناظر
tasmeem manaazir
film set

الراديو ar-raadyo • radio

فني صوت
fannee sawT
sound technician

مكتب الخلط
maktab al-khalT
mixing desk

ميكروفون
mikrofoon
microphone

أستوديو التسجيل
istoodiyo at-tasjeel | recording studio

المفردات al-mufradaat • vocabulary

تردد taraddud frequency	محطة إذاعة mahaTTat idhaaAa radio station
حجم الصوت Hajm as-sawT volume	بث bathth broadcast
يضبط yaDbuT tune (v)	طول موجي Tool mawjee wavelength
مقدم برنامج موسيقي muqaddim barnaamij mooseeqee DJ	موجة طويلة mawja Taweela long wave
تماثلي tamaathulee analogue	موجة قصيرة mawja qaseera short wave
رقمي raqmee digital	موجة متوسطة mawja mutawassiTa medium wave

القانون al-qaanoon • law

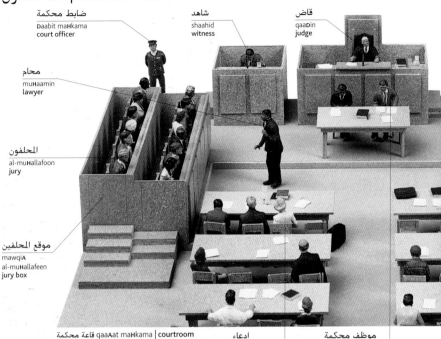

ضابط محكمة
Daabit maHkama
court officer

محام
muHaamin
lawyer

المحلفون
al-muHallafoon
jury

موقع المحلفين
mawqiA
al-muHallafeen
jury box

شاهد
shaahid
witness

قاض
qaaDin
judge

قاعة محكمة qaaAat maHkama | courtroom

ادعاء
iddiAaa'
prosecution

موظف محكمة
muwazzaf maHkama
court official

المفردات al-mufradaat • vocabulary

مكتب محام maktab muHaamin **lawyer's office**	استدعاء istidAaa' **summons**	أمر محكمة amr maHkama **writ**	قضية محكمة qaDeeyat maHkama **court case**
مشورة قانونية mashoora qaanooneeya **legal advice**	بيان bayaan **statement**	تاريخ أمام محكمة taareekh amaam maHkama **court date**	تهمة tuhma **charge**
موكل muwakkil **client**	إذن idhn **warrant**	دفع dafA **plea**	متهم mutahham **accused**

مختزل
mukhtazil
stenographer

مدعى عليه
muddaAan Aalayhi
defendant

دفاع
difaaA
defence

مشتبه فيه
mushtabah feehi
suspect

تشكيل ليلائم الوصف tashkeel li-yulaa'im al-wasf | **photofit**

مجرم
mujrim
criminal

سجل جرائم
sijjil jaraa'im | **criminal record**

حارس سجن Haaris sijn | **prison guard**

زنزانة zinzaana | **cell**

سجن sijn | **prison**

المفردات al-mufradaat • **vocabulary**

دليل daleel **evidence**	مذنب mudhnib **guilty**	كفالة kafaala **bail**	أريد أن أقابل محامياً. ureed an uqaabil muHaamiyan **I want to see a lawyer.**
قرار محلفين qaraar muHallafeen **verdict**	بُرّئ burri' **acquitted**	استئناف isti'naaf **appeal**	أين المحكمة؟ ayna l-maHkama? **Where is the courthouse?**
بَريء baree' **innocent**	حكم Hukm **sentence**	إفراج مشروط ifraaj mashrooT **parole**	هل يمكنني تقديم ضمان مالي؟ hal yumkinunee taqdeem Damaan maalee? **Can I post bail?**

المزرعة ١ al-mazraAa waaHid • farm 1

مزارع
muzaariA
farmer

أرض زراعية
arD ziraaAeeya
farmland

فناء مزرعة
finaa' mazraAa
farmyard

مبنى على الأطراف
mabna Aalal-aTraaf
outbuilding

منزل المزارع
manzil
al-muzaariA
farmhouse

حقل
Haql
field

حظيرة
HaZeera
barn

رقعة خضراوات
riqA'at khuDrawaat
vegetable plot

سياج
siyaaj
hedge

بوابة
bawaaba
gate

سور
soor
fence

مرعى
marAa
pasture

مواش
muwaashin
livestock

مِسلفة
mislafa
cultivator

جرار jarraar | **tractor**

حصادة درّاسة HaSSaada darraasa | **combine harvester**

أنواع المزارع anwaaA al-mazaariA • types of farm

محصول
maHSool
crop

مزرعة زراعية
mazraAa ziraaAeeya
arable farm

مزرعة البان
mazraAat albaan
dairy farm

مزرعة أغنام
mazraAat aghnaam
sheep farm

قطيع
qaTeeA
flock

مزرعة دواجن
mazraAat dawaajin
poultry farm

مزرعة خنازير
mazraAat khanaazeer
pig farm

مزرعة سمكية
mazraAa samakeeya
fish farm

مزرعة فواكه
mazraAat fawaakih
fruit farm

كرم
karm
vine

مزرعة عنب
mazraAat Ainab
vineyard

العمليات al-Aamaleeyaat • actions

شق
shaqq
furrow

يحرث
yaHrith
plough (v)

يبذر
yabdhur
sow (v)

يحلب
yaHlib
milk (v)

يُطعم
yuTAim
feed (v)

يسقي yasqee | water (v)

يحصد yaHSud | harvest (v)

المفردات al-mufradaat • vocabulary

مبيد أعشاب	قطيع	معلف
mubeed Aashaab	qateeA	miAlaf
herbicide	herd	trough
مبيد آفات	صومعة	يغرز
mubeed aafaat	sawmaAa	yaghriz
pesticide	silo	plant (v)

المزرعة ٢ al-mazraAa ithnaan • farm 2

محاصيل maHaaSeel • crops

قمح
qamH
wheat

ذرة
dhurra
corn

شعير
shaAeer
barley

لفت
lift
rapeseed

عباد الشمس
Aabbaad ash-shams
sunflower

بالة
baala
bale

تبن
tibn
hay

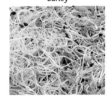

برسيم حجازي
barseem Hijaazee
alfalfa

تبغ
tabgh
tobacco

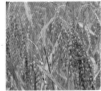

أرز
aruzz
rice

شاي
shaay
tea

بن
bunn
coffee

كتان
kattaan
flax

قصب السكر
qaSab as-sukkar
sugarcane

قطن
quTn
cotton

نُطار
nuTTaar
scarecrow

المواشي al-mawaashee • livestock

ولد الخنزير
wild al-khinzeer
piglet

عجل
Aijl
calf

خنزير
khinzeer
pig

بقرة
baqara
cow

ثور
thawr
bull

خروف
kharoof
sheep

جدي
jady
kid

مُهر
muhr
foal

حمل
Hamal
lamb

معزة
maAza
goat

حصان
HiSaan
horse

حمار
Himaar
donkey

كتكوت
katkoot
chick

بطبطة
baTbaTa
duckling

دجاجة
dajaaja
chicken

ديك
deek
cockerel

ديك رومي
deek roomee
turkey

بطة
baTTa
duck

إسطبل
isTabl
stable

حظيرة
HaZeera
pen

حظيرة دواجن
HaZeerat dawaajin
chicken coop

زريبة خنازير
zareebat khanaazeer
pigsty

البناء al-binaa' • construction

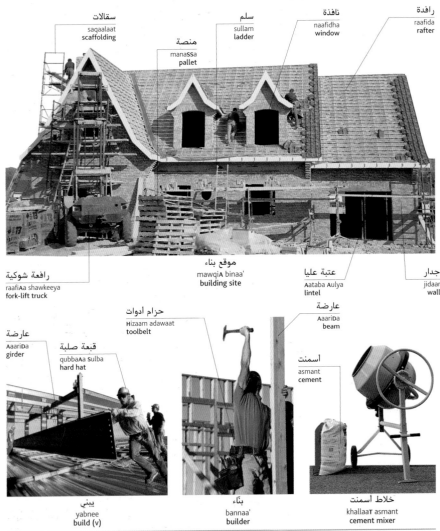

سقالات
saqaalaat
scaffolding

سلم
sullam
ladder

نافذة
naafidha
window

رافدة
raafida
rafter

منصة
manaSSa
pallet

رافعة شوكية
raafiAa shawkeeya
fork-lift truck

موقع بناء
mawqiA binaa'
building site

عتبة عليا
Aataba Aulya
lintel

جدار
jidaar
wall

عارضة
AaariDa
girder

قبعة صلبة
qubbaAa Sulba
hard hat

حزام أدوات
Hizaam adawaat
toolbelt

عارضة
AaariDa
beam

أسمنت
asmant
cement

يبني
yabnee
build (v)

بنّاء
bannaa'
builder

خلاط أسمنت
khallaaT asmant
cement mixer

الخامات al-khaamaat • materials

طوب
Toob
brick

خشب
khashab
timber

قرميد السقف
qarmeed as-saqf
roof tile

كتلة مسلح
kutla musallaH
concrete block

الأدوات al-adawaat • tools

ملاط
milaaT
mortar

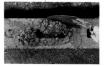

مالج
maalij
trowel

ميزان تسوية
meezaan taswiya
spirit level

مقبض
miqbaD
handle

مطرقة ثقيلة
miTraqa thaqeela
sledgehammer

حدأة
Hada'a
pickaxe

مجرفة
mijrafa
shovel

الماكينات al-makeenaat • machinery

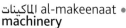

هراسة
harraasa
roller

عربة الإلقاء
Aarabat al-ilqaa'
dumper truck

دعم
daAm
support

خطاف
khuTTaaf
hook

ونش winsh | crane

أعمال الطرق Aamaal aT-Turuq • roadworks

أسفلت
asfalt
tarmac

مخروط
makhrooT
cone

مثقاب ضغط هوائي
mithqaab DaghT hawaa'ee
pneumatic drill

إعادة رصف
iAaadat raSf
resurfacing

حفار ميكانيكي
Haffaar meekaneekee
mechanical digger

المهن ١ al-mihan waaHid • occupations 1

نجار
najjaar
carpenter

كهربائي
kahrabaa'ee
electrician

سباك
sabbaak
plumber

بنّاء
bannaa'
builder

مكنسة كهربائية
miknasa
kahrabaa'eeya
vacuum cleaner

بستاني
bustaanee
gardener

منظف
munazzif
cleaner

ميكانيكي
mekaneekee
mechanic

جزار
jazzaar
butcher

بائع سمك
baa'iᴀ samak
fishmonger

خضري
khuᴅaree
greengrocer

بائع زهور
baa'iᴀ zuhoor
florist

مزين
muzayyin
hairdresser

حلاق
Hallaaq
barber

تاجر جواهر
taajir jawaahir
jeweller

بائع
baa'iᴀ
shop assistant

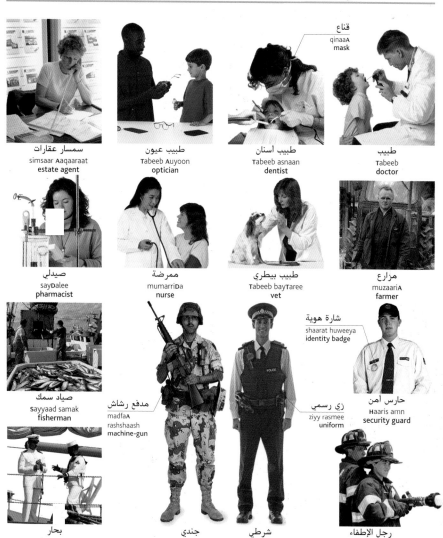

سمسار عقارات
simsaar Aaqaaraat
estate agent

طبيب عيون
Tabeeb Auyoon
optician

طبيب أسنان
Tabeeb asnaan
dentist

قناع
qinaaA
mask

طبيب
Tabeeb
doctor

صيدلي
sayDalee
pharmacist

ممرضة
mumarriDa
nurse

طبيب بيطري
Tabeeb bayTaree
vet

مزارع
muzaariA
farmer

صياد سمك
Sayyaad samak
fisherman

مدفع رشاش
madfaA
rashshaash
machine-gun

شارة هوية
shaarat huweeya
identity badge

زي رسمي
ziyy rasmee
uniform

حارس أمن
Haaris amn
security guard

بحار
baHHaar
sailor

جندي
jundee
soldier

شرطي
shurTee
policeman

رجل الإطفاء
rajul al-iTfaa'
fireman

المهن ٢ al-mihan ithnaan • occupations 2

محام
muHaamin
lawyer

محاسب
muHaasib
accountant

نموذج
namoodhaj
model

مهندس معماري muhandis miAmaaree | **architect**

عالم
Aaalim
scientist

مدرس
mudarris
teacher

أمين مكتبة
ameen maktaba
librarian

موظف استقبال
muwaZZaf istiqbaal
receptionist

حقيبة بريد
Haqeebat
bareed
mailbag

ساعي بريد
saaAee bareed
postman

سائق حافلة
saa'iq Haafila
bus driver

سائق شاحنة
saa'iq shaaHina
lorry driver

سائق تاكسي
saa'iq taksee
taxi driver

طيار
Tayyaar
pilot

مضيفة طائرة
muDeefat Taa'ira
air stewardess

وكيل سفر
wakeel safar
travel agent

قبعة طباخ
qubbaAat
Tabbaakh
chef's hat

طباخ
Tabbaakh
chef

موسيقار
mooseeqaar
musician

زي الباليه
ziyy al-baaleh
tutu

راقصة
raaqisa
dancer

ممثلة
mumaththila
actress

مغن
mughghanin
singer

نادلة
naadila
waitress

قيم البار
qayyim al-baar
barman

رياضي
riyaaDee
sportsman

نحات
naHHaat
sculptor

رسام
rassaam
painter

مصور
muSawwir
photographer

قارئ أخبار
qaari' akhbaar
newsreader

ملاحظات
mulaaHaZaat
notes

صحفي
SaHafee
journalist

محرر
muharrir
editor

مصمم
muSammim
designer

خياطة
khayyaaTa
seamstress

خياط
khayyaaT
tailor

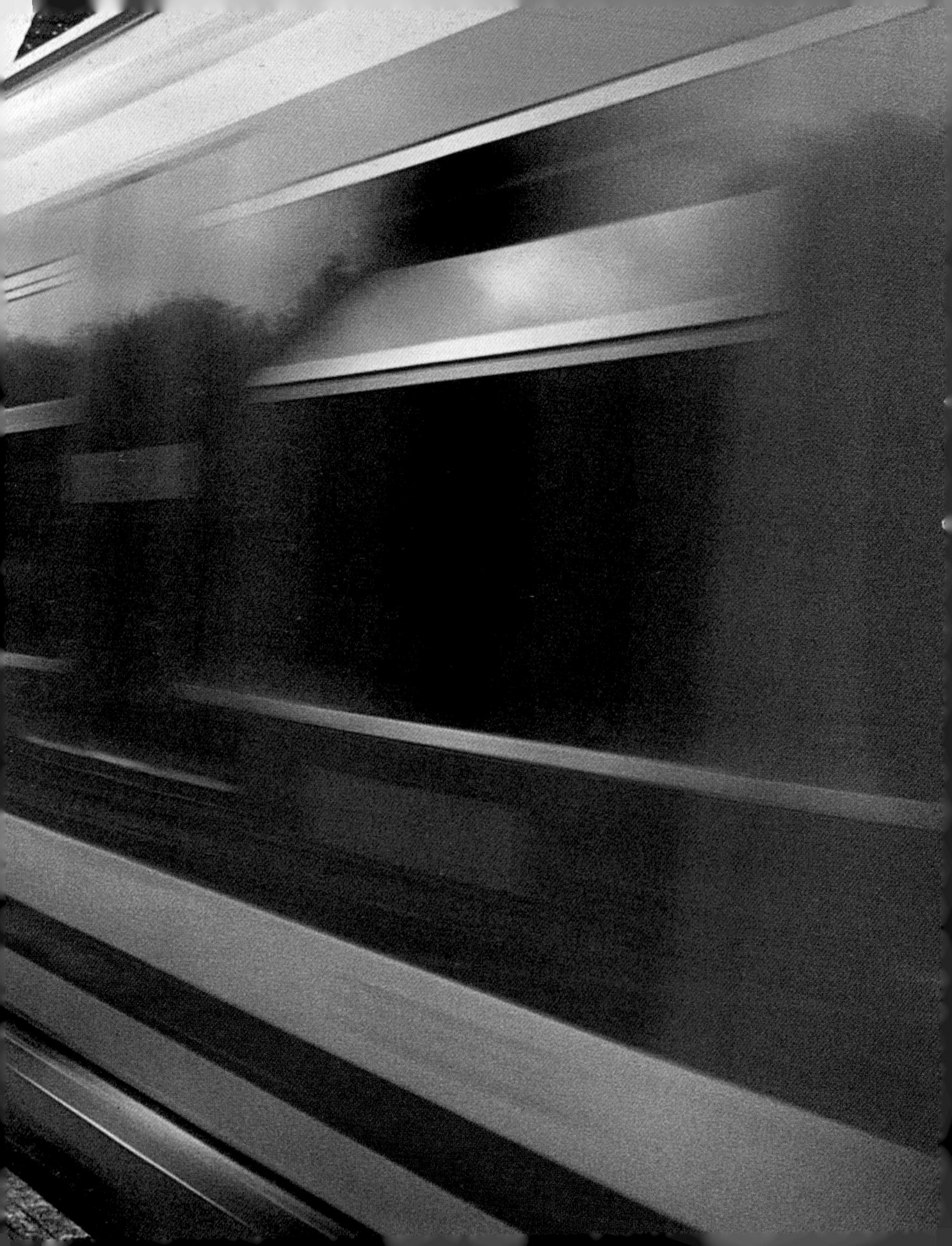

المواصلات al-muwaaSalaat
transport

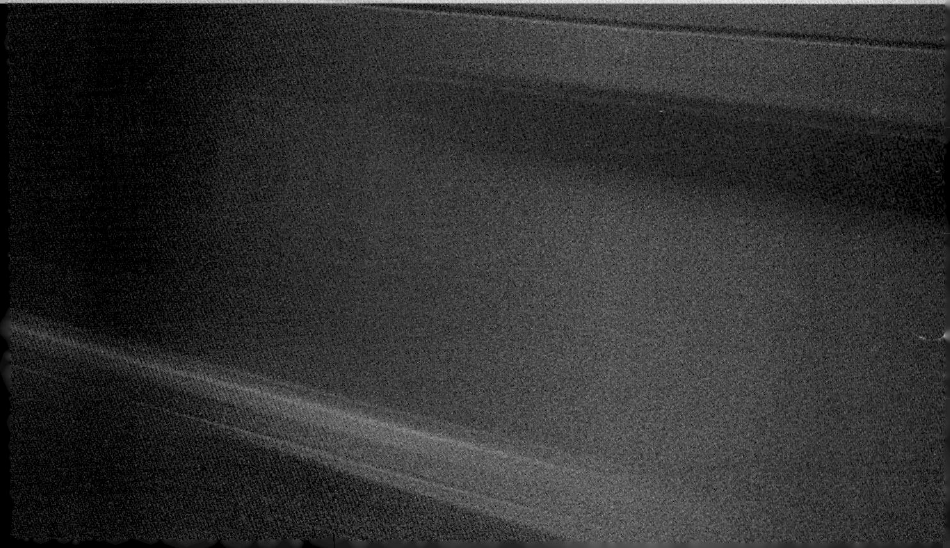

الطرق aT-Turuq • roads

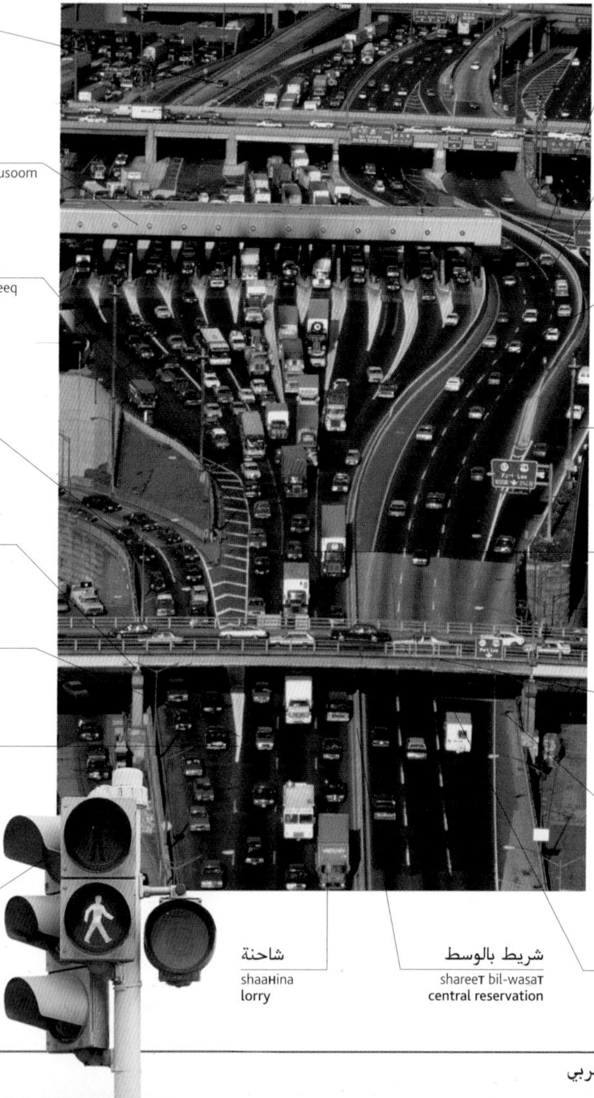

طريق سريع
Tareeq sareeA
motorway

بوابات الرسوم
bawwaabaat ar-rusoom
toll booth

علامات الطريق
Aalaamaat aT-Tareeq
road markings

مدخل
madkhal
slip road

اتجاه واحد
ittijaah waaHid
one-way

فاصل
faaSil
divider

مفترق طرق
muftaraq Turuq
junction

إشارة مرور
ishaarat muroor
traffic light

حارة داخلية
Haara daakhileeya
inside lane

حارة وسطى
Haara wusTa
middle lane

حارة خارجية
Haara khaarijeeya
outside lane

منحدر خروج
munHadar khurooj
exit ramp

مرور
muroor
traffic

طريق علوي
Tareeq Aulwee
flyover

حافة طريق
Haaffat Tareeq
hard shoulder

شاحنة
shaaHina
lorry

شريط بالوسط
shareeT bil-wasaT
central reservation

ممر سفلي
mamarr suflee
underpass

معبر مشاة
maAbar mushaah
pedestrian crossing

هاتف طوارئ
haatif tawaari'
emergency phone

موقف معاقين
mawqaf muAaaqeen
disabled parking

تكدس مرور
takaddus muroor
traffic jam

جهاز توجيه إليكتروني
jihaaz tawjeeh iliktroonee
satnav

عداد موقف
Aaddaad mawqaf
parking meter

شرطي مرور
shurTee muroor
traffic policeman

المفردات al-mufradaat • vocabulary

ميدان
meedaan
roundabout

تحويل
taHweel
diversion

أعمال طرق
Aamaal Turuq
roadworks

حاجز تصادم
Haajiz tasaaDum
crash barrier

ثنائي الاتجاه طريق
Tareeq thunaa'ee al-ittijaah
dual carriageway

يصف
yasuff
park (v)

يقود
yaqood
drive (v)

يرتد للخلف
yartadd lil-khalf
reverse (v)

يتعدى
yataAadda
overtake (v)

يجر
yajurr
tow away (v)

هل هذا الطريق إلى...؟
hal haadha aT-Tareeq ila...?
Is this the road to...?

أين أصف سيارتي؟
ayna asuff sayyaaratee?
Where can I park?

إشارات طريق ishaaraat Tareeq • road signs

ممنوع الدخول
mamnooA ad-dukhool
no entry

حد السرعة
Hadd as-surAa
speed limit

خطر
khaTar
hazard

ممنوع التوقف
mamnooA at-tawaqquf
no stopping

ممنوع الدوران لليمين
mamnooA ad-dawaraan lil-yameen
no right turn

الحافلة al-Haafila • bus

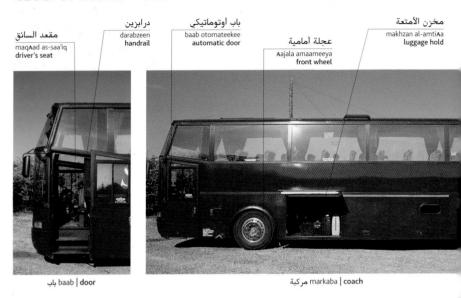

مقعد السائق
maqAad as-saa'iq
driver's seat

درابزين
darabzeen
handrail

باب أوتوماتيكي
baab otomateekee
automatic door

عجلة أمامية
Aajala amaameeya
front wheel

مخزن الأمتعة
makhzan al-amtiAa
luggage hold

باب baab | **door**

مركبة markaba | **coach**

أنواع الحافلات Anwaaa al-Haafilaat • types of buses

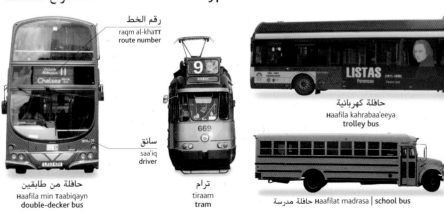

رقم الخط
raqm al-khaTT
route number

سائق
saa'iq
driver

حافلة من طابقين
Haafila min Taabiqayn
double-decker bus

ترام
tiraam
tram

حافلة كهربائية
Haafila kahrabaa'eeya
trolley bus

حافلة مدرسة Haafilat madrasa | **school bus**

عجلة خلفية
Aajala khalfeeya
rear wheel

نافذة
naafidha
window

زر توقف
zirr tawaqquf
stop button

تذكرة حافلة
tadhkarat Haafila
bus ticket

جرس
jaras
bell

محطة حافلات
maHaTTat Haafilaat
bus station

موقف حافلات
mawqaf Haafilaat
bus stop

المفردات al-mufradaat • vocabulary

أجرة	إتاحة كرسي بعجل
ujra	itaaHat kursee bi-Aajal
fare	**wheelchair access**
جدول المواعيد	ماوى حافلات
jadwal al-mawaaAeed	ma'waa Haafilaat
timetable	**bus shelter**
هل تتوقف عند....؟	أية حافلة تذهب إلى...؟
hal tatawaqqaf Ainda...?	ayya Haafila tadh-hab ila...?
Do you stop at...?	**Which bus goes to...?**

حافلة صغيرة
Haafila Sagheera
minibus

حافلة سياح Haafilat suyyaaH | tourist bus

حافلة مكوكية Haafila makkookeeya | shuttle bus

السيارة ١ as-sayyaara waaHid • car 1

من الخارج min al-khaarij • exterior

مراة جانبية
mir'aah jaanibeeya
wing mirror

شباك أمامي
shubbaak
amaamee
windscreen

مراة رؤية خلفية
mir'aah ru'ya khalfeeya
rearview mirror

مساحة شباك أمامي
masaaHat shubbaak amaamee
windscreen wiper

باب
baab
door

غطاء محرك
ghiTaa'
muHarrik
bonnet

حقيبة أمتعة
Haqeebat
amtiAa
boot

مؤشر
mua'shshir
indicator

لوحة رقم السيارة
lawHat raqm as-sayyaara
licence plate

مصدم
maSdam
bumper

كشافات أمامية
kashshaafaat
amaameeya
headlight

عجلة
Aajala
wheel

إطار
iTaar
tyre

أمتعة
amtiAa
luggage

حامل علوي
Haamil Aulawee
roofrack

باب خلفي
baab khalfee
tailgate

حزام أمان
Hizaam amaan
seat belt

مقعد طفل
maqAad Tifl
child seat

الأنواع al-anwaaA • types

سيارة كهربائية
sayaara kahrabaa'eeya
electric car

هاتشباك
hatshbaak
hatchback

صالون
saloon
saloon

إستيت
istayt
estate

مكشوفة
makshoofa
convertible

سيارة رياضية
sayyaara riyaaDeeya
sports car

حاملة ركاب
Haamilat rukkaab
people carrier

رباعية الدفع
rubaaAeeyat ad-dafA
four-wheel drive

عتيقة
Aateeqa
vintage

ليموزين
limoozeen
limousine

محطة بنزين maHaTTat benzeen • petrol station

مضخة بنزين
miDakhkhat benzeen
petrol pump

سعر
siAr
price

ساحة أمامية
saaHa amaameeya
forecourt

مصدر هواء
maSdar hawaa'
air supply

المفردات al-mufradaat • vocabulary

زيت zayt **oil**	برصاص bi-raSaaS **leaded**	غسيل سيارة ghaseel sayyaara **car wash**
بنزين benzeen **petrol**	ديزل deezil **diesel**	جراج garaaj **garage**
من الرصاص خال khaalin min ar-raSaaS **unleaded**	مضاد التجمد muDaadd at-tajammud **antifreeze**	الشباك الأمامي غسل ghasl ash-shubbaak al-amaamee **screenwash**

أملأ الخزان، من فضلك.
imla' al-khizaan, min faDlak.
Fill the tank, please.

السيارة ٢ as-sayyaara ithnaan • car 2

من الداخل min ad-daakhil • interior

مقعد خلفي	مسند للذراع	مسند للراس	قفل الباب	مقبض
maqAad khalfee	masnad lidh-dhiraaA	masnad lir-ra's	qufl al-baab	miqbaD
back seat	**armrest**	**headrest**	**door lock**	**handle**

المفردات al-mufradaat • vocabulary

ذات بابين	أربعة أبواب	أوتوماتيكي	فرملة	دواسة تسريع
dhaat baabayn	arbaAa abwaab	otomateekee	farmala	dawwaasat tasreeA
two-door	**four-door**	**automatic**	**brake**	**accelerator**

ذات ثلاثة أبواب	يدوي	إدارة المحرك	دبرياج	تكييف هواء
dhaat thalaatat abwaab	yadawee	idaarat al-muHarrik	dibriyaaj	takyeef hawaa'
three-door	**manual**	**ignition**	**clutch**	**air conditioning**

كيف أصل إلى...؟	أين موقف السيارات؟	هل بإمكاني التوقف هنا؟
kayfa asil ila...?	ayna mawqaf as-sayyaaraat?	hal bi-imkaanee at-tawaqquf huna?
How do I get to...?	**Where is the car park?**	**Can I park here?**

أدوات التحكم adawaat at-taHakkum • controls

عجلة قيادة
Aajalat qiyaada
wheel

بوق
booq
horn

لوحة أجهزة
lawHat ajhiza
dashboard

أضواء تحذير
aDwaa' taHdheer
hazard lights

الملاحة بالأقمار الصناعية
al-milaaHa bil-aqmaar as-sinaaAeeya
satellite navigation

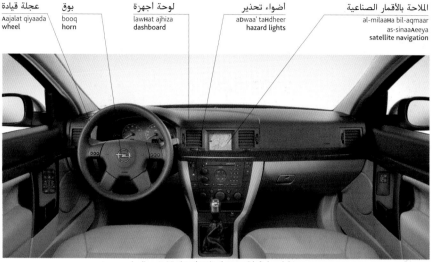

قيادة من اليسار qiyaada min al-yasaar | **left-hand drive**

مقياس درجة الحرارة
miqyaas darajat al-Haraara
temperature gauge

عداد دورات
Aaddaad dawraat
rev counter

عداد سرعة
Aaddaad surAa
speedometer

مقياس الوقود
miqyaas al-wuqood
fuel gauge

ستريو السيارة
stereo as-sayyaara
car stereo

مفتاح المصابيح
miftaaH al-maSaabeeH
lights switch

مقياس مسافة رحلة
miqyaas masaafat riHla
odometer

أداة التحكم في السخان
adaat at-taHakkum fis-sakhkhaan
heater controls

كيس هواء
kees hawaa'
air bag

ذراع التعشيق
dhiraaA at-taAsheeq
gearstick

قيادة من اليمين qiyaada min al-yameen | **right-hand drive**

السيارة ٣ as-sayyaara thalaatha • car 3

الميكانيكا al-meekaaneeka • mechanics

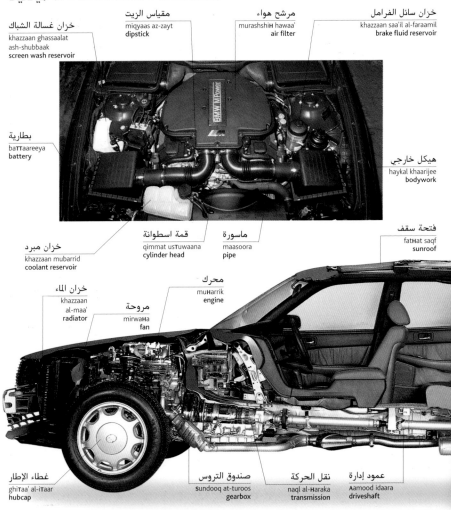

خزان غسالة الشباك
khazzaan ghassaalat
ash-shubbaak
screen wash reservoir

مقياس الزيت
miqyaas az-zayt
dipstick

مرشح هواء
murashshiH hawaa'
air filter

خزان سائل الفرامل
khazzaan saa'il al-faraamil
brake fluid reservoir

بطارية
baTTaareeya
battery

هيكل خارجي
haykal khaarijee
bodywork

خزان مبرد
khazzaan mubarrid
coolant reservoir

قمة اسطوانة
qimmat usTuwaana
cylinder head

ماسورة
maasoora
pipe

فتحة سقف
fatHat saqf
sunroof

محرك
muHarrik
engine

خزان الماء
khazzaan
al-maa'
radiator

مروحة
mirwaHa
fan

غطاء الإطار
ghiTaa' al-iTaar
hubcap

صندوق التروس
sundooq at-turoos
gearbox

نقل الحركة
naql al-Haraka
transmission

عمود إدارة
Aamood idaara
driveshaft

الثقب ath-thuqb • puncture

إطار إضافي
iTaar iDaafee
spare tyre
مفتاح إنكليزي
miftaaH inkileezee
wrench
صواميل عجلة
Sawaameel Aajala
wheel nuts
رافعة
raafiAa
jack
يغير عجلة
yughayyir Aajala
change a wheel (v)

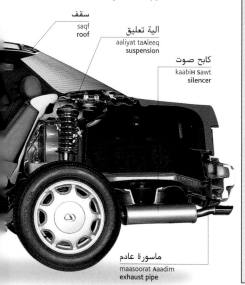

سقف
saqf
roof
آلية تعليق
aaliyat taAleeq
suspension
كابح صوت
kaabiH Sawt
silencer
ماسورة عادم
maasoorat Aaadim
exhaust pipe

المفردات al-mufradaat • vocabulary

حادث سيارة
Haadith sayyaara
car accident

عُطل
AuTl
breakdown

تأمين
ta'meen
insurance

مركبة جر
markabat jarr
tow truck

ميكانيكي
meekaneekee
mechanic

ضغط الإطار
daghT al-iTaar
tyre pressure

صندوق مصاهر
Sundooq maSaahir
fuse box

شمعة إشعال
shamAat ishAaal
spark plug

سير مروحة
sayr mirwaHa
fan belt

خزان بنزين
khazzaan benzeen
petrol tank

توقيت
tawqeet
timing

شاحن تربيني
shaaHin turbeenee
turbocharger

موزع
muwazziA
distributor

هيكل
haykal
chassis

فرملة يد
farmalat yad
handbrake

مولد تيار متناوب
muwallid tayyaar mutanaawib
alternator

سير كامة
sayr kaama
cam belt

حدث عُطل لسيارتي.
Hadath AuTl li-sayyaaratee
I've broken down.

محرك سيارتي لا يعمل.
muHarrik sayyaaratee laa yaAmal
My car won't start.

هل تقوم بإصلاحات؟
hal taqoom bi-iSlaaHaat?
Do you do repairs?

المحرك يسخن جدا.
al-muHarrik yaskhun jiddan
The engine is overheating.

الدراجة البخارية ad-darraaja al-bukhaareeya •
motorbike

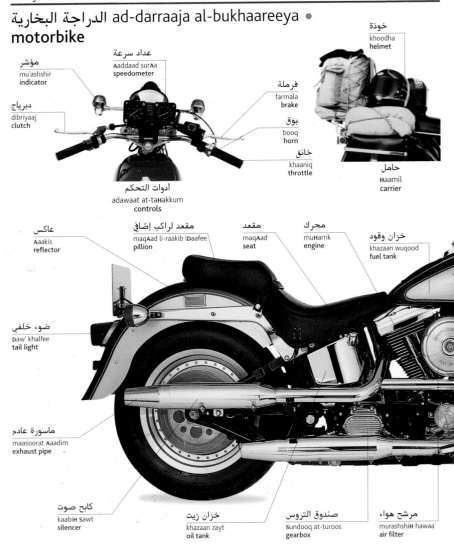

خوذة
khoodha
helmet

مؤشر
mu'ashshir
indicator

عداد سرعة
Aaddaad surAa
speedometer

فرملة
farmala
brake

دبرياج
dibriyaaj
clutch

بوق
booq
horn

خانق
khaaniq
throttle

أدوات التحكم
adawaat at-taHakkum
controls

حامل
Haamil
carrier

عاكس
Aaakis
reflector

مقعد لراكب إضافي
maqAad li-raakib iDaafee
pillion

مقعد
maqAad
seat

محرك
muHarrik
engine

خزان وقود
khazaan wuqood
fuel tank

ضوء خلفي
Daw' khalfee
tail light

ماسورة عادم
maasoorat Aaadim
exhaust pipe

كابح صوت
kaabiH Sawt
silencer

خزان زيت
khazaan zayt
oil tank

صندوق التروس
Sundooq at-turoos
gearbox

مرشح هواء
murashshiH hawaa'
air filter

قناع
qinaaA
visor

حزام عاكس
Hizaam Aaakis
reflector strap

جلود
julood
leathers

وسادة للركبة
wisaada lir-rukba
knee pad

زي ziyy | clothing

كشافات أمامية
kashshaafaat amaameeya
headlight

آلية تعليق
aaliyat taAleeq
suspension

واق من الطين
waaqin min aT-Teen
mudguard

دواسة فرامل
dawwaasat faraamil
brake pedal

محور
miHwar
axle

إطار
iTaar
tyre

الأنواع al-anwaaA • types

دراجة سباق darraajat sibaaq | racing bike

حاجز هواء
Haajiz hawaa'
windshield

جوالة jawwaala | tourer

دراجة للطرق الوعرة
darraaja liT-Turuq al-waAra | dirt bike

مسند
masnad
stand

سكوتر sikootir | scooter

الدراجة ad-darraaja • bicycle

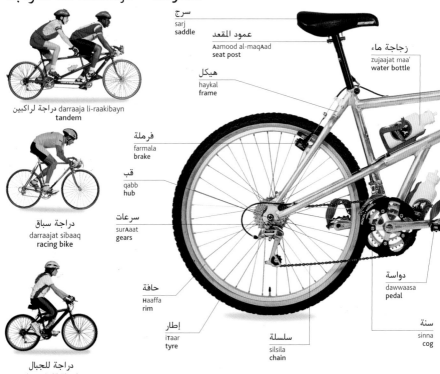

دراجة لراكبين darraaja li-raakibayn
tandem

دراجة سباق darraajat sibaaq
racing bike

دراجة للجبال
darraaja lil-jibaal
mountain bike

سرج
sarj
saddle

عمود المقعد
Aamood al-maqAad
seat post

زجاجة ماء
zujaajat maa'
water bottle

هيكل
haykal
frame

فرملة
farmala
brake

قب
qabb
hub

سرعات
surAaat
gears

دواسة
dawwaasa
pedal

سنة
sinna
cog

حافة
Haaffa
rim

إطار
iTaar
tyre

سلسلة
silsila
chain

خوذة
khoodha
helmet

دراجة تجوال
darraajat tijwaal
touring bike

دراجة للشوارع
darrajja lish-shawaariA
road bike

حارة الدراجات Haarat ad-darraajaat | **cycle lane**

عارضة
AaariDa
crossbar

عارضة قيادة
AaariDat qiyaada
handlebar

منظم السرعة
munaZZim as-surAa
gear lever

مقبض الفرامل
miqbaD al-faraamil
brake lever

عتلة إطارات
Aatalat iTaaraat
tyre lever

رقعة
ruqAa
patch

عدة الإصلاح Aiddat al-islaaH
repair kit

قضيب عجلة
qaDeeb Aajala
fork

مفتاح
miftaaH
key

شعاع
shuAaaA
spokes

منفاخ
minfaakh
pump

قفل
qufl
lock

عجلة
Aajala
wheel

صمام
simaam
valve

دوس
daws
tread

إطار داخلي
iTaar dakhilee
inner tube

مقعد طفل
maqAad Tifl
child seat

المفردات al-mufradaat • vocabulary

مصباح misbaaH lamp	مسند دراجة masnad darraaja kickstand	وسادة فرملة wisaadat farmala brake block	سلة salla basket	ماسك القدم maasik al-qadam toe clip	يُفرمل yufarmil brake (v)
مصباح خلفي misbaaH khalfee rear light	موقف ركن mawqaf rukn bike rack	كبل kabl cable	ثقب thuqb puncture	مولد كهربائي muwallid kahrabaa'ee dynamo	يقود دراجة yaqood darraaja cycle (v)
عاكس Aaakis reflector	موازن muwaazin stabilisers	سن ترس sinn turs sprocket	حزام القدم Hizaam al-qadam toe strap	يدوس الدواسة yadoos ad-dawwaasa pedal (v)	يُغير السرعة yughayyir as-surAa change gear (v)

القطار al-qiTaar • train

عربة
Aaraba
carriage

رصيف
raSeef
platform

عربة حقائب
Aaraba
haqaa'ib
trolley

رقم رصيف
raqam raSeef
platform number

مسافر يومي
musaafir yawmee
commuter

محطة قطار mahaTTat qiTaar | train station

أنواع القطارات anwaaA al-qiTaaraat • types of train

محرك
muHarrik
engine

كابينة سائق
kabeenat saa'iq
driver's cab

قضبان
quDbaan
rail

قطار بخاري
qiTaar bukhaaree
steam train

قطار ديزل qiTaar deezil | diesel train

قطار كهربائي
qiTaar kahrabaa'ee
electric train

قطار عالي السرعة
qiTaar Aaalee as-surAa
high-speed train

خط أحادي
khaTT uHaadee
monorail

قطار أنفاق
qiTaar anfaaq
underground train

ترام
tiraam
tram

قطار بضائع
qiTaar baDaa'iA
freight train

رف أمتعة
raff amtiAa
luggage rack

نافذة
naafidha
window

خط قضبان
khaTT quDbaan
track

باب
baab
door

مقعد
maqAad
seat

مقصورة maqSoora
compartment

حاجز فحص تذاكر
Haajiz faHS tadhaakir | ticket barrier

نظام مخاطبة الجمهور
niZaam mukhaaTabat
al-jumhoor
public address system

جدول مواعيد
jadwal mawaaAeed
timetable

تذكرة
tadhkara
ticket

عربة المطعم Aarabat al-maTAam | dining car

ساحة saaHa | concourse

مقصورة نوم
maqSoorat nawm
sleeping compartment

المفردات al-mufradaat • vocabulary

شبكة خطوط قطارات
shabakat khuTooT qiTaaraat
rail network

خريطة قطارات الأنفاق
khareeTat qiTaaraat al-anfaaq
underground map

مكتب تذاكر
maktab tadhaakir
ticket office

قضيب مكهرب
qaDeeb mukahrab
live rail

قطار بين المدن
qiTaar bayna l-mudun
inter-city train

تأخر
ta'akhkhur
delay

مفتش تذاكر
mufattish tadhaakir
ticket inspector

إشارة
ishaara
signal

ذروة
adh-dhurwa
rush hour

أجرة
ujra
fare

يُغير
yughayyir
change (v)

مقبض طوارئ
miqbaD Tawaari'
emergency lever

الطائرات aT-Taa'iraat • aircraft

الطائرة aT-Taa'ira • airliner

مقدمة
muqaddima
nose
غرفة قيادة
ghurfat qiyaada
cockpit
محرك
muHarrik
engine
بدن طائرة
badan Taa'ira
fuselage
جناح
jinaaH
wing
ذيل
dhayl
tail
دفة
daffa
rudder
مخرج
makhraj
exit
عجلة المقدمة
Aajalat al-muqaddima
nosewheel
أجهزة هبوط
ajhizat huboot
landing gear
رانفة أفقية
raanifa ufqeeya
aileron
زعنفة
ziAnifa
fin
رفراف جناح
rifraaf jinaaH
tailplane

الكابينة al-kabeena • cabin

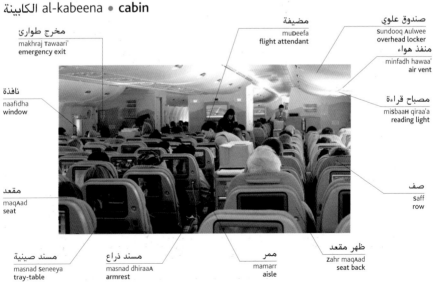

مخرج طوارئ
makhraj Tawaari'
emergency exit
مضيفة
muDeefa
flight attendant
صندوق علوي
Sundooq Aulwee
overhead locker
منفذ هواء
minfadh hawaa'
air vent
نافذة
naafidha
window
مصباح قراءة
misbaaH qiraa'a
reading light
مقعد
maqAad
seat
صف
Saff
row
مسند صينية
masnad Seneeya
tray-table
مسند ذراع
masnad dhiraaA
armrest
ممر
mamarr
aisle
ظهر مقعد
Zahr maqAad
seat back

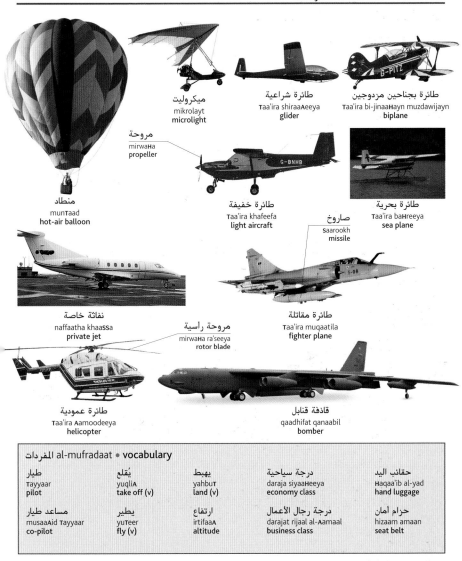

منطاد
munTaad
hot-air balloon

ميكروليت
mikrolayt
microlight

طائرة شراعية
Taa'ira shiraaAeeya
glider

طائرة بجناحين مزدوجين
Taa'ira bi-jinaaHayn muzdawijayn
biplane

مروحة
mirwaHa
propeller

طائرة خفيفة
Taa'ira khafeefa
light aircraft

طائرة بحرية
Taa'ira baHreeya
sea plane

نفاثة خاصة
naffaatha khaaSSa
private jet

صاروخ
Saarookh
missile

طائرة مقاتلة
Taa'ira muqaatila
fighter plane

مروحة رأسية
mirwaHa ra'seeya
rotor blade

طائرة عمودية
Taa'ira Aamoodeeya
helicopter

قاذفة قنابل
qaadhifat qanaabil
bomber

طيار Tayyaar **pilot**	يُقلع yuqliA **take off (v)**	يهبط yahbuT **land (v)**	درجة سياحية daraja siyaaHeeya **economy class**	حقائب اليد Haqaa'ib al-yad **hand luggage**
مساعد طيار musaaAid Tayyaar **co-pilot**	يطير yuTeer **fly (v)**	ارتفاع irtifaaA **altitude**	درجة رجال الأعمال darajat rijaal al-Aamaal **business class**	حزام أمان hizaam amaan **seat belt**

المطار al-maTaar • airport

ممر
mamarr
apron

مقطورة أمتعة
maqToorat amtiAa
baggage trailer

محطة
maHaTTa
terminal

مركبة خدمات
markabat khidmaat
service vehicle

ممشى
mamsha
walkway

طائرة Taa'ira | **airliner**

المفردات al-mufradaat • vocabulary

مدرج madraj **runway**	رقم رحلة raqam riHla **flight number**	سير الأمتعة sayr al-amtiAa **carousel**	عطلة AuTla **holiday**
رحلة دولية riHla duwaleeya **international flight**	فحص الجوازات faHS al-jawaazaat **immigration**	أمن amn **security**	يسجل yusajjil **check in (v)**
رحلة داخلية riHla daakhileeya **domestic flight**	جمارك jamaarik **customs**	جهاز أشعة أكس jihaaz ashiAAat aks **X-ray machine**	برج التحكم burj at-taHakkum **control tower**
وصلة waSla **connection**	تجاوز وزن الأمتعة tajaawuz wazn al-amtiAa **excess baggage**	كتالوج عطلات kataalog AaTlaat **holiday brochure**	يحجز رحلة yaHjiz riHla **book a flight (v)**

تأشيرة
ta'sheera
visa

جواز سفر jawaaz safar | passport

حقائب اليد
Haqaa'ib al-yad
hand luggage

أمتعة
amtiAa
luggage

عربة
Aaraba
trolley

تصريح ركوب
tasreeH rukoob
boarding pass

مكتب التسجيل
maktab at-tasjeel
check-in desk

مراقبة الجوازات
muraaqabat al-jawaazaat
passport control

تذكرة
tadhkara
ticket

رقم بوابة
raqam bawwaaba
gate number

مغادرة
mughaadara
departures

قاعة مغادرة
qaaAat mughaadara
departure lounge

الجهة المقصودة
al-jiha
al-maqsooda
destination

وصول
wusool
arrivals

شاشة معلومات
shaashat maAloomaat
information screen

متجر سوق حرة
matjar sooq Hurra
duty-free shop

استعادة أمتعة
istiAaadat amtiAa
baggage reclaim

موقف تاكسيات
mawqaf taksiyaat
taxi rank

تأجير سيارة
ta'jeer sayyaara
car hire

الباخرة al-baakhira • ship

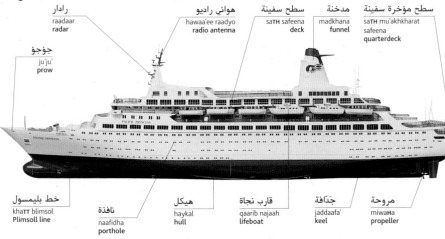

رادار
raadaar
radar

هوائي راديو
hawaa'ee raadyo
radio antenna

سطح سفينة
saTH safeena
deck

مدخنة
madkhana
funnel

سطح مؤخرة سفينة
saTH mu'akhkharat
safeena
quarterdeck

جؤجؤ
ju'ju'
prow

خط بليمسول
khaTT blimsol
Plimsoll line

نافذة
naafidha
porthole

هيكل
haykal
hull

قارب نجاة
qaarib najaah
lifeboat

جَدّافة
jaddaafa'
keel

مروحة
miwaHa
propeller

عابرة محيطات Aabirat muHeeTaat I ocean liner

برج قيادة
burj qiyaada
bridge

غرفة المحرك
ghurfat al-muHarrik
engine room

قمرة
qamara
cabin

مطبخ
maTbakh
galley

المفردات al-mufradaat • vocabulary

حوض HawD **dock**	مرفاع mirfaaA **windlass**
ميناء meenaa' **port**	قبطان qubTaan **captain**
ممر mamarr **gangway**	زورق بخاري zawraq bukhaaree **speedboat**
مرساة mirsaah **anchor**	قارب تجديف qaarib tajdeef **rowing boat**
مربط حبال marbaT Hibaal **bollard**	قارب تجديف صغير qaarib tajdeef sagheer **canoe**

البواخر الأخرى al-bawaakhir al-ukhra • other ships

معدية
maAdeeya
ferry

محرك قابل للفصل
muHarrik qaabil lil-fasl
outboard motor

زورق مطاطي قابل للنفخ
zawraq maTaaTee qaabil lin-nafkh
inflatable dinghy

هيدروفويل
hidrofoyil
hydrofoil

يخت
yakht
yacht

كاتامران
katamaraan
catamaran

عوّافة
Aawwaafa
tug boat

حوامة
Hawwaama
hovercraft

سفينة حاويات
safeenat Haawiyaat
container ship

حبال تثبيت
Hibaal tathbeet
rigging

مركبة شراعية
markaba shiraaAeeya
sailboat

مخزن بضائع
makhzan baDaa'iA
hold

ناقلة بضائع
naaqilat baDaa'iA
freighter

ناقلة بترول
naaqilat betrool
oil tanker

حاملة طائرات
Haamilat Taa'iraat
aircraft carrier

سفينة حربية
safeena Harbeeya
battleship

برج مراقبة
burj muraaqaba
conning tower

غواصة
ghawwaaSa
submarine

الميناء al-meenaa' • port

مستودع
mustawdaA
warehouse

ونش
winsh
crane

رافعة شوكية
raafiAa shawkeeya
fork-lift truck

شارع يتيح الدخول
shaariA yuteeH ad-dukhool
access road

دار الجمارك
daar al-jamaarik
customs house

حوض
HawD
dock

حاوية
Haawiya
container

رصيف
raSeef
quay

بضائع
baDaa'iA
cargo

محطة معدية
maHaTTat maAdeeya
ferry terminal

معدية
maAdeeya
ferry

مكتب تذاكر
maktab
tadhaakir
ticket office

راكب
raakib
passenger

ميناء حاويات meenaa' Haawiyaat | container port

ميناء ركاب meenaa' rukkaab | passenger port

شبك
shabak
net

مركب صيد
markab Sayd
fishing boat

مربط بالمرسى
marbaT bil-marsa
mooring

ميناء صيد
meenaa' Sayd | **fishing port**

مرسى marsaa | **marina**

ميناء meenaa' | **harbour**

جسر داخل البحر
jisr daakhil al-baHr | **pier**

لسان داخل البحر
lisaan daakhil al-baHr
jetty

حوض بناء السفن
HawD binaa' as-sufun
shipyard

مصباح
misbaaH
lamp

منارة
manaara
lighthouse

عوامة
Aawwaama
buoy

المفردات al-mufradaat • **vocabulary**

حرس سواحل
Haras sawaaHil
coastguard

حوض جاف
HawD jaaff
dry dock

يصعد
yaSAad
board (v)

مدير الميناء
mudeer al-meenaa'
harbour master

يرسي
yursee
moor (v)

ينزل
yanzil
disembark (v)

يسقط المرساة
yasquT al-mirsaah
drop anchor (v)

يحاذي الرصيف
yuHaadhee ar-raseef
dock (v)

يبحر
yubHir
set sail (v)

DUNLOP
DDH
DUNLOP
MOLITOR
ULTRA
3
TOUR
EDITION
1
ProStaff
4
4
TOP-FLITE
HOT XL
ProStaff
4
RAM TOUR
1
MAXFLI
TOP-FLITE
STRATA
3
DISTANCE

الرياضة ar-riyaaDa
sports

كرة القدم الأمريكية kurat al-qadam al-amreekeeya •
American football

قائم المرمى
qaa'im
al-marma
goalpost

خط جانبي
khaTT jaanibee
sideline

حكم الخط
Hakam al-khaTT
line judge

خط المرمى
khaTT al-marma
goal line

ملعب كرة قدم
malAab kurat qadam
football field

منطقة نهائية
manTiqa nihaa'eeya
end zone

كرة قدم
kurat qadam
football

حشاوي
Hashaawee
pads

خوذة
khoodha
helmet

حذاء
Hidhaa'
boot

لاعب كرة قدم
laaAib kurat qadam
football player

يتعلق بلاعب
yataAallaq bi-laaAib
tackle (v)

يناول
yunaawil
pass (v)

يمسك
yamsik
catch (v)

المفردات al-mufradaat • vocabulary

فترة راحة	فريق	دفاع	مشجّعة رسمية	ما النتيجة؟
fitrat raaHa	fareeq	difaaA	mushajjiAa rasmeeya	maa an-nateeja?
time out	**team**	**defence**	**cheerleader**	**What is the score?**
يسقط الكرة	هجوم	تسجيل	لمس الخط	من الفائز حتى الآن؟
yusqiT al-kura	hujoom	tasjeel	lams al-khaTT	man al-faa'iz Hattal-aan?
fumble	**attack**	**score**	**touchdown**	**Who is winning?**

الرجبي ar-rugbee • rugby

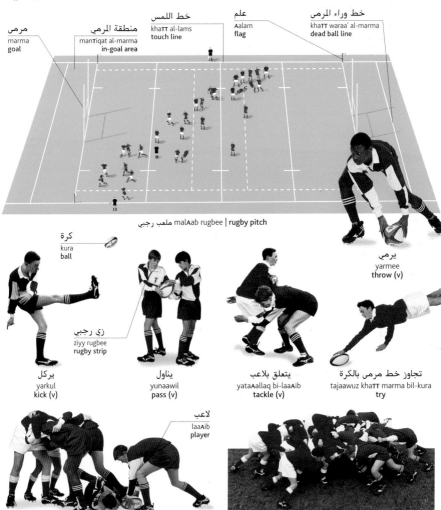

مرمى
marma
goal

منطقة المرمي
manTiqat al-marma
in-goal area

خط اللمس
khaTT al-lams
touch line

علم
Aalam
flag

خط وراء المرمى
khaTT waraa' al-marma
dead ball line

malAab rugbee ملعب رجبي | rugby pitch

كرة
kura
ball

يرمي
yarmee
throw (v)

زي رجبي
ziyy rugbee
rugby strip

يركل
yarkul
kick (v)

يناول
yunaawil
pass (v)

يتعلق بلاعب
yataAallaq bi-laaAib
tackle (v)

تجاوز خط مرمى بالكرة
tajaawuz khaTT marma bil-kura
try

لاعب
laaAib
player

tajamhur muhaajimeen Sagheer تجمهر مهاجمين صغير | ruck

tajamhur muhaajimeen تجمهر مهاجمين | scrum

لعبة كرة القدم laAbat kurat al-qadam • soccer

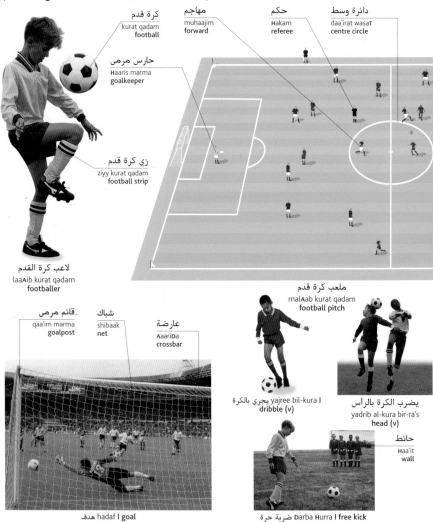

كرة قدم
kurat qadam
football

زي كرة قدم
ziyy kurat qadam
football strip

لاعب كرة القدم
laaAib kurat qadam
footballer

مهاجم
muhaajim
forward

حكم
Hakam
referee

دائرة وسط
daa'irat wasaT
centre circle

حارس مرمى
Haaris marma
goalkeeper

ملعب كرة قدم
malAab kurat qadam
football pitch

قائم مرمى
qaa'im marma
goalpost

شباك
shibaak
net

عارضة
AaariDa
crossbar

هدف hadaf | **goal**

يجري بالكرة yajree bil-kura | **dribble (v)**

يضرب الكرة بالرأس
yadrib al-kura bir-ra's
head (v)

حائط
Haa'it
wall

ضربة حرة Darba Hurra | **free kick**

منطقة الجزاء
manTiqat al-jazaa'
penalty area
خط المرمى
khaTT al-marma
goal line
منطقة المرمى
manTiqat al-marma
goal area
هدف
hadaf
goal
مدافع
mudaafiA
defender
مراقب خط
muraaqib khaTT
linesman
علم ركن
Aalam rukn
corner flag

رمية تماس ramyat tamaass
throw-in

يركل yarkul I **kick (v)**

حذاء
Hidhaa'
boot

يمرر
yumarrir
pass (v)

يسدد
yusaddid
shoot (v)

ينقذ
yanqidh
save (v)

يراوغ
yuraawigh
tackle (v)

المفردات al-mufradaat • **vocabulary**

استاد istaad **stadium**	فاول faawil **foul**	بطاقة صفراء biTaaqa Safraa' **yellow card**	دوري dawree **league**	وقت إضافي waqt iDaafee **extra time**
يسجل هدف yusajjil hadaf **score a goal (v)**	ضربة ركنية Darba rukneeya **corner**	متسلل mutasallil **off-side**	تعادل taAaadul **draw**	لاعب احتياطي laaAib iHtiyaaTee **substitute**
ضربة جزاء Darbat jazaa' **penalty**	بطاقة حمراء biTaaqa Hamraa' **red card**	طرد Tard **send off**	فترة ما بين الشوطين fitra maa bayn ash-shooTayn **half time**	استبدال istibdaal **substitution**

لعبة الهوكي laAbat al-hokee • hockey

هوكي جليد hokee jaleed • ice hockey

منطقة دفاع
minTaqat difaaA
defending zone

منطقة محايدة
minTaqa muHaayida
neutral zone

حارس مرمى
Haaris marma
goalkeeper

خط المرمى
khaTT al-marma
goal line

منطقة هجوم
minTaqat hujoom
attack zone

هدف
hadaf
goal

دائرة تنافسية
daa'ira tanaafuseeya
face-off circle

دائرة وسط
daa'irat wasaT
centre circle

حلقة هوكي الجليد
Halqat hokee al-jaleed
ice hockey rink

وسادة
wisaada
pad

قفاز
quffaaz
glove

عصا
AaSaa
stick

حذاء تزلج
Hidhaa' tazalluj
ice-skate

قرص
qurs
puck

لاعب هوكي جليد laaAib hokee jaleed
ice hockey player

هوكي hokee • field hockey

عصا هوكي
AaSaa hokee
hockey stick

كرة
kura
ball

يتزلج
yatazallaj
skate (v)

يسدد
yusaddid
hit (v)

لعبة الكريكيت laAbat al-kreeket • cricket

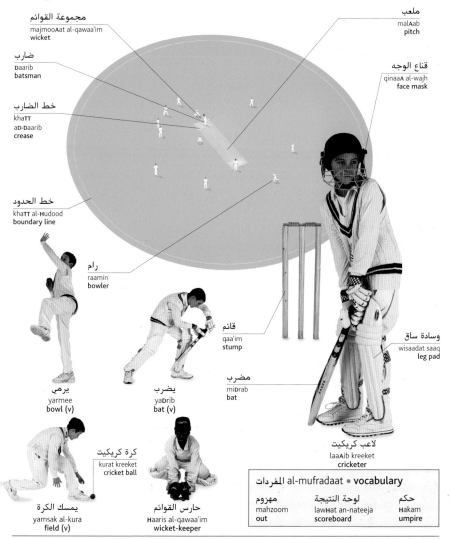

مجموعة القوائم
majmooAat al-qawaa'im
wicket
ضارب
Daarib
batsman
خط الضارب
crease
خط الحدود
khaTT al-Hudood
boundary line
ملعب
malAab
pitch
قناع الوجه
qinaaA al-wajh
face mask
رام
raamin
bowler
قائم
qaa'im
stump
وسادة ساق
wisaadat saaq
leg pad
مضرب
bat
يرمي
yarmee
bowl (v)
يضرب
bat (v)
لاعب كريكيت
laaAib kreeket
cricketer
كرة كريكيت
kurat kreeket
cricket ball
يمسك الكرة
yamsak al-kura
field (v)
حارس القوائم
Haaris al-qawaa'im
wicket-keeper

المفردات al-mufradaat • vocabulary

مهزوم mahzoom **out**	لوحة النتيجة lawHat an-nateeja **scoreboard**	حكم Hakam **umpire**

لعبة كرة السلة laAbat kurat as-salla • basketball

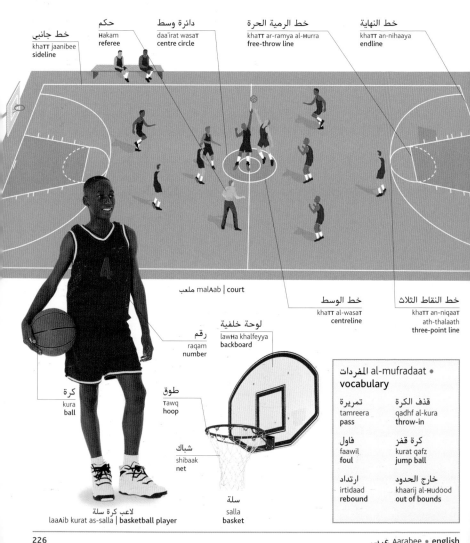

خط جانبي
khaTT jaanibee
sideline

حكم
Hakam
referee

دائرة وسط
daa'irat wasaT
centre circle

خط الرمية الحرة
khaTT ar-ramya al-Hurra
free-throw line

خط النهاية
khaTT an-nihaaya
endline

ملعب malAab | court

خط الوسط
khaTT al-wasaT
centreline

خط النقاط الثلاث
khaTT an-niqaaT
ath-thalaath
three-point line

رقم
raqam
number

لوحة خلفية
lawHa khalfeyya
backboard

كرة
kura
ball

طوق
Tawq
hoop

شباك
shibaak
net

لاعب كرة سلة
laaAib kurat as-salla | basketball player

سلة
salla
basket

المفردات al-mufradaat • vocabulary

تمريرة tamreera pass	قذف الكرة qadhf al-kura throw-in
فاول faawil foul	كرة قفز kurat qafz jump ball
ارتداد irtidaad rebound	خارج الحدود khaarij al-Hudood out of bounds

الحركات al-Harakaat • actions

يرمي
yarmee
throw (v)

يمسك
yumsik
catch (v)

يصوب
yaSawwib
shoot (v)

يقفز
yaqfiz
jump (v)

يلاصق
yulaaSiq
mark (v)

يعترض
yaAtariD
block (v)

ينطط
yunaTTiT
bounce (v)

يدفع من أعلى
yadfaA min aAla
dunk (v)

لعبة الكرة الطائرة laAbat al-kura aT-Taa'ira • volleyball

يعترض
yaAtariD
block (v)

شباك
shibaak
net

يرفع الكرة لأعلى
yarfaA al-kura li-aAla
dig (v)

حكم
Hakam
referee

دعامة ركبة
diAaamat rukba
knee support

ملعب malAab | court

لعبة البيسبول laAbat al-baysbool • baseball

الملعب al-malAab • field

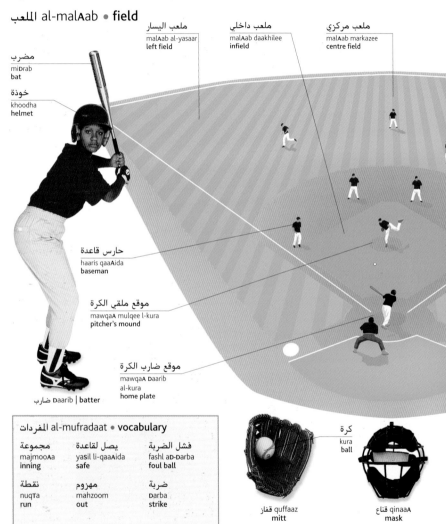

ملعب اليسار
malAab al-yasaar
left field
ملعب داخلي
malAab daakhilee
infield
ملعب مركزي
malAab markazee
centre field
مضرب
miDrab
bat
خوذة
khoodha
helmet
حارس قاعدة
haaris qaaAida
baseman
موقع ملقي الكرة
mawqaA mulqee l-kura
pitcher's mound
موقع ضارب الكرة
mawqaA Daarib al-kura
home plate
ضارب Daarib | batter

المفردات al-mufradaat • vocabulary

مجموعة majmooAa **inning**	يصل لقاعدة yasil li-qaaAida **safe**	فشل الضربة fashl aD-Darba **foul ball**
نقطة nuqTa **run**	مهزوم mahzoom **out**	ضربة Darba **strike**

كرة
kura
ball

قفاز quffaaz
mitt

قناع qinaaA
mask

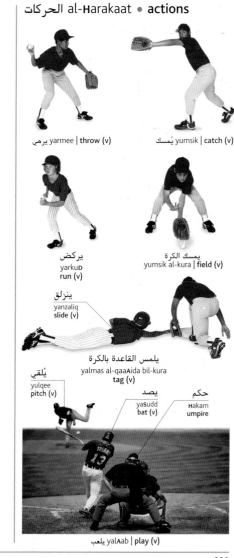

ملعب خارجي
malAab khaarijee
outfield

ملعب أيمن
malAab ayman
right field

خط الفاول
khaTT al-faawil
foul line

فريق
fareeq
team

موقع اللاعبين
mawqaA al-laaAibeen
dugout

ماسك maasik | **catcher**

مُلق mulqin | **pitcher**

الحركات al-Harakaat • actions

يرمي yarmee | **throw (v)**

يُمسك yumsik | **catch (v)**

يركض
yarkuD
run (v)

يمسك الكرة
yumsik al-kura | **field (v)**

ينزلق
yanzaliq
slide (v)

يلمس القاعدة بالكرة
yalmas al-qaaAida bil-kura
tag (v)

يُلقي
yulqee
pitch (v)

يصد
yaSudd
bat (v)

حكم
Hakam
umpire

يلعب yalAab | **play (v)**

لعبة التنس laᴀbat at-tenis • tennis

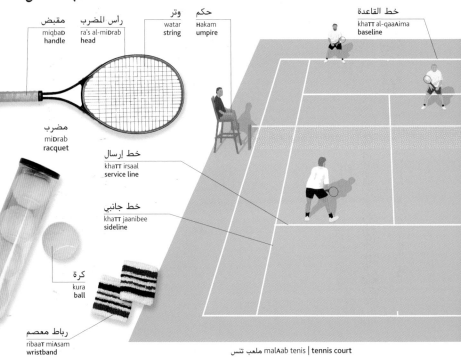

مقبض miqbaᴅ handle	رأس المضرب ra's al-miᴅrab head	وتر watar string	حكم ʜakam umpire	خط القاعدة khaᴛᴛ al-qaaᴀima baseline

مضرب
miᴅrab
racquet

خط إرسال
khaᴛᴛ irsaal
service line

خط جانبي
khaᴛᴛ jaanibee
sideline

كرة
kura
ball

رباط معصم
ribaaᴛ miᴀsam
wristband

ملعب تنس malᴀab tenis | tennis court

المفردات al-mufradaat • vocabulary

مباراة فردية mubaaraah fardeeya singles	مجموعة majmooᴀa set	صفر sifr love	خطأ khaᴛaa' fault	ضربة بزاوية ᴅarba bi-zaawiya slice	مراقب خط muraaqib khaᴛᴛ linesman
مباراة زوجية mubaaraah zawjeeya doubles	مباراة mubaaraah match	تعادل taᴀaadul deuce	كرة إرسال فائزة kurat irsaal faa'iza ace	ضربة لا تحتسب ᴅarba laa tuʜtasab let	شوط التعادل shawᴛ at-taᴀaadul tiebreak
شوط shawᴛ game	بطولة buᴛoola championship	متقدم mutaqaddim advantage	كرة ساقطة kura saaqiᴛa dropshot	تبادل عدة ضربات tabaadul ᴀiddat ᴅarabaat rally	لف laff spin

شبكة
shabaka
net

ضربة قوية
Darba qawiya
smash

صبي جمع الكرات
Sabiyy jamA al-kuraat
ballboy

يرسل
yursil
serve (v)

حذاء تنس
Hidhaa' tenis
tennis shoes

لاعب laaAib | **player**

الضربات aD-Darabaat • strokes

إرسال
irsaal
serve

ضربة مباشرة
Darba mubaashira
volley

صد
Sadd
return

ضربة في قوس علوي
Darba fee qaws Aulwee
lob

ضربة أمامية
Darba amaameeya
forehand

ضربة خلفية
Darba khalfeeya
backhand

ألعاب المضرب alAaab al-miDrab • racquet games

ريشة
reesha
shuttlecock

تنس الريشة
tenis ar-reesha
badminton

مضرب
miDrab
bat

تنس طاولة
tenis Taawila
table tennis

سكواش
skwaash
squash

لعبة الراكيت
laAbat ar-raaket
racquetball

الجولف al-golf • golf

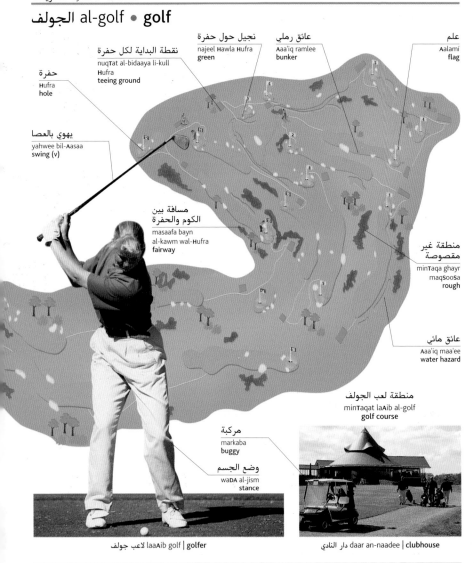

حفرة
Hufra
hole

نقطة البداية لكل حفرة
nuqTat al-bidaaya li-kull Hufra
teeing ground

نجيل حول حفرة
najeel Hawla Hufra
green

عائق رملي
Aaa'iq ramlee
bunker

علم
Aalam
flag

يهوي بالعصا
yahwee bil-Aasaa
swing (v)

مسافة بين الكوم والحفرة
masaafa bayn al-kawm wal-Hufra
fairway

منطقة غير مقصوصة
minTaqa ghayr maqSooSa
rough

عائق مائي
Aaa'iq maa'ee
water hazard

منطقة لعب الجولف
minTaqat laAib al-golf
golf course

مركبة
markaba
buggy

وضع الجسم
waDA al-jism
stance

لاعب جولف laaAib golf | **golfer**

دار النادي daar an-naadee | **clubhouse**

المعدات al-muAiddaat • equipment

كرة الجولف
kurat al-golf
golf ball

قمزة
qamza
tee

حقيبة الجولف
Haqeebat al-golf
golf bag

حامل معدات
Haamil maAiddaat
golf trolley

مسامير
masaameer
spikes

حذاء جولف
Hidhaa' golf
golf shoe

قفاز
quffaaz
glove

الأوضاع al-awDaaA • actions

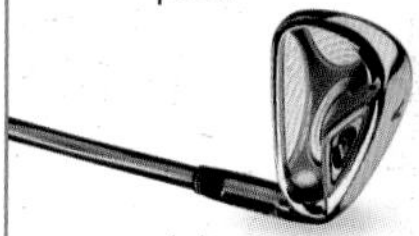

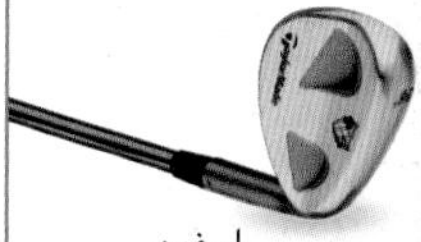

يُسدد من قمزة
yusaddid min qamza
tee-off (v)

يدفع
yadfaA
drive (v)

يُسقط في حفرة
yusqiT fee Hufra
putt (v)

يُسقط عن قرب
yusqiT Aan qurb
chip (v)

عصي الجولف AuSee al-golf • golf clubs

خشب
khashab
wood

مُسقط
musqiT
putter

حديد
Hadeed
iron

إسفين
isfeen
wedge

المفردات al-mufradaat • vocabulary

سوية
sawiya
par

فوق السوية
fawq as-sawiya
over par

معادلة
muAaadala
handicap

حمال الجولف
Hammaal al-golf
caddy

ضربة تدريب
Darba tadreeb
practice swing

ضربة
Darba
stroke

دون السوية
doon as-sawiya
under par

إسقاط بضربة واحدة
isqaaT bi-darba waaHida
hole in one

مسابقة
musaabaqa
tournament

متفرجون
mutafarrijoon
spectators

ضربة طويلة من الخلف
Darba Taweela min al-khalf
backswing

اتجاه مقصود
ittijaah maqSood
line of play

ألعاب القوى aLAaab al-quwa • athletics

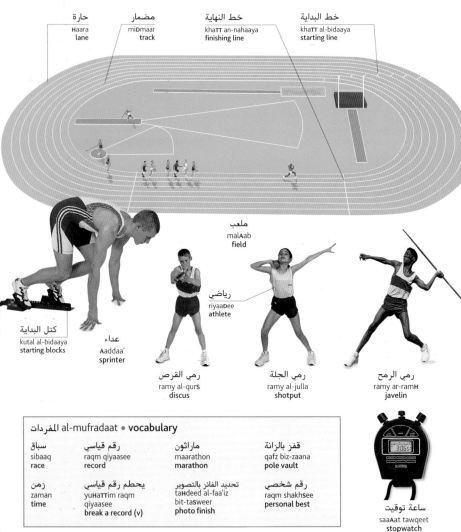

حارة
Haara
lane

مضمار
miDmaar
track

خط النهاية
khaTT an-nahaaya
finishing line

خط البداية
khaTT al-bidaaya
starting line

ملعب
malAab
field

رياضي
riyaaDee
athlete

كتل البداية
kutal al-bidaaya
starting blocks

عداء
Aaddaa'
sprinter

رمي القرص
ramy al-qurS
discus

رمي الجلة
ramy al-julla
shotput

رمي الرمح
ramy ar-ramH
javelin

المفردات al-mufradaat • vocabulary

سباق sibaaq race	رقم قياسي raqm qiyaasee record	ماراثون maarathon marathon	قفز بالزانة qafz biz-zaana pole vault
زمن zaman time	يحطم رقم قياسي yuHaTTim raqm qiyaasee break a record (v)	تحديد الفائز بالتصوير taHdeed al-faa'iz bit-tasweer photo finish	رقم شخصي raqm shakhsee personal best

ساعة توقيت
saaAat tawqeet
stopwatch

عصا
Aasaa
baton

سباق تتابع
sibaaq tataabuA
relay race

عارضة
AaariDa
crossbar

الوثب العالي
al-wathb al-Aalee
high jump

الوثب الطويل
al-wathb aT-Taweel
long jump

حواجز
Hawaajiz
hurdles

جمباز jumbaaz • gymnastics

مقفز
maqfaz
springboard

لاعب جمباز
laaAib jumbaaz
gymnast

حصان
HiSaan
horse

راساً على عقب
ra'san Aala Auqb
somersault

عارضة AaariDa | beam

شريط
shareeT
ribbon

سجادة
sajjaada
mat

أداء على حصان
adaa' Aala HiSaan
vault

تمارين أرضية
tamaareen arDeeya
floor exercises

شقلبة
shaqlaba
tumble

جمباز إيقاعي
jumbaaz eeqaaAee
rhythmic gymnastics

المفردات al-mufradaat • vocabulary

عارضة أفقية	حصان توازن	أطواق	ميداليات	فضة
AaariDa ufuqeeya	HiSaan tawaazun	aTwaaq	meedaalyaat	fiDDa
horizontal bar	**pommel horse**	**rings**	**medals**	**silver**
عارضتان موازيتان	عوارض غير متناظرة	منصة	ذهب	برونز
AaariDataan muwaaziyataan	Aawaarid ghayr mutanaazira	minaSSa	dhahab	bironz
parallel bars	**asymmetric bars**	**podium**	**gold**	**bronze**

ألعاب النزال alдaab an-nizaal • combat sports

خصم
khiṣm
opponent

واق
waaqin
guard

قفاز
quffaaz
glove

حرام
ḥizaam
belt

كراتيه karaateh | **karate**

تي كوندو tai kwondo | **tae-kwon-do**

قناع
qinaaд
mask

جودو joodo | **judo**

سيف
sayf
sword

ايكيدو aykeedo | **aikido**

كيندو kendo | **kendo**

كونفو kunfoo | **kung fu**

ملاكمة بالأرجل
mulaakama bil-arjul
kickboxing

مصارعة muṣaaraдa | **wrestling**

ملاكمة mulaakama | **boxing**

الحركات al-ᴴarakaat • actions

وقوع wuqooᴀ | fall

مسك mask | hold

رمي ramy | throw

تثبيت tathbeet | pin

ركل rakl | kick

لكم lakm | punch

ضرب ᴅarb | strike

ضربة قاطعة
ᴅarba qaaᴛiᴀa | chop

قفز qafz | jump

صد sadd | block

المفردات al-mufradaat • vocabulary

حلقة ملاكمة	جولة	قبضة يد	حزام أسود	كابورا
ᴴalqat mulaakama	jawla	qabᴅat yad	ᴴizaam aswad	kaboora
boxing ring	**round**	**fist**	**black belt**	**capoeira**
واقي الفم	مباراة	ضربة قاضية	دفاع عن النفس	تي شي
waaqee l-fam	mubaaraah	ᴅarba qaaᴅiya	difaaᴀ ᴀan an-nafs	tai shee
mouth guard	**bout**	**knock out**	**self defence**	**tai-chi**
قفازات ملاكمة	تدريب الملاكم	كيس معلق للتدريب	فنون القتال	مصارعة يابانية
quffaazaat mulaakama	tadreeb al-mulaakim	kees muᴀallaq lit-tadreeb	funoon al-qitaal	musaaraᴀa yaabaaneeya
boxing gloves	**sparring**	**punch bag**	**martial arts**	**sumo wrestling**

السباحة as-sibaaHa • swimming
المعدات al-muAiddaat • equipment

مشبك أنف
mishbak anf
nose clip

طوق للذراع
Tawq lidh-dhiraaA
armband

نظارة واقية
naZZaara waaqiya
goggles

عوامة
Aawaama
float

لباس سباحة للسيدات
libaas sibaaHa lis-sayyidaat
swimsuit

حارة
Haara
lane

قلنسوة
qalansuwa
cap

ماء
maa'
water

كتلة بداية
kutlat bidaaya
starting block

لباس سباحة
للرجال
libaas sibaaHa
lir-rijaal
trunks

حمام سباحة Hammaam sibaaHa | swimming pool

سباح sabbaaH | swimmer

مقفز
maqfaz
springboard

غطاس
ghaTTaas
diver

يغطس yaghTas | dive (v)

يسبح yasbaH | swim (v)

دوران dawaraan | turn

الأساليب al-asaaleeb • styles

سباحة حرة sibaaHa Hurra | **front crawl**

سباحة صدر sibaaHat Sadr | **breaststroke**

حركة
Haraka
stroke

سباحة ظهر sibaaHat Zahr | **backstroke**

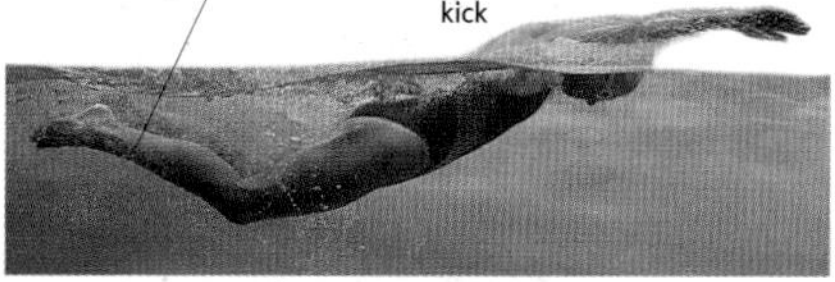

ركلة
rakla
kick

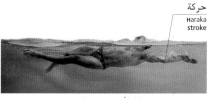

سباحة فراشة sibaaHat faraasha | **butterfly**

الغطس al-ghaTs • scuba diving

حلة من المطاط
Hulla min al-maTTaaT
wetsuit
زعنفة
ziAnifa
fin
حزام أثقال
Hizaam athqaal
weight belt
اسطوانة هواء
usTawaanat hawaa'
air cylinder
قناع
qinaaA
mask
منظم
munaZZim
regulator
أنبوب الهواء
anboob al-hawaa'
snorkel

المفردات al-mufradaat • vocabulary

غطس ghaTs **dive**	سباق غوص sibaaq ghaws **racing dive**	خزانة بقفل khizaana bi-qufl **lockers**	كرة الماء kurat al-maa' **water polo**	جانب ضحل jaanib DaHl **shallow end**	شد عضلي shadd AaDalee **cramp**
غطس عال ghaTs Aaalin **high dive**	يطفو فوق الماء بالركل yaTfoo fawq al-maa' bir-rakl **tread water (v)**	سباح الإنقاذ sabbaaH al-inqaadh **lifeguard**	جانب عميق jaanib Aameeq **deep end**	السباحة التوقيعية as-sibaaHa at-tawqeeAeeya **synchronized swimming**	يغرق yaghriq **drown (v)**

الإبحار al-ibHaar • sailing

بوصلة
boSla
compass

مرساة
mirsaah
anchor

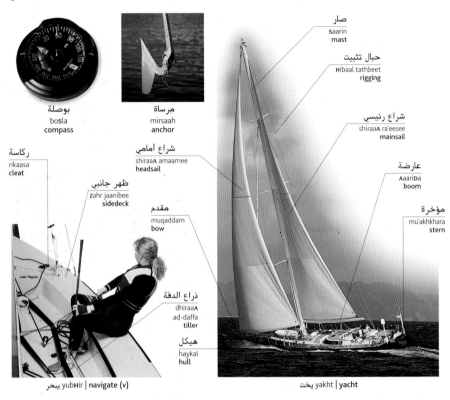

صار
Saarin
mast

حبال تثبيت
Hibaal tathbeet
rigging

شراع رئيسي
shiraaA ra'eesee
mainsail

عارضة
AaariDa
boom

مؤخرة
mu'akhkhara
stern

ركاسة
rikaasa
cleat

شراع أمامي
shiraaA amaamee
headsail

ظهر جانبي
zahr jaanibee
sidedeck

مقدم
muqaddam
bow

ذراع الدفة
dhiraaA
ad-daffa
tiller

هيكل
haykal
hull

يبحر yubHir | navigate (v)

يخت yakht | yacht

سلامة salaama • safety

شهاب
shihaab
flare

عوامة إنقاذ
Aawaamat inqaadh
lifebuoy

سترة إنقاذ
sutrat inqaadh
life jacket

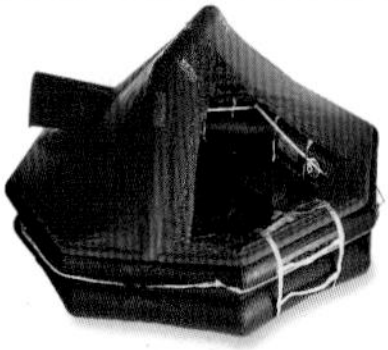

رمث نجاة
ramath najaah
life raft

الرياضات المائية al-riyaaDaat al-maa'eeya • watersports

جداف
jaddaaf
rower

مجداف
mijdaaf
oar

قايق
qaayaq
kayak

مدرا
midra'
paddle

يجدف yujaddif | row (v)

ركوب كنو
rukoon kanoo
canoeing

شراع
shiraaA
sail

لوحة ركوب الأمواج
lawHat rukoob al-amwaaj
surfboard

زحلوقة
zaHlooqa
ski

راكب لوح
raakib lawH
windsurfer

لوح
lawH
board

ركوب الأمواج
rukoob al-amwaaj
surfing

تزحلق على الماء
tazaHluq Aalal-maa'
waterskiing

ركوب مراكب السرعة
rukoob maraakib as-surAa
speed boating

حزام القدم
Hizaam al-qadam
footstrap

ركوب الرياح rukoob ar-riyaaH | windsurfing

ركوب رمث
rukoob ramath
rafting

تزحلق نفاث
tazaHluq naffaath
jet skiing

المفردات al-mufradaat • vocabulary

متزحلق على الماء mutazaHliq Aalal-maa' waterskier	ملاحون mallaaHoon crew	هواء hawaa' wind	أمواج amwaaj surf	شراع shiraaA sheet	لوحة وسطية lawHa wasaTeeya centreboard	
راكب الأمواج raakib al-amwaaj surfer	يتعرج في إبحاره yataAarraj fee ibHaarihi tack (v)	موجة mawja wave	خرخار kharkhaar rapids	دفة daffa rudder	ينقلب yanqalib capsize (v)	

ركوب الخيل rukoob al-khayl • horse riding

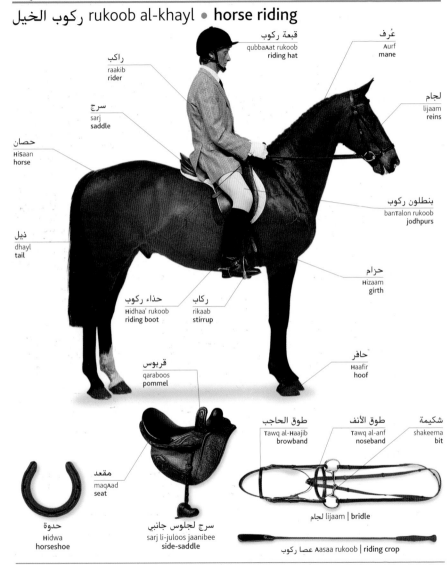

قبعة ركوب
qubbaАat rukoob
riding hat

عُرف
Аurf
mane

راكب
raakib
rider

لجام
lijaam
reins

سرج
sarj
saddle

حصان
HiSaan
horse

بنطلون ركوب
banTalon rukoob
jodhpurs

ذيل
dhayl
tail

حزام
Hizaam
girth

حذاء ركوب
Hidhaa' rukoob
riding boot

ركاب
rikaab
stirrup

حافر
Нaafir
hoof

قربوس
qaraboos
pommel

طوق الحاجب
Tawq al-Нaajib
browband

طوق الأنف
Tawq al-anf
noseband

شكيمة
shakeema
bit

مقعد
maqАad
seat

حدوة
Нidwa
horseshoe

سرج لجلوس جانبي
sarj li-juloos jaanibee
side-saddle

لجام lijaam | bridle

عصا ركوب Аasaa rukoob | riding crop

المباريات al-mubaariyaat • events

حصان سباق
Hisaan sibaaq
racehorse

سباق خيول
sibaaq khuyool
horse race

سياج
siyaaj
fence

سباق حوائل
sibaaq Hawaa'il
steeplechase

سباق عربات ذات عجلتين
sibaaq Aarabaat dhaat Aajalatayn
harness race

روديو
roodyo
rodeo

مباراة قفز
mubaraat qafz
showjumping

سباق مركبة
sibaaq markaba
carriage race

رحلة بالحصان
riHla bil-HuSaan | **trekking**

الراكب يُحرك الحصان ar-raakib yuHarrik al-Hisaan | **dressage**

بولو
bolo | **polo**

المفردات al-mufradaat • vocabulary

مشي
mashy
walk

خبب
khabab
canter

قفز
qafz
jump

لجام
lijaam
halter

حقل ترويض
Haql tarweeD
paddock

سباق على أرض مستوية
sibaaq Aala arD mustawiya
flat race

هرولة
harwala
trot

جري
jary
gallop

سائس
saa'is
groom

إسطبل
isTabl
stable

ميدان تنافس
meedaan tanaafus
arena

مضمار
miDmaar
racecourse

صيد السمك Sayd as-samak • fishing

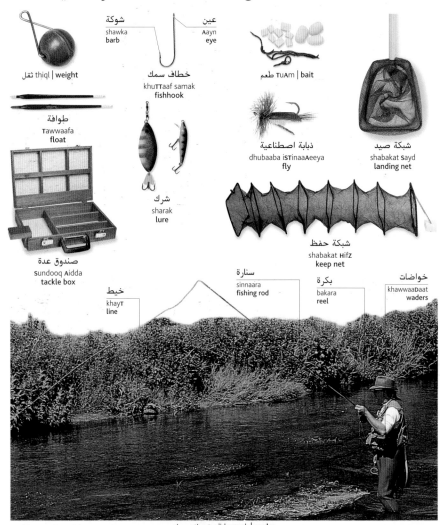

ثقل thiql | weight

شوكة
shawka
barb
عين
Aayn
eye

خطاف سمك
khuTTaaf samak
fishhook

طعم TuAm | **bait**

شبكة صيد
shabakat Sayd
landing net

طوافة
Tawwaafa
float

شرك
sharak
lure

ذبابة اصطناعية
dhubaaba iSTinaaAeeya
fly

صندوق عدة
Sundooq Aidda
tackle box

شبكة حفظ
shabakat Hifz
keep net

خيط
line
سنارة
sinnaara
fishing rod
بكرة
bakara
reel
خواضات
khawwaaDaat
waders

صائد سمك Saa'id samak | **angler**

أنواع صيد السمك anwaaA Sayd as-samak • types of fishing

صيد سمك من ماء حلو
Sayd samak min maa' Hulw
freshwater fishing

صيد بذبابة اصطناعية
sayd bi-dhubaaba iSTinaaAeeya
fly fishing

صيد من الشاطئ
Sayd min ash-shaaTi'
surfcasting

رياضة صيد السمك
riyaaDat Sayd as-samak
sport fishing

صيد في البحار العميقة
Sayd fil-biHaar al-Aameeqa
deep sea fishing

الأنشطة al-anshiTa • activities

يرمي
yarmee
cast (v)

يصطاد
yaSTaad
catch (v)

يجر للخارج
yajurr lil-khaarij
reel in (v)

يصطاد في شبكة
yaSTaad fee shabaka
net (v)

يطلق سراح
yuTliq saraaH
release (v)

المفردات al-mufradaat • vocabulary

يُطعم yuTaAAim **bait (v)**	عدة Aidda **tackle**	زي مقاوم للماء ziyy muqaawim lil-maa' **waterproofs**	تصريح صيد tasreeH Sayd **fishing permit**	سلة salla **creel**
يلتقط الطعم yaltaqiT aT-TuAm **bite (v)**	بكرة خيط bakrat khayT **spool**	سنارة sinnaara **pole**	صيد بحري Sayd baHree **marine fishing**	صيد بالحراب Sayd bil-Hiraab **spearfishing**

التزلج at-tazalluj • skiing

منحدر تزلج
munHadar tazalluq
ski slope

مصعد بكرسي
maSAad
bi-kursee
chairlift

عربة كبل
Aarabat kabal
cable car

مجري تزلج
majra tazalluj
ski run

قفاز
quffaaz
glove

حاجز أمان
Haajiz amaan
safety barrier

عصا تزلج
AaSaa tazalluj
ski pole

طرف
Tarf
tip

حافة
Haafa
edge

زحلوقة
zaHlooqa
ski

معطف تزلج
miATaf tazalluj
ski jacket

متزلج
mutazallij
skier

حذاء تزلج
Hidhaa' tazalluj
ski boot

المباريات al-mubaariyaat • **events**

تزلج نحو السفح
tazalluj naHw as-safH
downhill skiing

حد المسار
Hadd al-masaar
gate

تزلج متعرج
tazalluj mutaAarrij
slalom

تزلج مع القفز
tazalluj maAa l-qafz
ski jump

تزلج لمسافات طويلة
tazalluj li-masaafaat Taweela
cross-country skiing

رياضات الشتاء riyaaDaat ash-shitaa' • **winter sports**

صعود الجليد
suAood al-jaleed
ice climbing

تزلج على الجليد
tazalluj Aala l-jaleed
ice-skating

حذاء تزلج
Hidhaa' tazalluj
skate

رقص على الجليد
raqs Aala l-jaleed
figure skating

نظارات واقية
naZZaaraat waaqiya
goggles

تزلج على لوحة
tazalluj Aala lawH
snowboarding

تزلج في مركبة
tazalluj fee markaba
bobsleigh

تزلج في وضع الجلوس
tazalluj fee waDA al-juloos
luge

عربة الثلوج
Aarabat ath-thulooj
snowmobile

استعمال مزالج
istiAmaal mazaalij
sledding

المفردات al-mufradaat • **vocabulary**

تزلج ترفيهي
tazalluj tarfeehee
alpine skiing

كرلنج
kurling
curling

تزلج متعرج طويل
tazalluj mutaAarrij Taweel
giant slalom

تزلج السرعة
tazalluj as-surAa
speed skating

خارج المجرى
khaarij al-majra
off-piste

انهيار
inhiyaar
avalanche

استعانة بكلاب للتزلج
istiAaanat bi-kilaab lit-tazalluj
dog sledding

رياضة الرماية والتزلج
riyaaDat ar-rimaaya wat-tazalluj
biathlon

رياضات أخرى riyaaDaat ukhra • other sports

طائرة شراعية
Taa'ira shiraaAeyya
glider

شراع طائر
shiraaA Taa'ir
hang-glider

طيران بطائرة شراعية
Tayaraan bi-Taa'ira shiraaAeeya
gliding

مظلة هبوط
mizallat hubooT
parachute

طيران بشراع طائر
Tayaraan bi-shiraaA Taa'ir
hang-gliding

حبل
Habl
rope

صعود الصخور
suAood aS-Sukhoor
rock climbing

قفز بمظلات
qafz bi-maZallaat
parachuting

تعلق على شراع
taAalluq Aala shiraaA
paragliding

سباحة في الفضاء
sibaaHa fil-faDaa'
skydiving

هبوط عبر حبل ثابت
hubooT Aabra Habl thaabit
abseiling

قفز بالبنجي
qafz bil-banjee
bungee jumping

سباق الطرق الوعرة
sibaaq aT-Turuq al-waAra
rally driving

سائق سباق
saa'iq sibaaq
racing driver

سباق سيارات
sibaaq sayyaaraat
motor racing

سباق الطرق الوعرة بدراجات
sibaaq aT-Turuq al-waAra bi-darraajaat
motorcross

سباق دراجات بخارية
sibaaq darraajaat bukhaareeya
motorbike racing

ألواح بعجل
alwaaH bi-Aajal
skateboard

ركوب ألواح بعجل
rukoob alwaaH bi-Aajal
skateboarding

تزلج بعجل خطي
at-tazalluj bi-Ajal khaTTee
inline skating

عصا
AaSaa
stick

لعبة لاكروس
laAbat lakros
lacrosse

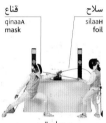

قناع
qinaaA
mask

سلاح
silaaH
foil

مبارزة
mubaaraza
fencing

وتد
watad
pin

كرة البولينج
kurat al-bohling
bowling ball

لعبة بولينج
laAbat bohling
bowling

قوس
qaws
bow

سهم
sahm
arrow

حامل السهام
Haamil as-sihaam
quiver

رماية بالقوس والسهم
rimaaya bil-qaws was-sahm
archery

هدف
hadaf
target

رماية نحو هدف
rimaaya naHwa hadaf
target shooting

بلياردو
bilyaardo
pool

سنوكر
snookir
snooker

اللياقة البدنية al-liyaaqa al-badaneeya • fitness

دراجة تمرينات
darraajat tamreenaat
exercise bike

أثقال حرة
athqaal Hurra
free weights

عارضة
AaariDa
bar

جهاز جمنازيوم
jihaaz jimnaazyum
gym machine

مقعد طويل
maqAad Taweel
bench

جمنازيوم
jimnaazyum
gym

جهاز تجديف
jihaaz tajdeef
rowing machine

مشاية
mashshaaya
treadmill

جهاز تمرين شامل
jihaaz tamreen shaamil
cross trainer

مدرب شخصي
mudarrib shakhSee
personal trainer

جهاز تدرب على درج
jihaaz tadarrub Aala daraj
step machine

حمام سباحة
Hammaam sibaaHa
swimming pool

ساونا
saawna
sauna

التمارين الرياضية at-tamaareen ar-riyaaDeeyaat • exercises

مد
madd
stretch

تحرك للأمام
taHarruk lil-amaam
lunge

جوارب
jawaarib
tights

رفع وخفض الجسم
rafA wa-khafD
al-jism
press-up

قرفصاء
qurfuSaa'
squat

رفع الرأس والصدر
rafA ar-ra's waS-Sadr
sit-up

قضيب بكرتين
qaDeeb
bi-kuratayn
dumb bell

تدريب عضلة الذراع
tadreeb AaDalat
adh-dhiraaA
bicep curl

دفع بالأرجل
dafA bil-arjul
leg press

ضغط الصدر
daghT aS-Sadr
chest press

حذاء تدريب
Hidhaa'
tadreeb
trainers

قضيب أثقال
qadeeb athqaal
weight bar

تدريب على رفع الأثقال
tadreeb Aala rafA al-athqaal
weight training

عدو
Aadw
jogging

تمرينات بيلاتس
tamreenaat beelaatis
pilates

المفردات al-mufradaat • vocabulary

يتدرب
yatadarrab
train (v)

يعدو على الواقف
yaAdoo Aalal-waaqif
jog on the spot (v)

يمد
yamudd
extend (v)

تدريب ملاكمة
tadreeb mulaakama
boxercise

نط الحبل
naTT al-Habl
skipping

يسخن العضلات
yusakhkhin
al-Aadalaat
warm up (v)

يثني
yathnee
flex (v)

يرفع
yarfaA
pull up (v)

لياقة من جهاز لجهاز
liyaaqa min jihaaz
li-jihaaz
circuit training

الترفيه at-tarfeeh
leisure

المسرح al-masraH • theatre

ستارة
sitaara
curtain

أجنحة
ajniHa
wings

مشهد
mash-had
set

مشاهدون
mushaahidoon
audience

اوركسترا
orkestra
orchestra

مسرح masraH | **stage**

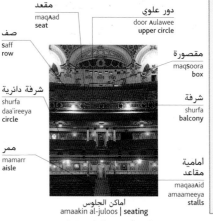

مقعد
maqAad
seat

دور علوي
door Aulawee
upper circle

صف
saff
row

مقصورة
maqsoora
box

شرفة دائرية
shurfa daa'ireeya
circle

شرفة
shurfa
balcony

ممر
mamarr
aisle

أمامية مقاعد
maqaaAid amaameeya
stalls

أماكن الجلوس
amaakin al-juloos | **seating**

المفردات al-mufradaat • vocabulary

ممثل mumaththil **actor**	نص naSS **script**	ليلة الافتتاح laylat al-iftitaaH **first night**
ممثلة mumaththila **actress**	خلفية khalfeeya **backdrop**	استراحة istiraaHa **interval**
مسرحية masraHeeya **play**	مخرج mukhrij **director**	برنامج barnaamij **programme**
شخصيات رواية shakhSeeyaat riwaaya **cast**	منتج muntij **producer**	موضع للاوركسترا mawDaA lil-orkestra **orchestra pit**

حفلة موسيقية
Hafla moosiqeeya | **concert**

مسرحية موسيقية
masraHeeya moosiqeeya | **musical**

زي
ziyy
costume

باليه baalleh | **ballet**

المفردات al-mufradaat • vocabulary

مرشد لمقاعد
murshid li-maqaaAid
usher

يصفق
yussfiq
applaud (v)

موسيقى كلاسيكية
moosiqa kelaasikeeya
classical music

استعادة
istiAaada
encore

نوتة موسيقية
noota moosiqeeya
musical score

الموسيقى المصاحبة
al-moosiqa al-muSaaHiba
soundtrack

متى تبدأ؟
mata tabda'?
When does it start?

أريد تذكرتين لبرنامج الليلة.
ureed tadhkaratayn li-barnaamij al-layla
I'd like two tickets for tonight's performance.

أوبرا obera | **opera**

السينما as-seenimaa • cinema

فشار
fishaar
popcorn

ردهة
radha
lobby

مكتب الحجز
maktab al-Hajz
box office

إعلان
iAlaan
poster

قاعة سينما
qaaAat seenimaa
cinema hall

شاشة
shaasha
screen

المفردات al-mufradaat • vocabulary

فيلم هزلي
film hazalee
comedy

فيلم غرامي
film gharaamee
romance

فيلم إثارة
film ithaara
thriller

فيلم خيال علمي
film khayaal Ailmee
science fiction film

فيلم رعب
film raAb
horror film

فيلم مغامرات
mughaamara
adventure film

فيلم رعاة بقر
film ruAaah baqar
western

رسوم متحركة
rusoom mutaHarrika
animated film

الاوركسترا al-orkestra • orchestra

الات وترية aalaat watareeya • strings

قيثارة
qeethaara
harp

قائد اوركسترا
qaa'id orkestra
conductor

كونترباص تشيللو
kawntirbaas tshello
double bass

كمان
kamaan
violin

منصة عالية
minaSSa
Aaalya
podium

فيولا
fiyoola
viola

تشيللو
tshello
cello

نوتة موسيقية
nota moosiqeeya
score

مفتاح "صول"
miftaaH "sol"
treble clef

نغمة
naghma
note

مدرج
madraj
staff

مفتاح "فا" (باص)
miftaaH "faa" (baaS)
bass clef

تدوين النوتة tadween an-nota | **notation**

بيانو biyaano | **piano**

المفردات al-mufradaat • vocabulary

مقدمة	سوناتة	سكتة	علامة الزيادة	علامة الطبيعة	سلم
muqaddama	sonaata	sakta	Aalaamat az-ziyaada	Aalaamat	sullam
overture	**sonata**	**rest**	**sharp**	aT-TabeeAa	**scale**
				natural	
سيمفونية	الات	طبقة الصوت	علامة التنقيص	حاجز	عصا قائد
seemfoneeya	aalaat	Tabaqat as-sawt	Aalaamat at-tanqees	Haajiz	AaSaa qaa'id
symphony	**instruments**	**pitch**	**flat**	**bar**	**baton**

آلات النفخ aalaat an-nafkh • woodwind

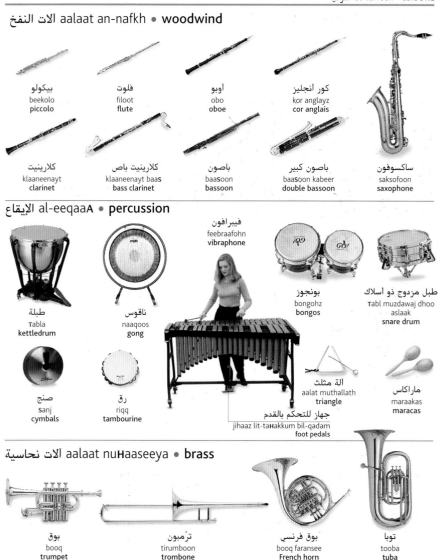

بيكولو
beekolo
piccolo

فلوت
filoot
flute

أوبو
obo
oboe

كور انجليز
kor anglayz
cor anglais

كلارينيت
klaaneenayt
clarinet

كلارينيت باص
klaaneenayt baas
bass clarinet

باصون
baasoon
bassoon

باصون كبير
baasoon kabeer
double bassoon

ساكسوفون
saksofoon
saxophone

الإيقاع al-eeqaaA • percussion

فيبرافون
feebraafohn
vibraphone

طبلة
Tabla
kettledrum

ناقوس
naaqoos
gong

بونجوز
bongohz
bongos

طبل مزدوج ذو أسلاك
Tabl muzdawaj dhoo aslaak
snare drum

صنج
Sanj
cymbals

رق
riqq
tambourine

الة مثلث
aalat muthallath
triangle

ماراكاس
maraakas
maracas

جهاز للتحكم بالقدم
jihaaz lit-taHakkum bil-qadam
foot pedals

آلات نحاسية aalaat nuHaaseeya • brass

بوق
booq
trumpet

ترُمبون
tirumboon
trombone

بوق فرنسي
booq faransee
French horn

توبا
tooba
tuba

الحفلة الموسيقية al-Hafla al-mooseeqeeya • concert

سماعة
sammaaAa
speaker

معجبون
muAjaboon
fans

مطرب رئيسي
muTrib ra'eesee
lead singer

عازف القيثارة
Aaazif
al-qeethaara
guitarist

ميكروفون
meekrofohn
microphone

طبال
Tabbaal
drummer

حفل موسيقى الروك Hafl mooseeqa ar-rok | rock concert

الآلات al-aalaat • instruments

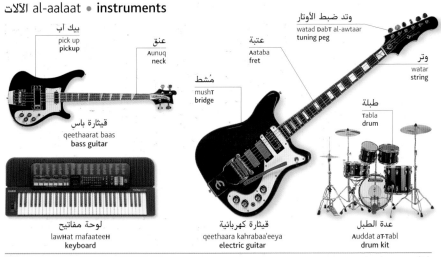

بيك آب
pick up
pickup

عنق
Aunuq
neck

عتبة
Aataba
fret

وتد ضبط الأوتار
watad DabT al-awtaar
tuning peg

وتر
watar
string

مُشط
mushT
bridge

قيثارة باس
qeethaarat baas
bass guitar

طبلة
Tabla
drum

قيثارة كهربائية
qeethaara kahrabaa'eeya
electric guitar

لوحة مفاتيح
lawHat mafaateeH
keyboard

عدة الطبل
Auddat aT-Tabl
drum kit

الأساليب الموسيقية al-asaaleeb al-mooseeqeeya • musical styles

جاز jaaz | **jazz**

بلوز blooz | **blues**

بونك punk | **punk**

موسيقى شعبية mooseeqa shaAbeeya
folk music

أغاني شباب aghaanee shabaab | **pop**

موسيقى رقص mooseeqa raqs | **dance**

موسيقى راب mooseeqa rap | **rap**

موسيقى روك صاخبة
mooseeqa rok Saakhiba
heavy metal

موسيقى كلاسيكية
mooseeqa kalaaseekeeya
classical music

المفردات al-mufradaat • vocabulary

أغنية ughniya **song**	كلمات أغنية kalimaat ughniya **lyrics**	لحن laHn **melody**	إيقاع eeqaaA **beat**	ريجي raygay **reggae**	ريفية أمريكية reefeeya amreekeeya **country**	ضوء المسرح Daw' al-masraH **spotlight**

مشاهدة المعالم mushaahadat al-maAaalim • sightseeing

سائح
saa'iH
tourist

مزار سياحي mazaar siyaaHee | **tourist attraction**

برنامج رحلة
barnaamij riHla
itinerary

دور علوي مكشوف
door Aulwee makshoof
open-top

حافلة سياحية Haafila siyaaHeeya | **tour bus**

مرشد سياحي
murshid siyaaHee
tour guide

جولة مع مرشد
jawla maAa murshid
guided tour

تمثال صغير
timthaal Sagheer
statuette

تذكارات
tidhkaaraat
souvenirs

المفردات al-mufradaat • vocabulary

مفتوح maftooH **open**	كتيب إرشاد kutayb irshaad **guide book**	آلة تصوير فيديو aalat taSweer fidyo **camcorder**	يسار yasaar **left**	أين الـ...؟ ayna-l...? **Where is the...?**
مغلق mughlaq **closed**	فيلم film **film**	آلة تصوير aalat taSweer **camera**	يمين yameen **right**	لقد ضللت الطريق. laqad Dalaltu T-Tareeq. **I'm lost.**
رسم دخول rasm dukhool **entrance fee**	بطاريات baTTaareeyaat **batteries**	إرشادات irshaadaat **directions**	إلى الأمام ilal-amaam **straight on**	هل ممكن إرشادي إلى...؟ hal mumkin irshaadee ila...? **Can you tell me the way to...?**

المزارات al-mazaaraat • **attractions**

لوحة فنية
lawHa fanneeya
painting

احد المعروضات
aHad al-maAroodaat
exhibit

معرض
maAraD
exhibition

أطلال مشهورة
aTlaal mash-hoora
famous ruin

قاعة فنون
qaaAat funoon
art gallery

صرح
SarH
monument

متحف
matHaf
museum

مبنى أثري
mabna atharee
historic building

ناد للقمار
naadee lil-qumaar
casino

حدائق
Hadaa'iq
gardens

منتزه قومي
muntazah qawmee
national park

المعلومات al-maAloomaat • **information**

مواعيد
mawaaAeed
times

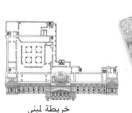

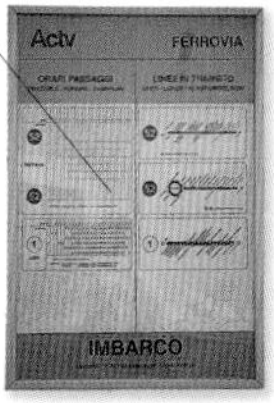

خريطة لبنى
khareeTa li-mabna
floor plan

خريطة
khareeTa
map

جدول مواعيد
jadwal mawaaAeed
timetable

معلومات سياحية
maAloomaat siyaaHeeya
tourist information

الأنشطة خارج المنزل al-anshiTa khaarij al-manzil •
outdoor activities

ممر مشاة
mamarr mushaah
footpath

ساعة شمسية
saaAa shamseeya
sundial

مقهى
maqhan
café

منتزه muntazah | park

نجيل
najeel
grass

مقعد طويل
maqAad Taweel
bench

حدائق رسمية
Hadaaiq rasmeeya
formal gardens

قطار مرتفع
qiTaar murtafiA
roller coaster

مدينة الملاهي
madeenat al-malaahee
fairground

منتزه بموضوع مشترك
muntazah bi-mawDooA
mushtarik
theme park

حديقة رحلة سفاري
Hadeeqat riHlat safaaree
safari park

حديقة حيوانات
Hadeeqat Hayawaanaat
zoo

الأنشطة al-anshiTa • activities

ركوب الدراجات
rukoob ad-darraajaat
cycling

عدو
Aadw
jogging

ركوب الواح بعجل
rukoob alwaaH bi-Aajal
skateboarding

تنزه بأحذية بعجل
tanazzuh bi-aHdhiya bi-Aajal
rollerblading

مسار لركوب الخيل
masaar li-rukoob al-khayl
bridle path

سلة طعام
sallat TaAaam
hamper

مشاهدة الطيور
mushaahadat aT-Tuyoor
bird watching

ركوب الخيل
rukoob al-khayl
horse riding

المشي لمسافات طويلة
al-mashy li-masaafaat
Taweela
hiking

نزهة
nuzha
picnic

ملعب أطفال malAab aTfaal • playground

ملعب رملي
malAab ramlee
sandpit

بركة خوض
birkat khawD
paddling pool

ارجوحة
urjooHa
swings

زحلوفة zaHloofa | **seesaw**

منزلق munzaliq | **slide**

هيكل تسلق haykal tasalluq
climbing frame

الشاطئ ash-shaaTi' • **beach**

فندق
funduq
hotel

شمسية
shamseeya
beach umbrella

كوخ شاطئ
kookh shaaTi'
beach hut

رمل
raml
sand

موجة
mawja
wave

بحر
baHr
sea

حقيبة شاطئ
HaQeebat shaaTi'
beach bag

بيكيني
bikeenee
bikini

يتشمس yatashammas | **sunbathe (v)**

سباح الإنقاذ
sabbaaH al-inqaadh
lifeguard

برج سباح الإنقاذ
burj sabbaaH al-inqaadh
lifeguard tower

مصد ريح
maSadd reeH
windbreak

ممشى ساحلي
mamsha saaHilee
promenade

كرسي شاطئ
kursee shaaTi'
deck chair

نظارة شمس
naZZaarat shams
sunglasses

قبعة شمس
qubbaAat shams
sunhat

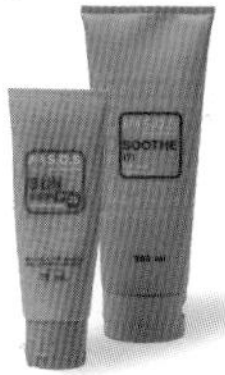

كريم للسمار
kreem lis-samaar
suntan lotion

حاجب لأشعة الشمس
Haajib li-ashiAat ash-shams
sunblock

كرة شاطئ
kurat shaaTi'
beach ball

عوامة أطفال
Aawwaamat aTfaa
rubber ring

منشفة شاطئ
minshafat shaaTi'
beach towel

لباس سباحة
libaas sibaaHa
swimsuit

جاروف
jaaroof
spade

دلو
dalw
bucket

قصر من الرمل
qaSr min ar-raml
sandcastle

صدف
Sadaf
shell

التخييم at-takhyeem • camping

دورات المياه
dawraat al-miyaah
toilets

التخلص من النفايات
at-takhallus min an-nifaayaat
waste disposal

مبنى الأدشاش
mabna al-adshaash
shower block

مصدر كهربائي
masdar kahrabee'ee
electric hook-up

إطار خارجي
iTaar khaarijee
flysheet

وتد خيمة
watad khayma
tent peg

حبل
Habl
guy rope

بيت متنقل
bayt mutanaqqil
caravan

مخيم mukhayyam | campsite

المفردات al-mufradaat • vocabulary

يخيم yukhayyim **camp (v)**	موقع نصب خيمة mawqaA nasb khayma **pitch**	مقعد نزهة maqAad nuzha **picnic bench**	فحم faHm **charcoal**
مكتب مدير الموقع maktab mudeer al-mawqaA **site manager's office**	ينصب خيمة yansub khayma **pitch a tent (v)**	أرجوحة مشبوكة urjooHa mashbooka **hammock**	وقيد waqqeed **firelighter**
أماكن متوفرة amaakin mutawaffira **pitches available**	عمود خيمة Aamood khayma **tent pole**	مقطورة للبيات maqToora lil-bayaat **camper van**	يشعل نارا yushAil naaran **light a fire (v)**
كامل العدد kaamil al-Aadad **full**	سرير معسكر sareer muAaskar **camp bed**	مقطورة maqToora **trailer**	نار مخيم naar mukhayyam **campfire**

هيكل
haykal
frame

مفرش للأرض
mafrash al-arD
ground sheet

حقيبة ظهر
Haqeebat Zahr
backpack

ثرموس
thirmos
vacuum flask

زجاجة للماء
zujaajat lil-maa'
water bottle

خيمة
khayma
tent

شبكة للبعوض
shabaka lil-baAood
mosquito net

طارد للحشرات
Taarid lil-Hasharaat
insect repellent

بطارية إضاءة
baTTaareeyat iDaa'a
torch

ملابس حافظة للحرارة
mallabis HaafiZa lil-Haraara
thermals

حذاء للمشي
Hidhaa' lil-mashy
walking boots

ملابس مقاومة للماء
malaabis muqaawama
lil-maa'
waterproofs

كيس للنوم
kees lin-nawm
sleeping bag

سجادة للنوم
sajaada lin-nawm
sleeping mat

فرن للمخيمات
furn lil-mukhayyamaat
camping stove

شواية
shawwaaya
barbecue

مرتبة تملأ بالهواء martaba tumla' bil-hawaa' | air mattress

الترفيه المنزلي at-tarfeeh al-manzilee • home entertainment

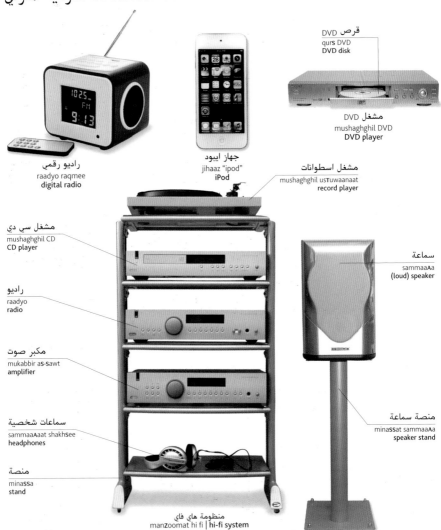

قرص DVD
qurS DVD
DVD disk

مشغل DVD
mushaghghil DVD
DVD player

راديو رقمي
raadyo raqmee
digital radio

جهاز ايبود
jihaaz "ipod"
iPod

مشغل اسطوانات
mushaghghil usTuwaanaat
record player

مشغل سي دي
mushaghghil CD
CD player

سماعة
sammaaAa
(loud) speaker

راديو
raadyo
radio

مكبر صوت
mukabbir aS-Sawt
amplifier

منصة سماعة
minaSSat sammaaAa
speaker stand

سماعات شخصية
sammaaAaat shakhSee
headphones

منصة
minaSSa
stand

منظومة هاي فاي
manZoomat hi fi | **hi-fi system**

جهاز استقبال رقمي
jihaaz istaqbaal raqmee
digital box

شاشة
shaasha
screen

فتحة للعين
fatHa lil-Aayn
eyecup

آلة تصوير فيديو
aalat taSweer feedyo
camcorder

طبق استقبال الفضائيات
Tabaq istiqbaal al-faDaa'eeyaat
satellite dish

تليفزيون بشاشة مسطح
eefizyoon bi-shaasha musaTTaHa
tscreen TV

خزانة
khizaana
console

مُنظم
munaZZim
controller

لعبة فيديو laAbat feedyo | **video game**

تشغيل للأمام
tashgheel lil-amaam
fast forward

وقفة
waqfa
pause

تسجيل
tasjeel
record

حجم الصوت
Hajm aS-Sawt
volume

إعادة اللف
iAaadat al-laff
rewind

تشغيل
tashgheel
play

إيقاف
eeqaaf
stop

تحكم عن بعد taHakkum Aan buAd | **remote control**

المفردات al-mufradaat • **vocabulary**

قرص سي دي
qurs CD
compact disc

شريط كاسيت
shareeT kaaset
cassette tape

مشغل كاسيت
mushaghghil kaaset
cassette player

تحميل حي
taHmeel Hayy
streaming

فيلم رئيسي
film ra'eesee
feature film

إعلان
iAlaan
advertisement

رقمي
raqamee
digital

نقاء عال
naqaa' Aaalin
high-definition

برنامج
barnaamij
programme

ستريو
steriyo
stereo

بث عبر كابلات
baththAabra kablaat
cable television

بث لاسلكي
baththlaasilkee
wifi

قناة الدفع لقاء كل مشاهدة
qanaat ad-dafa liqaa' kull mushaahada
pay per view channel

يُغير القناة
yughayyir al-qanaah
change channel (v)

يضبط الراديو
yaDbiT ar-raadyo
tune the radio (v)

جهاز تحميل مجاني
jihaaz taHmeel majaanee
freeview box

يشاهد التليفزيون
yushaahid at-tileefizyon
watch television (v)

يقفل التليفزيون
yuqfil at-tileefizyon
turn the television off (v)

يشغل التليفزيون
yushaghghil at-tileefizyon
turn the television on (v)

التصوير at-taSweer • photography

تحرير مغلاق العدسة
taHreer mighlaaq al-Aadasa
shutter release

تحكم في الفتحة
taHakkum fil-fatHa
aperture dial

عدسة
Aadasa
lens

مرشح
murashshiH
filter

غطاء عدسة
ghaTaa' Aadasa
lens cap

SLR كاميرا kameera SLR | **SLR camera**

فلاش منفصل
flaash munfaSil
flash gun

عداد الضوء
Aaddaad aD-Daw'
lightmeter

عدسة تزويم
Aadasat tazweem
zoom lens

حامل ثلاثي
Haamil thulaathee
tripod

أنواع الكاميرات anwaaA al-kameeraat • types of camera

كاميرا بولارويد
kameera "Polaroid"
Polaroid camera

فلاش
flaash
flash

كاميرا بمنظومة التصوير المتقدم
kameera bi-manZoomat
at-taSweer al-mutaqaddim
APS camera

كاميرا للجوال
kameera lil-jawwaal
cameraphone

كاميرا للرمي
kameera lir-ramy
disposable camera

يصور yuSawwir • photograph (v)

بكرة فيلم
bakarat film
film spool

يضبط البؤرة
yaDbiT al-bu'ra
focus (v)

يحمض
yuHammiD
develop (v)

صورة سلبية
Soora salbeeya
negative

فيلم
film
film

أفقي
ufuqee
landscape

راسي
ra'see
portrait

صورة Soora | photograph

ألبوم صور
alboom Suwar
photo album

إطار صورة
iTaar Soora
photo frame

المشاكل al-mashaakil • problems

لم يتعرض لضوء كاف
lam yataAarraD li-Daw' kaafin
underexposed

تعرض لضوء أكثر من اللازم
taAarraD li-Daw' akthar min
al-laazim | overexposed

ببؤرة خاطئة
bi-bu'ra khaaTi'a
out of focus

عين حمراء
Aayn Hamraa'
red eye

المفردات al-mufradaat • vocabulary

رؤية المنظر ru'yat al-manzar viewfinder	طبع TabA print
حقيبة كاميرا Haqeebat kameera camera case	غير لامع ghayr laamiA matte
تعرض للضوء taAarruD liD-Daw' exposure	لامع laamiA gloss
غرفة مظلمة ghurfa muzlima darkroom	تكبير takbeer enlargement

أريد طبع هذا الفيلم.
ureed TabA haadha l-film.
I'd like this film processed.

اللُعب al-luAab • games

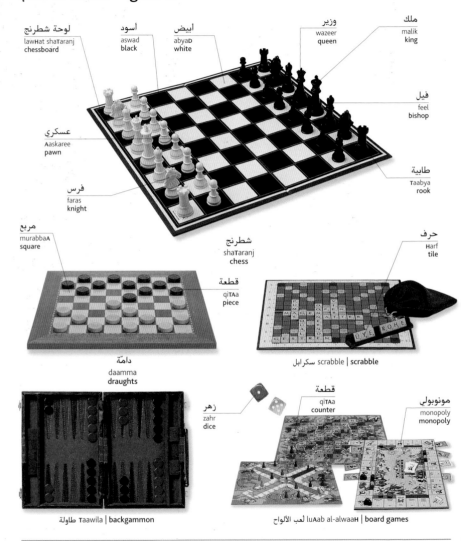

لوحة شطرنج
lawHat shaTaranj
chessboard

أسود
aswad
black

أبيض
abyaD
white

وزير
wazeer
queen

ملك
malik
king

فيل
feel
bishop

عسكري
Aaskaree
pawn

طابية
Taabya
rook

فرس
faras
knight

مربع
murabbaA
square

شطرنج
shaTaranj
chess

قطعة
qiTAa
piece

حرف
Harf
tile

دامّة
daamma
draughts

سكرابل scrabble | **scrabble**

زهر
zahr
dice

قطعة
qiTAa
counter

مونوبولي
monopoly
monopoly

طاولة Taawila | **backgammon**

لعب الألواح luAab al-alwaaH | **board games**

جمع الطوابع jamA aT-TawaabiA
stamp collecting

أحجية صور مقسمة aHjiyat Suwar muqassama | **jigsaw puzzle**

دومينو doomeeno
dominoes

لوحة سهام بريشة
lawHat sihaam bi-reesha
dartboard

ضربة في الصميم
Darba fis-Sameem
bullseye

سهام بريشة sihaam bi-reesha | **darts**

جوكر
jokar
joker

ولد
walad
jack

بنت
bint
queen

شائب
shaa'ib
king

آص
aaS
ace

ورق لعب waraq laAib | **cards**

ديناري
deenaaree
diamond

بستوني
bastoonee
spade

قلب
qalb
heart

اسباتي
asbaatee
club

يخلط yukhalliT | **shuffle (v)**

يوزع yuwazziA | **deal (v)**

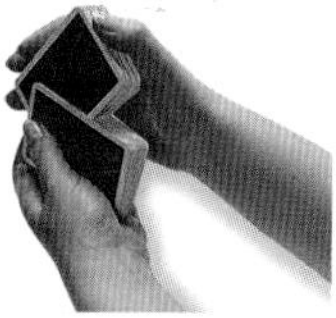

المفردات al-mufradaat • vocabulary

حركة
Haraka
move

يلعب
yalAab
play (v)

لاعب
laaAib
player

يفوز
yafooz
win (v)

فائز
faa'iz
winner

يخسر
yakhsar
lose (v)

خاسر
khaasir
loser

لعبة
luAba
game

رهان
rihaan
bet

نقطة
nuqTa
point

نتيجة
nateeja
score

بوكر
poker
poker

بريدج
breedj
bridge

طقم ورق اللعب
Taqm waraq al-laAib
pack of cards

نقش واحد
naqsh waaHid
suit

ارمي الزهر.
irmee az-zahr.
Roll the dice.

من عليه الدور؟
man Aalayhi ad-door?
Whose turn is it?

الدور عليك.
ad-door Aalayk(i).
It's your move.

الفنون والحِرف ١ al-funoon wal-Hiraf waaHid • arts and crafts 1

فنان
fannaan
artist
لوحة
lawHa
painting
حامل
Haamil
easel
قماش للرسم
qumaash
lir-rasm
canvas
فرشاة
furshaah
brush
لوحة ألوان
lawHat
alwaan
palette

رسم وتلوين صور فنية rasm wa-talween suwar fanneeya | painting

ألوان alwaan • colours

أحمر aHmar | red

أزرق azraq | blue

أصفر aSfar | yellow

أخضر akhDar | green

برتقالي burtuqaalee
orange

أرجواني urjoowaanee
purple

أبيض abyaD | white

أسود aswad | black

رمادي ramaadee | grey

وردي wardee | pink

بني bunnee | brown

نيلي neelee | indigo

الألوان al-alwaan • paints

ألوان زيتية
alwaan zayteeya
oil paints

ألوان مائية
alwaan maa'eeya
watercolour paints

بستيل
bastel
pastels

ألوان أكريلية
alwaan akreeleeya
acrylic paint

ألوان برابط صمغي
alwaan bi-raabiT Samghee
poster paint

الحِرف الأخرى al-Hiraf al-ukhra • other crafts

كراسة رسم تخطيطي
kuraasat rasm takhTeeTee
sketch pad

تخطيط
takhTeeT
sketch

قلم رصاص
qalam raSaaS
pencil

فحم
faHm
charcoal

رسم rasm | **drawing**

حبر
Hibr
ink

طبع TabA | **printing**

حفر Hafr | **engraving**

حجر
Hajar
stone

مطرقة
miTraqa
mallet

نحت
naHt
sculpting

إزميل
izmeel
chisel

خشب
khashab
wood

تشكيل الخشب
tashkeel al-khashab
woodworking

أداة تشكيل
adaat tashkeel
modelling tool

دولاب خزاف
doolaab khazzaaf
potter's wheel

صلصال
SalSaal
clay

مصنع خزف maSnaA khazaf | **pottery**

صمغ
Samgh
glue

كرتون
karton
cardboard

كولاج kolaaj | **collage**

صناعة المجوهرات
SinaaAat al-mujawharaat
jewellery making

ورق كوريشة
waraq kooreysha
papier-mâché

طي الورق
Tayy al-waraq
origami

عمل نماذج
Aamal namaadhij
model making

الفنون والحِرف ٢ al-funoon wal-Hiraf ithnaan • arts and crafts 2

مرشد الخيط
murshid al-khayT
thread guide

بكرة الخيط
bakarat al-khayT
thread reel

إبرة
ibra
needle

عجلة التوازن
Aajalat at-tawaazun
balance wheel

ضاغط النسيج
DaaghiT an-naseej
presser foot

مفاتيح اختيار الغرزة
mafaateeH ikhtiyaar al-ghorza
stitch selector

صحن الإبرة
SaHn al-ibra
needle plate

ماكينة خياطة makeenat khiyaaTa | sewing machine

مقص
miqaSS
scissors

نموذج
numoodhaj
pattern

مدبسة
madbasa
pincushion

شريط قياس
shareeT qiyaas
tape measure

قماش
qumaash
material

سلة خياطة sallat khiyaaTa
sewing basket

دبوس
dabboos
pin

بكرة
bakara
bobbin

خيط
khayT
thread

فتحة
fatHa
eye

خطاف
khuTTaaf
hook

كشتبان
kushtubaan
thimble

طباشير ترزي
Tabaasheer tarzee
tailor's chalk

دمية ترزي
dumyat tarzee
tailor's dummy

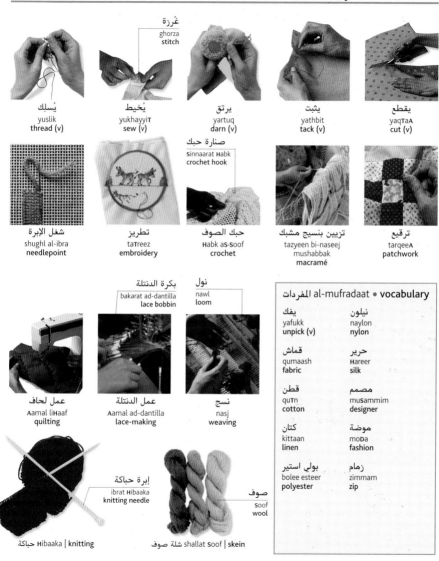

يُسلِك
yuslik
thread (v)

غُرزة
ghorza
stitch

يُخيط
yukhayyiT
sew (v)

يرتق
yartuq
darn (v)

يثبت
yathbit
tack (v)

يقطع
yaqTaA
cut (v)

شغل الإبرة
shughl al-ibra
needlepoint

تطريز
taTreez
embroidery

صنارة حبك
Sinnaarat Habk
crochet hook

حبك الصوف
Habk aS-Soof
crochet

تزيين بنسيج مشبك
tazyeen bi-naseej mushabbak
macramé

ترقيع
tarqeeA
patchwork

عمل لحاف
Aamal liHaaf
quilting

بكرة الدنتلة
bakarat ad-dantilla
lace bobbin

عمل الدنتلة
Aamal ad-dantilla
lace-making

نول
nawl
loom

نسج
nasj
weaving

إبرة حباكة
ibrat Hibaaka
knitting needle

حباكة Hibaaka | **knitting**

صوف
Soof
wool

شلة صوف shallat Soof | **skein**

المفردات al-mufradaat • **vocabulary**

يفك yafukk **unpick (v)**	نيلون naylon **nylon**
قماش qumaash **fabric**	حرير Hareer **silk**
قطن quTn **cotton**	مصمم muSammim **designer**
كتان kittaan **linen**	موضة moDa **fashion**
بولي استير bolee esteer **polyester**	زمام zimmam **zip**

البيئة al-bee'a
environment

الفضاء al-faDaa' • space

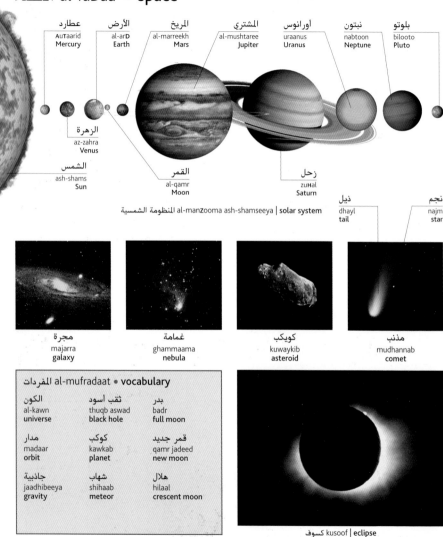

عطارد
AuTaarid
Mercury

الأرض
al-arD
Earth

المريخ
al-marreekh
Mars

المشتري
al-mushtaree
Jupiter

أورانوس
uraanus
Uranus

نبتون
nabtoon
Neptune

بلوتو
bilooto
Pluto

الزهرة
az-zahra
Venus

الشمس
ash-shams
Sun

القمر
al-qamr
Moon

زحل
zuHal
Saturn

المنظومة الشمسية al-manZooma ash-shamseeya | solar system

ذيل
dhayl
tail

نجم
najm
star

مجرة
majarra
galaxy

غمامة
ghammaama
nebula

كويكب
kuwaykib
asteroid

مذنب
mudhannab
comet

المفردات al-mufradaat • vocabulary

الكون
al-kawn
universe

ثقب اسود
thuqb aswad
black hole

بدر
badr
full moon

مدار
madaar
orbit

كوكب
kawkab
planet

قمر جديد
qamr jadeed
new moon

جاذبية
jaadhibeeya
gravity

شهاب
shihaab
meteor

هلال
hilaal
crescent moon

كسوف kusoof | eclipse

ارتياد الفضاء irtiyaad al-faDaa' • space exploration

مكوك فضاء
makkook faDaa'
space shuttle

معزز
muAazziz
booster

منصة إطلاق
minaSSat iTlaaq
launch pad

إطلاق
iTlaaq
launch

حلة فضاء
Hullat faDaa'
space suit

رائد فضاء raa'id faDaa'
astronaut

صاروخ انطلاق
Saarookh inTilaaq
thruster

رادار
raadaar
radar

باب الطاقم
baab aT-Taaqim
crew hatch

سفينة نقل للقمر
safeenat naql lil-qamr | **lunar module**

قمر صناعي
qamr SinaaAee
satellite

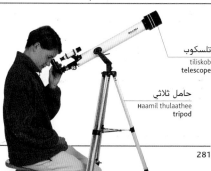

محطة فضاء
maHaTTat faDaa'
space station

علم الفلك Ailm al-falak • astronomy

مجموعة من النجوم
majmooAa min an-nujoom
constellation

ناظور مزدوج
naaZoor muzdawij
binoculars

تلسكوب
tiliskob
telescope

حامل ثلاثي
Haamil thulaathee
tripod

الكرة الأرضية al-kura al-arDeeya • Earth

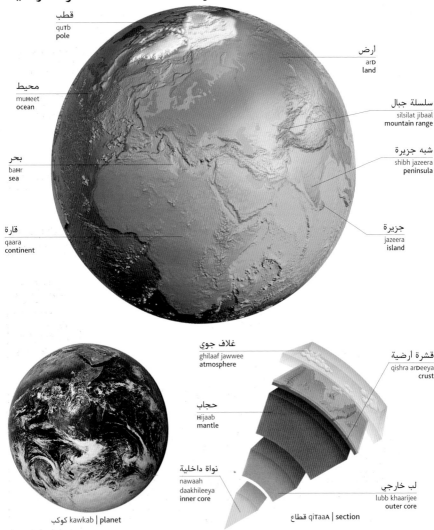

قطب
quTb
pole

أرض
arD
land

محيط
muHeet
ocean

سلسلة جبال
silsilat jibaal
mountain range

شبه جزيرة
shibh jazeera
peninsula

بحر
baHr
sea

قارة
qaara
continent

جزيرة
jazeera
island

غلاف جوي
ghilaaf jawwee
atmosphere

قشرة أرضية
qishra arDeeya
crust

حجاب
Hijaab
mantle

نواة داخلية
nawaah
daakhileeya
inner core

لب خارجي
lubb khaarijee
outer core

كوكب kawkab | planet

قطاع qiTaaA | section

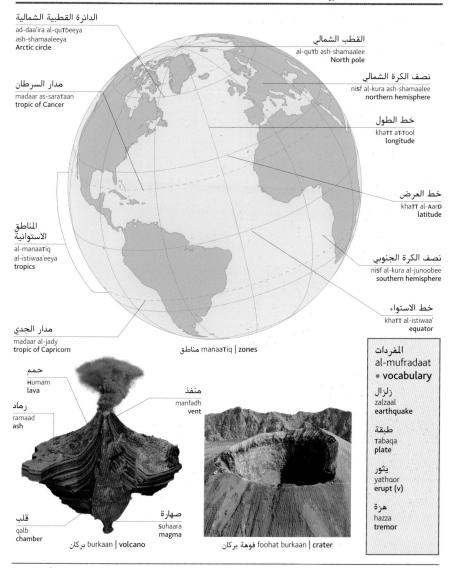

الدائرة القطبية الشمالية
ad-daa'ira al-quTbeeya
ash-shamaaleeya
Arctic circle

القطب الشمالي
al-quTb ash-shamaalee
North pole

نصف الكرة الشمالي
nisf al-kura ash-shamaalee
northern hemisphere

مدار السرطان
madaar as-saraTaan
tropic of Cancer

خط الطول
khaTT aT-Tool
longitude

خط العرض
khaTT al-AarD
latitude

المناطق الاستوائية
al-manaaTiq
al-istiwaa'eeya
tropics

نصف الكرة الجنوبي
nisf al-kura al-junoobee
southern hemisphere

خط الاستواء
khaTT al-istiwaa'
equator

مدار الجدي
madaar al-jady
tropic of Capricorn

مناطق manaaTiq | **zones**

حمم
Humam
lava

منفذ
manfadh
vent

رماد
ramaad
ash

قلب
qalb
chamber

صهارة
suhaara
magma

بركان burkaan | **volcano**

فوهة بركان foohat burkaan | **crater**

المفردات
al-mufradaat
• **vocabulary**

زلزال
zalzaal
earthquake

طبقة
Tabaqa
plate

يثور
yathoor
erupt (v)

هزة
hazza
tremor

المناظر الطبيعية al-manaazir aT-TabeeAeeya • landscape

جبل
jabal
mountain

منحدر
munHadar
slope

ضفة
Daffa
bank

نهر
nahr
river

منحدر نهري
munHadar nahree
rapids

صخور
sukhoor
rocks

نهر جليدي
nahr jaleedee
glacier

واد waadin | **valley**

تل
tall
hill

هضبة
haDba
plateau

ممر جبلي
mamarr jabalee
gorge

كهف
kahf
cave

سهل sahl | plain

صحراء saHraa' | desert

غابة ghaaba | forest

غابة صغيرة
ghaaba sagheera | wood

أدغال
adghaal
rainforest

مستنقع
mustanqaA
swamp

مرج
marj
meadow

مراع
maraaAin
grassland

شلال
shallaal
waterfall

جدول
jadwal
stream

بحيرة
buHayra
lake

حمة
Hamma
geyser

ساحل
saaHil
coast

جرف
jurf
cliff

حيد مرجاني
Hayd marjaanee
coral reef

مصب النهر
maSabb an-nahr
estuary

الجو al-jaww • weather

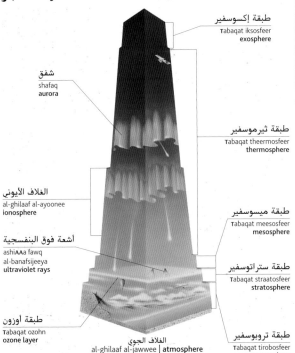

طبقة إكسوسفير
Tabaqat iksosfeer
exosphere

شفق
shafaq
aurora

طبقة ثيرموسفير
Tabaqat theermosfeer
thermosphere

الغلاف الأيوني
al-ghilaaf al-ayoonee
ionosphere

أشعة فوق البنفسجية
ashiAAa fawq
al-banafsijeeya
ultraviolet rays

طبقة أوزون
Tabaqat ozohn
ozone layer

طبقة ميسوسفير
Tabaqat meesosfeer
mesosphere

طبقة ستراتوسفير
Tabaqat straatosfeer
stratosphere

الغلاف الجوي
al-ghilaaf al-jawwee | **atmosphere**

طبقة تروبوسفير
Tabaqat tirobosfeer
troposphere

ضوء الشمس Daw' ash-shams | **sunshine**

هواء hawaa' | **wind**

المفردات al-mufradaat • vocabulary

مطر متجمد maTar mutajammad **sleet**	وابل من المطر waabil min al-maTar **shower**	حار Haarr **hot**	جاف jaaff **dry**	كثير الرياح katheer ar-riyaaH **windy**	أشعر بالحر/بالبرد. ashAur bil-Harr/ bil-bard. **I'm hot/cold.**
برد barad **hail**	مشمس mushmis **sunny**	بارد baarid **cold**	ممطر mumTir **wet**	عاصفة AaaSifa **gale**	المطر يتساقط. al-maTar yatasaaqaT. **It's raining.**
رعد raAd **thunder**	غائم ghaa'im **cloudy**	دافئ daafi' **warm**	رطب raTib **humid**	درجة الحرارة darajat al-Haraara **temperature**	درجة الحرارة... darajat al-Haraara... **It's ... degrees.**

برق
barq
lightning

سحاب saHaab | cloud

مطر maTar | rain

عاصفة AaaSifa | storm

ضباب Dabaab | mist

ضباب كثيف Dabaab katheef | fog

قوس قزح qaws quzaHa | rainbow

ثلج thalj | snow

صقيع SaqeeA | frost

جليد jaleed | ice

صوابة جليد
Sawwaabat jaleed
icicle

تجمد tajammud | freeze

إعصار iASaar | hurricane

زوبعة zawbaAa
tornado

رياح موسمية
riyaaH mawsimeeya
monsoon

فيضان fayaDaan | flood

الصخور as-Sukhoor • rocks

البركانية al-burkaaneeya • igneous

جرانيت
garaaneet
granite

حجر السبج
Hajar as-sabaj
obsidian

بازلت
baazalt
basalt

خفاف
khafaaf
pumice

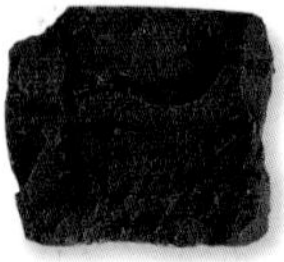

الرسوبية ar-rusoobeeya • sedimentary

حجر رملي
Hajar ramlee
sandstone

حجر جيري
Hajar jeeree
limestone

طباشير
Tabaasheer
chalk

قداح
qaddaaH
flint

كتلة صخرية
kutla sakhareeya
conglomerate

فحم
faHm
coal

المتحولة al-mutaHawalla • metamorphic

أردواز
ardawaaz
slate

شست
shast
schist

صواني
Sawwaanee
gneiss

رخام
rukhaam
marble

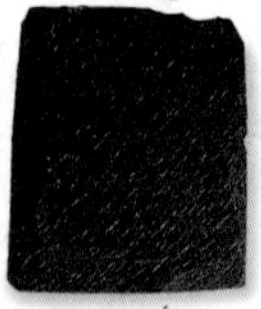

الأحجار الكريمة al-aHjaar al-kareema • gems

ياقوت أحمر
yaaqoot aHmar
ruby

أمثست
amathist
amethyst

سبج
sabaj
jet

أوبال
oobaal
opal

حجر القمر
Hajar al-qamr
moonstone

عقيق
Aaqeeq
garnet

ماس
maas
diamond

توباز
toobaaz
topaz

زبرجد
zabarjad
aquamarine

يشم
yashm
jade

زمرد
zumurrud
emerald

ياقوت
yaaqoot
sapphire

ترمالين
turmaaleen
tourmaline

الصخور المعدنية aS-Sukoor al-miAdaneeya • **minerals**

كوارتز
kwaartz
quartz

ميكة
meeka
mica

كبريت
kibreet
sulphur

حجر الدم
Hajar ad-dam
hematite

كالسيت
kaalseet
calcite

ملكيت
malakeet
malachite

فيروز
fayrooz
turquoise

عقيق يماني
Aaqeeq yamaanee
onyx

عقيق
Aaqeeq
agate

جرافيت
graafayt
graphite

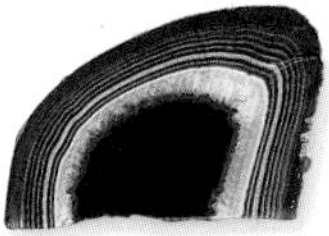

المعادن al-maAaadin • **metals**

ذهب
dhahab
gold

فضة
fiDDa
silver

بلاتين
balaateen
platinum

نيكل
neekal
nickel

حديد
Hadeed
iron

نحاس
naHaas
copper

قصدير
qasdeer
tin

ألومنيوم
aloominyom
aluminium

زئبق
zi'baq
mercury

زنك
zink
zinc

الحيوانات ١ al-Hayawaanaat waaHid • animals 1
الثدييات ath-thadeeyaat • mammals

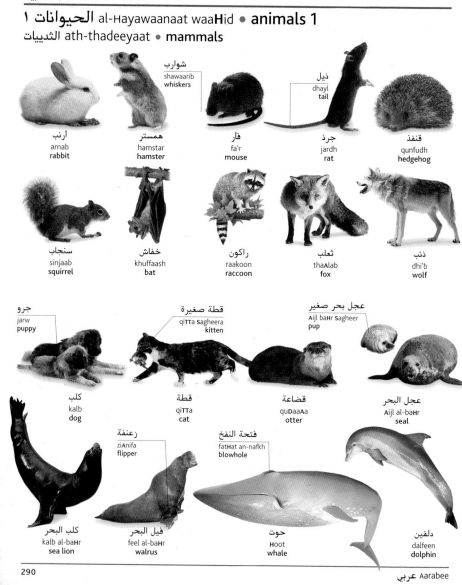

شوارب
shawaarib
whiskers

ذيل
dhayl
tail

أرنب
arnab
rabbit

همستر
hamstar
hamster

فأر
fa'r
mouse

جرذ
jardh
rat

قنفذ
qunfudh
hedgehog

سنجاب
sinjaab
squirrel

خفاش
khuffaash
bat

راكون
raakoon
raccoon

ثعلب
thaAlab
fox

ذئب
dhi'b
wolf

جرو
jarw
puppy

قطة صغيرة
qiTTa Sagheera
kitten

عجل بحر صغير
Aijl baHr Sagheer
pup

كلب
kalb
dog

قطة
qiTTa
cat

قضاعة
quDaaAa
otter

عجل البحر
Aijl al-baHr
seal

زعنفة
ziAnifa
flipper

فتحة النفخ
fatHat an-nafkh
blowhole

كلب البحر
kalb al-baHr
sea lion

فيل البحر
feel al-baHr
walrus

حوت
Hoot
whale

دلفين
dalfeen
dolphin

قرن الوعل
qarn al-waAl
antler

عُرف
Aurf
mane

حافر
Haafir
hoof

سنام
sanaam
hump

غزال
ghazzaal
deer

حمار وحشي
Himaar waHshee
zebra

زرافة
zarraafa
giraffe

جمل
jamal
camel

خرطوم
kharToom
trunk

ناب
naab
tusk

قرن
qarn
horn

فرس البحر
faras al-baHr
hippopotamus

فيل
feel
elephant

وحيد القرن
waHeed al-qarn
rhinoceros

نمر
nimr
tiger

عُرف
Aurf
mane

أسد
asad
lion

قرد
qird
monkey

غوريللا
ghorilla
gorilla

دب الشجر
dubb ash-shajar
koala

جراب
jarraab
pouch

بندة
banda
panda

مخلب
mikhlab
claw

كنغر
kanghar
kangaroo

دب
dubb
bear

دب قطبي
dubb quTbee
polar bear

الحيوانات ٢ al-Hayawaanaat ithnaan • animals 2

الطيور aT-Tuyoor • birds

ذيل
dhayl
tail

كناري
kanaaree
canary

عصفور
Aasfoor
sparrow

طنان
Tannaan
hummingbird

خطاف
khuTaaf
swallow

غراب
ghuraab
crow

حمامة
Hamaama
pigeon

نقار
naqqaar
woodpecker

صقر
saqr
falcon

بومة
booma
owl

نورس
nawras
gull

نسر
nisr
eagle

بجعة
bajaAa
pelican

بشروس
basharoos
flamingo

لقلاق
laqlaaq
stork

كركي
kurkee
crane

بطريق
biTreeq
penguin

نعامة
naAaama
ostrich

وزة wazza | **goose**

بجعة
bajAa
swan

طاووس
Taawoos
peacock

تدرج
tadruj
pheasant

ديك رومي
deek roomee
turkey

ككاتوه
kakaatoo
cockatoo

منقار
minqaar
bill
ريشة
reesha
feather
جناح
jinaah
wing
مخلب
mikhlab
claw

ببغاء
babaghaa'
parrot

الزواحف al-zawaaHif • reptiles

حراشف
Haraashif
scales

تمساح أمريكي
timsaaH amreekee
alligator

سحلية
siHleeya
lizard

إجوانة
igwaana
iguana

ترس
turs
shell

سلحفاة بحرية
sulaHfaah baHreeya
turtle

سلحفاة
sulaHfaah
tortoise

ثعبان
thuAbaan
snake

خطم
khaTm
snout

تمساح
timsaaH
crocodile

الحيوانات ٣ al-Hayawaanaat thalaatha • animals 3

البرمائيات al-barmaa'eeyaat • amphibians

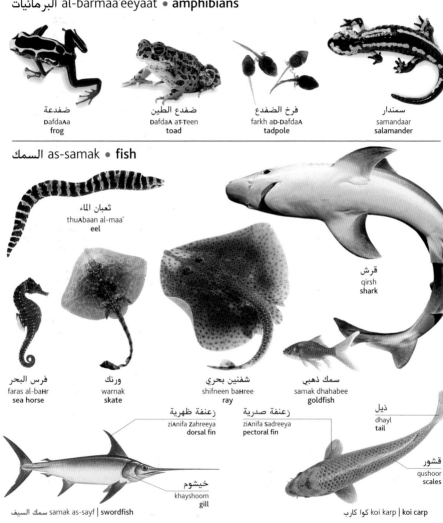

ضفدعة
DafdaAa
frog

ضفدع الطين
DafdaA aT-Teen
toad

فرخ الضفدع
farkh aD-DafdaA
tadpole

سمندار
samandaar
salamander

السمك as-samak • fish

ثعبان الماء
thuAbaan al-maa'
eel

قرش
qirsh
shark

فرس البحر
faras al-baHr
sea horse

ورنك
warnak
skate

شفنين بحري
shifneen baHree
ray

سمك ذهبي
samak dhahabee
goldfish

ذيل
dhayl
tail

زعنفة ظهرية
ziAnifa Zahreeya
dorsal fin

زعنفة صدرية
ziAnifa Sadreeya
pectoral fin

قشور
qushoor
scales

خيشوم
khayshoom
gill

سمك السيف samak as-sayf | swordfish

كوا كارب koi karp | koi carp

اللافقريات al-laafaqreeyaat • invertebrates

نملة
namla
ant

نمل أبيض
naml abyaD
termite

نحلة
naHla
bee

دبور
dabboor
wasp

خنفساء
khunfusaa'
beetle

صرصار
SarSaar
cockroach

عثة
Auththa
moth

قرن استشعار
qarn istishAaar
antenna

فراشة
faraasha
butterfly

شرنقة
sharnaqa
cocoon

يسروع
yusrooA
caterpillar

صرصر SurSur | **cricket**

جندب
jundub
grasshopper

فرس النبي
faras an-nabee
praying mantis

لدغة
ladgha
sting

عقرب
Aaqrab
scorpion

أم أربعة وأربعين
umm arbaAa wa-arbaAeen
centipede

يعسوب
yaAsoob
dragonfly

ذبابة
dhubaaba
fly

بعوضة
baAooDa
mosquito

دعسوقة
daAsooqa
ladybird

عنكبوت
Aankaboot
spider

بزّاق
bazzaaq
slug

حلزون
Halazoon
snail

دودة dooda | **worm**

نجم البحر
najm al-baHr
starfish

بلح البحر
balaH al-baHr
mussel

سرطان البحر
saraTaan al-baHr | **crab**

جراد البحر
jarraad al-baHr | **lobster**

إخطبوط
ikhTabooT | **octopus**

حبار
Habbaar | **squid**

قنديل البحر
qindeel al-baHr | **jellyfish**

النباتات an-nabataat • plants

شجرة shajara • tree

فرع
farA
branch

لحاء
liHaa'
bark

جذر
jadhr
root

جذع
jidhA
trunk

بلوط balloot | **oak**

ورقة
waraqa
leaf

غصن
ghuSn
twig

صفصاف
SafSaaf
willow

حور
Hawar
poplar

أوكالبتوس
ukaalibtoos
eucalyptus

أرزية
arzeeya
larch

زان
zaan
beech

بتولا
batoolaa
birch

صنوبر
Sanawbar
pine

أرز
arz
cedar

قيقب
qayqab
maple

شجرة البق
shajarat al-baqq
elm

زيزفون
zayzafoon
lime

توت
toot
berry

بهشية
bahsheeya
holly

نخل
nakhl
palm

النباتات المزهرة an-nabataat al-muzhira • flowering plants

زهرة
zahra
flower

سداة
sadaah
stamen

الزهرة كأس
ka's az-zahra
calyx

بتلة
batalla
petal

عنق
Aunuq
stalk

ساق
saaq
stem

برعم
burAum
bud

حوذان
Hawdhaan
buttercup

لؤلؤية
lu'lu'eeya
daisy

نبات شائك
nabaat shaa'ik
thistle

طرخشقون
Tarakhshqoon
dandelion

خلنج
khalanj
heather

خشخاش
khashkhaash
poppy

قفاز الثعلب
quffaaz ath-thaAlab
foxglove

صريمة الجدي
sareemat al-jady
honeysuckle

عباد الشمس
Aabbaad ash-shams
sunflower

برسيم
barseem
clover

ياقوتية الكرم
yaaqooteeyat al-karam
bluebells

زهرة الربيع
zahrat ar-rabeeA
primrose

زهرة الترمس
zahrat at-turmus
lupins

قريص
qurrays
nettle

المدينة al-madeena • town

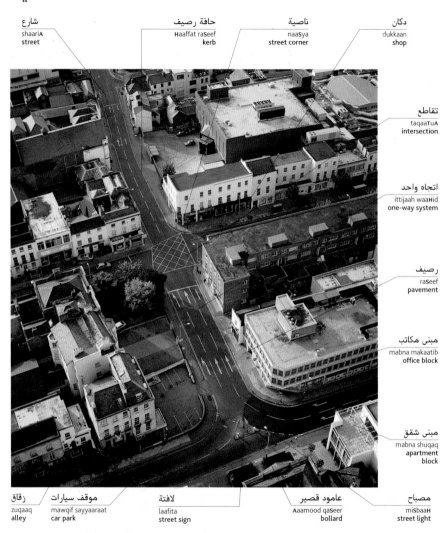

شارع
shaariA
street

حافة رصيف
Haaffat raSeef
kerb

ناصية
naaSya
street corner

دكان
dukkaan
shop

تقاطع
taqaaTuA
intersection

اتجاه واحد
ittijaah waaHid
one-way system

رصيف
raSeef
pavement

مبنى مكاتب
mabna makaatib
office block

مبنى شقق
mabna shuqaq
apartment block

زقاق
zuqaaq
alley

موقف سيارات
mawqif sayyaaraat
car park

لافتة
laafita
street sign

عامود قصير
Aaamood qaSeer
bollard

مصباح
misbaaH
street light

المباني al-mabaanee • buildings

مبنى البلدية
mabna al-baladeeya
town hall

مكتبة
maktaba
library

سينما
seenima
cinema

مسرح
masraH
theatre

جامعة
jaamiAa
university

مدرسة
madrasa
school

ناطحة سحاب
naaTiHat saHaab
skyscraper

المناطق al-manaaTiq • areas

منطقة صناعية
manTiqa SinaaAeeya
industrial estate

مدينة
madeena
city

ضاحية
DaaHiya
suburb

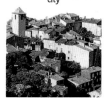

قرية
qarya
village

المفردات al-mufradaat • vocabulary

نطاق المشاة
niTaaq lil-mushaah
pedestrian zone

شارع جانبي
shaariA jaanibee
side street

جورة
joora
manhole

ميزاب
meezaab
gutter

كنيسة
kaneesa
church

شارع واسع
shaariA waasiA
avenue

ميدان
meedaan
square

موقف حافلات
mawqif Haafilaat
bus stop

مصنع
maSnaA
factory

مصرف
masrif
drain

الهندسة المعمارية al-handasa al-miAmaareeya • architecture

المباني والهياكل al-mabaanee wal-hayaakil • buildings and structures

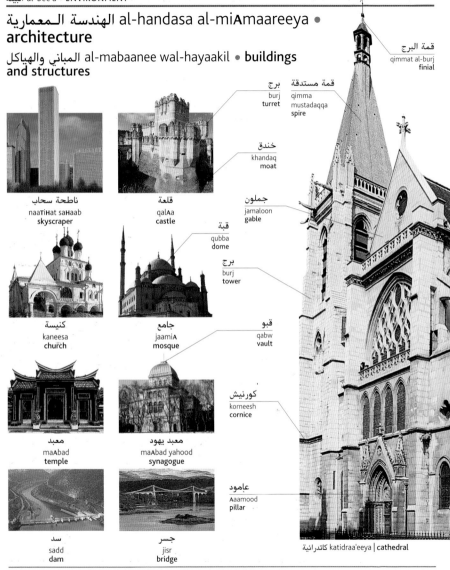

قمة البرج
qimmat al-burj
finial

برج
burj
turret

قمة مستدقة
qimma
mustadaqqa
spire

خندق
khandaq
moat

جملون
jamaloon
gable

قبة
qubba
dome

برج
burj
tower

قبو
qabw
vault

كورنيش
korneesh
cornice

عامود
Aaamood
pillar

ناطحة سحاب
naaTiHat saHaab
skyscraper

قلعة
qalAa
castle

كنيسة
kaneesa
church

جامع
jaamiA
mosque

معبد
maAbad
temple

معبد يهود
maAbad yahood
synagogue

سد
sadd
dam

جسر
jisr
bridge

كاتدرائية katidraa'eeya | cathedral

الطرز aT-Turuz • styles

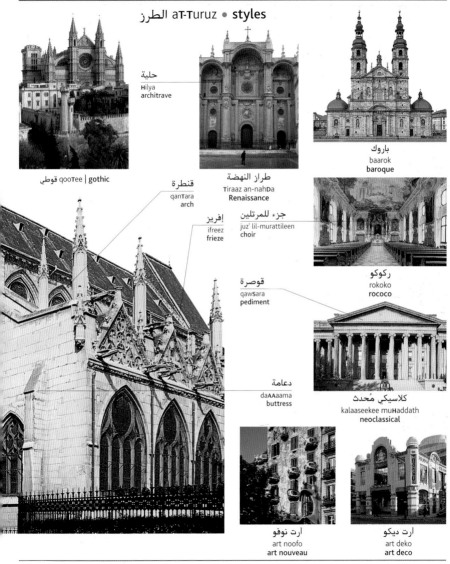

حلية
Hilya
architrave

طراز النهضة
Tiraaz an-nahDa
Renaissance

باروك
baarok
baroque

قوطي qooTee | gothic

قنطرة
qanTara
arch

إفريز
ifreez
frieze

جزء للمرتلين
juz' lil-murattileen
choir

قوصرة
qawSara
pediment

ركوكو
rokoko
rococo

دعامة
daAAaama
buttress

كلاسيكي مُحدث
kalaaseekee muHaddath
neoclassical

آرت نوفو
art noofo
art nouveau

آرت ديكو
art deko
art deco

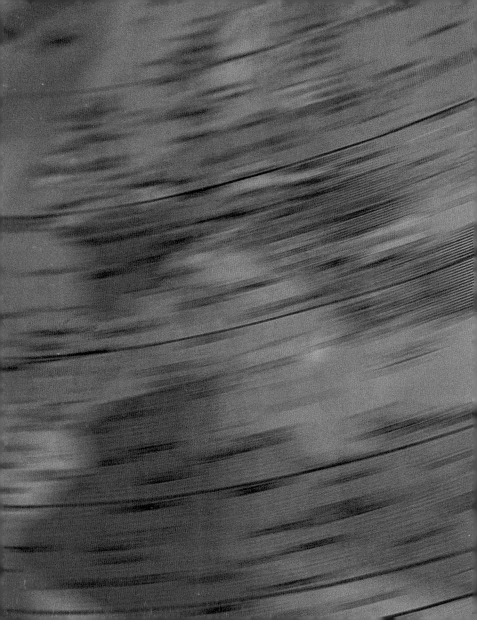

المرجع al-marjiA
reference

الوقت al-waqt • time

عقرب الدقائق
Aaqrab ad-daqaa'iq
minute hand

عقرب الساعات
Aaqrab as-saaAaat
hour hand

ساعة حائط
saaAat Haa'iT
clock

thaaniya
second

دقيقة
daqeeqa
minute

ساعة
saaAa
hour

نصف ساعة
nisf saaAa

ربع ساعة
rubA saaAa
a quarter of an hour

ثلث ساعة
thulth saaAa
twenty minutes

أربعون دقيقة
arbaAoon daqeeqa
forty minutes

كم الساعة؟
kam as-saaAa?
What time is it?

الساعة الثالثة.
as-saaAa thalaatha.
It's three o'clock.

الواحدة وخمس دقائق
al-waaHida wa-khams daqaa'iq
five past one

الواحدة وعشر دقائق
al-waaHida wa-Aashar daqaa'iq
ten past one

الواحدة والربع
al-waaHida war-rubA
quarter past one

الواحدة والثلث
al-waaHida wath-thulth
twenty past one

عقرب الثواني
Aaqrab ath-thawaanee
second hand

الواحدة والنصف إلا خمسة
al-waaHida wan-nisf illa khamsa
twenty five past one

الواحدة والنصف
al-waaHida wan-nisf
one thirty

الواحدة وخمس وثلاثون دقيقة
al-waaHida wa-khams wa-thalaatoon daqeeqa
twenty five to two

الثانية إلا ثلث
ath-thaanya illa thulth
twenty to two

الثانية إلا ربع
ath-thaanya illa rubA
quarter to two

الثانية إلا عشر دقائق
ath-thaanya illa Aashar daqaa'iq
ten to two

الثانية إلا خمس دقائق
ath-thaanya illa khams daqaa'iq
five to two

الثانية بالضبط
ath-thaanya biD-Dabt
two o'clock

الليل والنهار al-layl wan-nahaar • night and day

منتصف الليل
muntaSaf al-layl | **midnight**

شروق الشمس
shurooq ash-shams | **sunrise**

فجر fajr | **dawn**

صباح SabaaH | **morning**

غروب الشمس
ghuroob ash-shams
sunset

منتصف النهار
muntaSaf an-nahaar
midday

غسق ghasaq | **dusk**

مساء masaa' | **evening**

بعد الظهر baAd aZ-Zuhr | **afternoon**

المفردات al-mufradaat • vocabulary

مبكر
mubakkir
early

في الموعد
fil-mawAid
on time

متأخر
muta'akhkhir
late

أبكرت.
abkarta(-ti).
You're early.

تأخرت.
ta'akhkharta (-ti).
You're late.

سوف أكون هناك قريباً.
sawfa akoon hunaaka qareeban.
I'll be there soon.

الرجاء الحضور في الموعد.
ar-rajaa' al-hudoor fil-mawAid
Please be on time.

أراك فيما بعد.
araak feemaa baAd.
I'll see you later.

متى يبدأ؟
mata yabda'?
What time does it start?

متى ينتهي؟
mata yantahee?
What time does it finish?

تأخر الوقت.
ta'akhkhar al-waqt.
It's getting late.

كم سيستغرق؟
kam sa-yastaghriq?
How long will it last?

التقويم at-taqweem • calendar

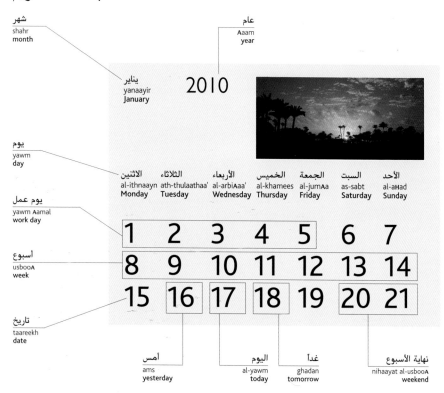

شهر
shahr
month

عام
Aaam
year

يناير
yanaayir
January

2010

يوم
yawm
day

يوم عمل
yawm Aamal
work day

أسبوع
usbooA
week

تاريخ
taareekh
date

الاثنين al-ithnaayn Monday	الثلاثاء ath-thulaathaa' Tuesday	الأربعاء al-arbiAaa' Wednesday	الخميس al-khamees Thursday	الجمعة al-jumAa Friday	السبت as-sabt Saturday	الأحد al-aHad Sunday
1	2	3	4	5	6	7
8	9	10	11	12	13	14
15	16	17	18	19	20	21

أمس
ams
yesterday

اليوم
al-yawm
today

غداً
ghadan
tomorrow

نهاية الأسبوع
nihaayat al-usbooA
weekend

المفردات al-mufradaat • vocabulary

يناير yanaayir January	مارس maaris March	مايو maayo May	يوليو yoolyo July	سبتمبر sabtambir September	نوفمبر nofambir November
فبراير fabraayir February	أبريل abreel April	يونيو yoonyo June	أغسطس aghusTus August	أكتوبر uktobir October	ديسمبر deesambir December

الأعوام al-Aawaam • years

1900 الف وتسعمائة alf wa-tisaAmi'a • nineteen hundred

1901 الف وتسعمائة وواحد alf wa-tisaAmi'a wa-waaHid • nineteen hundred and one

1910 الف وتسعمائة وعشرة alf wa-tisaAmi'a wa-Aashara • nineteen ten

2000 عام الفان Aaam alfaan • two thousand

2001 عام الفان وواحد Aaam alfaan wa-waaHid • two thousand and one

الفصول al-fuSool • seasons

ربيع
rabeeA
spring

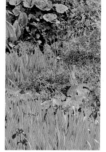
صيف
Sayf
summer

خريف
khareef
autumn

شتاء
shitaa'
winter

المفردات al-mufradaat • vocabulary

قرن qarn century	هذا الأسبوع haadha l-usbooA this week	بعد غد baAda ghad the day after tomorrow	ما التاريخ اليوم؟ maa at-taareekh al-yawm? What's the date today?
عقد Aaqd decade	الأسبوع الماضي al-usbooA al-maaDee last week	أسبوعيا usbooAeeyan weekly	اليوم السابع من فبراير. al-yawm as-saabiA min fabraayir. It's February seventh.
الف عام alf Aaam millennium	الأسبوع القادم al-usbooA al-qaadim next week	شهريا shahreeyan monthly	
اسبوعان usbooAaan fortnight	أول أمس awwal ams the day before yesterday	سنويا sanaweeyan annual	

الأرقام al-arqaam • numbers

0	صفر sifr • **zero**
1	واحد waaHid • **one**
2	اثنان ithnaan • **two**
3	ثلاثة thalaatha • **three**
4	أربعة arbaAa • **four**
5	خمسة khamsa • **five**
6	ستة sitta • **six**
7	سبعة sabAa • **seven**
8	ثمانية thamaanya • **eight**
9	تسعة tisAa • **nine**
10	عشرة Aashara • **ten**
11	أحد عشر aHad Aashar • **eleven**
12	اثنا عشر ithnaa Aashar • **twelve**
13	ثلاثة عشر thalaathat Aashar • **thirteen**
14	أربعة عشر arbaAat Aashar • **fourteen**
15	خمسة عشر khamsat Aashar • **fifteen**
16	ستة عشر sittat Aashar • **sixteen**
17	سبعة عشر sabAat Aashar • **seventeen**
18	ثمانية عشر thamaanyat Aashar • **eighteen**
19	تسعة عشر tisAat Aashar • **nineteen**
20	عشرون Aishroon • **twenty**
21	واحد وعشرون waaHid wa-Aishroon • **twenty-one**
22	اثنان وعشرون ithnaan wa-Aishroon • **twenty-two**
30	ثلاثون thalaathoon • **thirty**
40	أربعون arbaAoon • **forty**
50	خمسون khamsoon • **fifty**
60	ستون sittoon • **sixty**
70	سبعون sabAoon • **seventy**
80	ثمانون thamaanoon • **eighty**
90	تسعون tisAoon • **ninety**
100	مائة mi'a • **one hundred**
110	مائة وعشرة mi'a wa-Aashara • **one hundred and ten**
200	مائتان mi'ataan • **two hundred**
300	ثلاثمائة thalaathumi'a • **three hundred**
400	أربعمائة arbaAumi'a • **four hundred**
500	خمسمائة khamsumi'a • **five hundred**
600	ستمائة sittumi'a • **six hundred**
700	سبعمائة sabAumi'a • **seven hundred**
800	ثمانمائة thamaanumi'a • **eight hundred**
900	تسعمائة tisAumi'a • **nine hundred**

1,000
ألف alf • **one thousand**

10,000
عشرة آلاف Aasharat aalaaf • **ten thousand**

20,000
عشرون ألف Aishroon alf • **twenty thousand**

50,000
خمسون ألف khamsoon alf • **fifty thousand**

55,500
خمسة وخمسون ألف وخمسمائة khamsa wa-khamsoon alf wa-khamsami'a • **fifty-five thousand five hundred**

100,000
مائة ألف mi'at alf • **one hundred thousand**

1,000,000
مليون milyoon • **one million**

1,000,000,000
بليون bilyoon • **one billion**

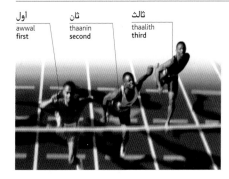

أول
awwal
first
ثان
thaanin
second
ثالث
thaalith
third

رابع raabiA • **fourth**

خامس khaamis • **fifth**

سادس saadis • **sixth**

سابع saabiA • **seventh**

ثامن thaamin • **eighth**

تاسع taasiA • **ninth**

عاشر Aaashir • **tenth**

حادي عشر Haadee Aashar • **eleventh**

ثاني عشر thaanee Aashar • **twelfth**

ثالث عشر thaalith Aashar • **thirteenth**

رابع عشر raabiA Aashar • **fourteenth**

خامس عشر khaamis Aashar • **fifteenth**

سادس عشر saadis Aashar • **sixteenth**

سابع عشر saabiA Aashar • **seventeenth**

ثامن عشر thaamin Aashar • **eighteenth**

تاسع عشر taasiA Aashar • **nineteenth**

العشرون al-Aishroon • **twentieth**

الواحد وعشرون al-waaHid wa-Aishroon • **twenty-first**

ثاني وعشرون thaanee wa-Aishroon • **twenty-second**

ثالث وعشرون thaalith wa-Aishroon • **twenty-third**

الثلاثون ath-thalaathoon • **thirtieth**

الأربعون al-arbaAoon • **fortieth**

الخمسون al-khamsoon • **fiftieth**

الستون al-sittoon • **sixtieth**

السبعون as-sabAoon • **seventieth**

الثمانون ath-thamanoon • **eightieth**

التسعون at-tisAoon • **ninetieth**

المائة al-mi'a • **one hundredth**

الأوزان والمقاييس al-awzaan wal-maqaayees • weights and measures

المساحة al-misaaHa • area

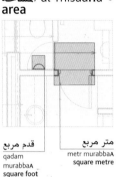

قدم مربع
qadam murabbaA
square foot
متر مربع
metr murabbaA
square metre

المسافة al-masaafa • distance

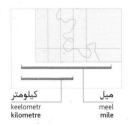

كيلومتر
keelometr
kilometre
ميل
meel
mile

وعاء
wiAaa'
pan
رطل
raTl
pound
أوقية
awqiya
ounce
كيلوجرام
keelograam
kilogram
جرام
graam
gram

ميزان meezaan | **scales**

المفردات al-mufradaat • vocabulary

ياردة
yaarda
yard

متر
metr
metre

طن
Tunn
tonne

ملليجرام
milligraam
milligram

يقيس
yaqees
measure (v)

يزن
yazin
weigh (v)

الطول aT-Tool • length

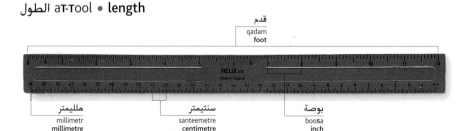

قدم
qadam
foot
ملليمتر
millimetr
millimetre
سنتيمتر
santeemetre
centimetre
بوصة
boosa
inch

310 عربي Aarabee

السعة as-saAa • capacity

نصف لتر
nisf litr
half-litre

باينت
baayint
pint

كمية
kammeeya
volume

ملليلتر
millilitr
millilitre

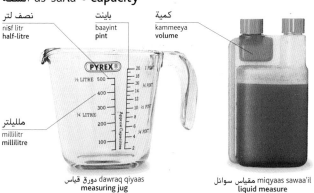

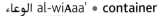

دورق قياس dawraq qiyaas
measuring jug

مقياس سوائل miqyaas sawaa'il
liquid measure

المفردات al-mufradaat • vocabulary

جالون
gaaloon
gallon

ربع غالون
rubA ghaaloon
quart

لتر
litr
litre

الوعاء al-wiAaa' • container

كرتونة
kartona
carton

باكيت
baakeet
packet

زجاجة
zujaaja
bottle

كيس
kees
bag

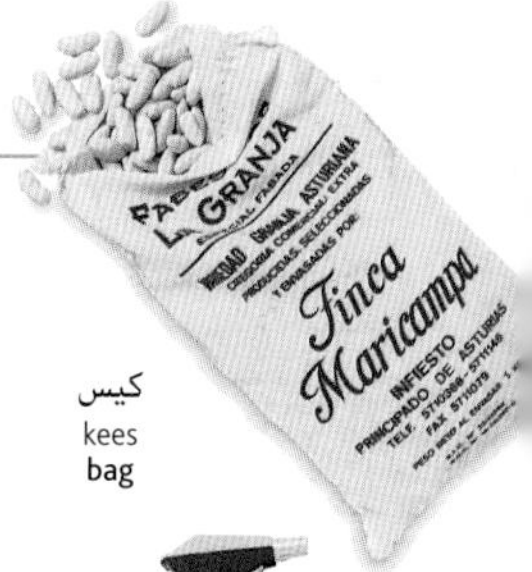

علبة بلاستيكية
Aulba blaaseekeeya | **tub**

إناء inaa' | **jar**

علبة معدنية
Aulba
miAdaneeya
can

علبة طعام
Aulbat TaAaam | **tin**

رشاشة سوائل rashshaashat sawaa'il
liquid dispenser

قطعة
qiTAa
bar

أنبوبة
anbooba
tube

لفة
laffa
roll

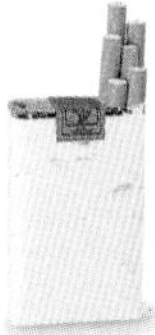

علبة ورقية
Aulba waraqeeya
pack

علبة رش
Aulbat rashsh
spray can

خريطة العالم khareeTat al-Aaalam • world map

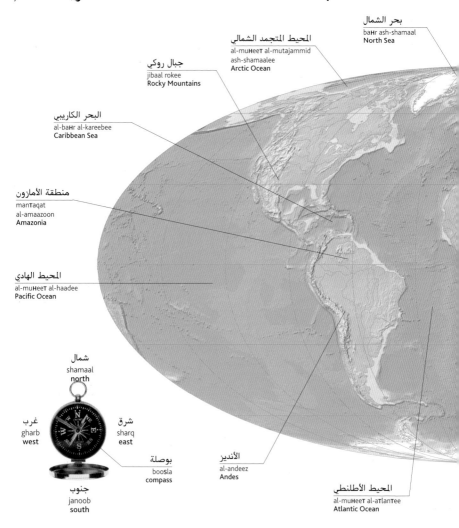

بحر الشمال
baHr ash-shamaal
North Sea

المحيط المتجمد الشمالي
al-muHeeT al-mutajammid
ash-shamaalee
Arctic Ocean

جبال روكي
jibaal rokee
Rocky Mountains

البحر الكاريبي
al-baHr al-kareebee
Caribbean Sea

منطقة الأمازون
manTaqat
al-amaazoon
Amazonia

المحيط الهادي
al-muHeeT al-haadee
Pacific Ocean

شمال
shamaal
north

غرب
gharb
west

شرق
sharq
east

بوصلة
booSla
compass

الأنديز
al-andeez
Andes

المحيط الأطلنطي
al-muHeeT al-aTlanTee
Atlantic Ocean

جنوب
janoob
south

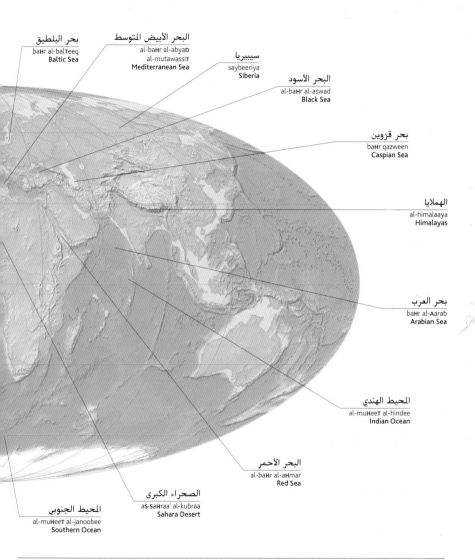

بحر البلطيق
baHr al-balTeeq
Baltic Sea
البحر الأبيض المتوسط
al-baHr al-abyaD
al-mutawassiT
Mediterranean Sea
سيبيريا
saybeeriya
Siberia
البحر الأسود
al-baHr al-aswad
Black Sea
بحر قزوين
baHr qazween
Caspian Sea
الهملايا
al-himalaaya
Himalayas
بحر العرب
baHr al-Aarab
Arabian Sea
المحيط الهندي
al-muHeeT al-hindee
Indian Ocean
البحر الأحمر
al-baHr al-aHmar
Red Sea
الصحراء الكبرى
aS-SaHraa' al-kubraa
Sahara Desert
المحيط الجنوبي
al-muHeeT al-janoobee
Southern Ocean

شمال ووسط أمريكا shamaal wa-wasaT amreeka • North and Central America

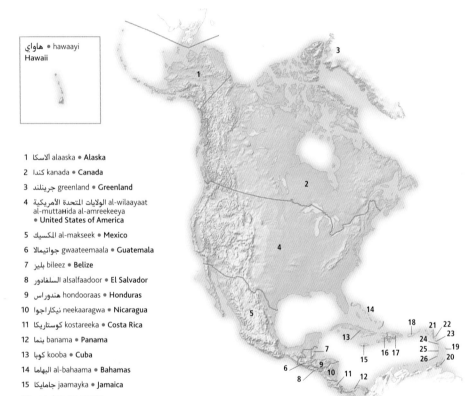

هاواي • hawaayi
Hawaii

1 الاسكا alaaska • **Alaska**

2 كندا kanada • **Canada**

3 جرينلند greenland • **Greenland**

4 الولايات المتحدة الأمريكية al-wilaayaat al-muttaHida al-amreekeeya • **United States of America**

5 المكسيك al-makseek • **Mexico**

6 جواتيمالا gwaateemaala • **Guatemala**

7 بليز bileez • **Belize**

8 السلفادور alsalfaadoor • **El Salvador**

9 هندوراس hondooraas • **Honduras**

10 نيكاراجوا neekaaragwa • **Nicaragua**

11 كوستاريكا kostareeka • **Costa Rica**

12 بنما banama • **Panama**

13 كوبا kooba • **Cuba**

14 البهاما al-bahaama • **Bahamas**

15 جامايكا jaamayka • **Jamaica**

16 هايتي haaytee • **Haiti**

17 جمهورية دومنيك jumhooreeyat domaneek • **Dominican Republic**

18 بورتوريكو bootoreeko • **Puerto Rico**

19 بربادوس barbaados • **Barbados**

20 ترينيداد وتوباغو trineedaad wa-tobaagho • **Trinidad and Tobago**

21 سانت كيتس ونيفس saant keets wa-neefis • **St. Kitts and Nevis**

22 أنتيغوا وبربودا anteegha wa-barbooda • **Antigua and Barbuda**

23 الدومينيكا ad-domeeneeka • **Dominica**

24 سانت لوتشيا saant lootshya • **St Lucia**

25 سانت فنسنت وجزر غرينادين saant finsant wa-juzur gharinaadeen • **St Vincent and The Grenadines**

26 جرينادا greenaada • **Grenada**

أمريكا الجنوبية amreeka al-janoobeeya • South America

1 فنزويلا fanazwayla • **Venezuela**

2 كولومبيا kolombya • **Colombia**

3 إكوادور ikwaadoor • **Ecuador**

4 بيرو beeroo • **Peru**

5 جزر غلباغس juzur ghalabaaghus • **Galapagos Islands**

6 غيانة ghiyaana • **Guyana**

7 سورينام soreenaam • **Suriname**

8 غيانا الفرنسية ghiyaana al-faranseeya • **French Guiana**

9 البرازيل al-baraazeel • **Brazil**

10 بوليفيا boleefya • **Bolivia**

11 شيلي sheelee • **Chile**

12 الأرجنتين al-arjanteen • **Argentina**

13 بارجواي baragwaay • **Paraguay**

14 أورجواي uragwaay • **Uruguay**

15 جزر الفوكلاند juzur al-fawkland • **Falkland Islands**

المفردات al-mufradaat • vocabulary

بلد balad **country**	مقاطعة muqaaTaAa **province**	منطقة minTaqa **zone**
أمة umma **nation**	أراض araaDin **territory**	حي Hayy **district**
قارة qaara **continent**	مستعمرة mustaAmara **colony**	إقليم iqleem **region**
ولاية wilaaya **state**	إمارة imaara **principality**	عاصمة AaaSima **capital**

أوروبا urooba • Europe

1 أيرلندا eerlanda • **Ireland**

2 المملكة المتحدة al-mamlaka al-muttaHida • **United Kingdom**

3 البرتغال al-burtughaal • **Portugal**

4 أسبانيا asbaanya • **Spain**

5 جزر البليار juzur al-balyaar • **Balearic Islands**

6 أندورا andoora • **Andorra**

7 فرنسا faransa • **France**

8 بلجيكا beljeeka • **Belgium**

9 هولندا holanda • **Netherlands**

10 لوكسمبورغ luksamboorgh • **Luxembourg**

11 ألمانيا almaanya • **Germany**

12 الدانمرك ad-daanamark • **Denmark**

13 النرويج an-nurwayj • **Norway**

14 السويد as-sweed • **Sweden**

15 فنلندا finlanda • **Finland**

16 استونيا astonya • **Estonia**

17 لاتفيا latfiya • **Latvia**

18 لتوانيا litawaanya • **Lithuania**

19 كالينينغراد kaalininghraad • **Kaliningrad**

20 بولندا bolanda • **Poland**

21 جمهورية التشيكا jumhureeyat at-tasheeka • **Czech Republic**

22 النمسا an-nimsa • **Austria**

23 ليختنشتاين likhtanshtaayin • **Liechtenstein**

24 سويسرا sweesra • **Switzerland**

25 إيطاليا eeTaalya • **Italy**

26 موناكو monako • **Monaco**

27 كورسيكا korseeka • **Corsica**

28 ساردنيا saardinya • **Sardinia**

29 سان مارينو san mareeno • **San Marino**

30 مدينة الفاتيكان madeenat al-fateekan • **Vatican City**

31 صقلية siqqilleeya • **Sicily**

32 مالطة maalTa • **Malta**

33 سلوفينيا slofeenya • **Slovenia**

34 كرواتيا krowaatya • **Croatia**

35 المجر al-majar • **Hungary**

36 سلوفاكيا slofaakya • **Slovakia**

37 أوكرانيا ukraanya • **Ukraine**

38 بيلاروس beelaaroos • **Belarus**

39 ملدافيا moldaafya • **Moldova**

40 رومانيا romaanya • **Romania**

41 صربيا sarbya • **Serbia**

42 البوسنة وهيرزجوفينا al-bosna wa-herzogofeena • **Bosnia and Herzogovina**

43 ألبانيا albaanya • **Albania**

44 مقدونيا maqdoonya • **Macedonia**

45 بلغاريا bulghaarya • **Bulgaria**

46 اليونان al-yoonaan • **Greece**

47 كوسوفو kosofo• **Kosovo**

48 مونتينيجرو monteenegro • **Montenegro**

49 ايسلندا eeslanda • **Iceland**

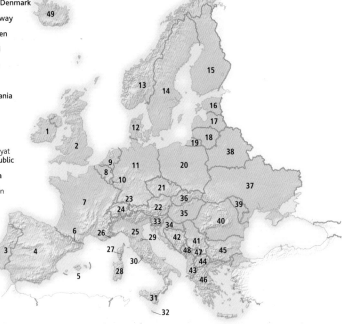

أفريقيا afreeqya • Africa

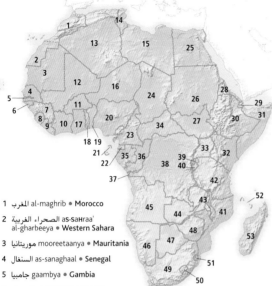

1 المغرب al-maghrib • **Morocco**

2 الصحراء الغربية aS-SaHraa' al-gharbeeya • **Western Sahara**

3 موريتانيا mooreetaanya • **Mauritania**

4 السنغال as-sanaghaal • **Senegal**

5 جامبيا gaambya • **Gambia**

6 غينيا بيساو gheeniya beesaaw • **Guinea-Bissau**

7 غينيا gheeniya • **Guinea**

8 سيراليون siraaliyoon • **Sierra Leone**

9 ليبيريا libeerya • **Liberia**

10 ساحل العاج saaHil al-Aaaj • **Ivory Coast**

11 بوركينا فاسو burkeena faaso • **Burkina Faso**

12 مالي maalee • **Mali**

13 الجزائر al-jazaa'ir • **Algeria**

14 تونس toonis • **Tunisia**

15 ليبيا leebya • **Libya**

16 النيجر an-nayjar • **Niger**

17 غانا ghaana • **Ghana**

18 توجو togo • **Togo**

19 بنين beneen • **Benin**

20 نيجيريا nijeerya • **Nigeria**

21 ساو توم وبرنسيب saaw toom wa-baranseeb • **São Tomé and Principe**

22 غينيا الاستوائية gheenya al-istiwaa'eeya • **Equatorial Guinea**

23 الكاميرون al-kameeroon • **Cameroon**

24 تشاد tshaad • **Chad**

25 مصر misr • **Egypt**

26 السودان as-soodaan • **Sudan**

27 جنوب السودان janoob as-soodaan • **South Sudan**

28 إرتريا iritreeya • **Eritrea**

29 جيبوتي jeebootee • **Djibouti**

30 إثيوبيا itheeyobya • **Ethiopia**

31 الصومال aS-Soomaal • **Somalia**

32 كينيا keenya • **Kenya**

33 أوغندا ughanda • **Uganda**

34 جمهورية أفريقيا الوسطى jumhureeyat afreeqya al-wusTa • **Central African Republic**

35 الجابون al-gaaboon • **Gabon**

36 الكونغو al-kongho • **Congo**

37 كابندا أنجولا kabinda (angola) • **Cabinda (Angola)**

38 جمهورية الكونغو الديمقراطية jumhureeyat al-kongho al-deemaqraaTeeya • **Democratic Republic of the Congo**

39 راوندا rawanda • **Rwanda**

40 بوروندي buroondee • **Burundi**

41 تنزانيا tanzaniya • **Tanzania**

42 موزامبيق mozaambeeq • **Mozambique**

43 ملاوي malaawee • **Malawi**

44 زامبيا zaambiya • **Zambia**

45 أنجولا angola • **Angola**

46 ناميبيا nameebiya • **Namibia**

47 بتسوانا botswaana • **Botswana**

48 زيمبابوي zeembaabwee • **Zimbabwe**

49 جنوب أفريقيا janoob afreeqya • **South Africa**

50 ليسوتو lesoto • **Lesotho**

51 سوازيلاند swaazeeland • **Swaziland**

52 جزر القمر juzur al-qamr • **Comoros**

53 مدغشقر madaghashqar • **Madagascar**

54 موريشيوس moreeshyus • **Mauritius**

آسيا aasya • Asia

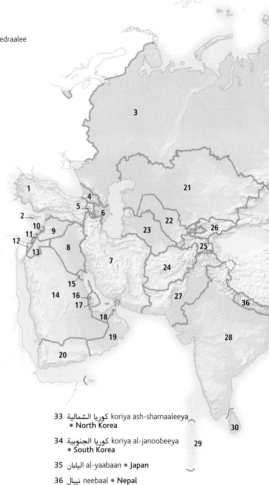

1 تركيا turkiya • **Turkey**

2 قبرص qubrus • **Cyprus**

3 الاتحاد الروسي الفيدرالي al-ittihaad ar-roosee al-feedraalee • **Russian Federation**

4 جورجيا joorjya • **Georgia**

5 أرمينيا armeenya • **Armenia**

6 أذربيجان adhrabayjaan • **Azerbaijan**

7 إيران eeraan • **Iran**

8 العراق al-Airaaq • **Iraq**

9 سوريا sooriya • **Syria**

10 لبنان lubnaan• **Lebanon**

11 إسرائيل israa'eel • **Israel**

12 فلسطين filasTeen • **Palestine**

13 الأردن al-urdunn • **Jordan**

14 المملكة العربية السعودية al-mamlaka al-Aarabeeya as-saAoodeeya • **Saudi Arabia**

15 الكويت al-kuwait • **Kuwait**

16 البحرين al-baHrayn • **Bahrain**

17 قطر qaTar • **Qatar**

18 الإمارات العربية المتحدة al-imaaraat al-Aarabeeya al-muttaHida • **United Arab Emirates**

19 عُمان Aumaan • **Oman**

20 اليمن al-yaman • **Yemen**

21 كازاخستان kaazakhstaan • **Kazakhstan**

22 أوزبكستان uzbakistaan • **Uzbekistan**

23 تركمانستان turkmaanistaan • **Turkmenistan**

24 أفغانستان afghanistaan • **Afghanistan**

25 طاجيكستان Taajeekistaan • **Tajikistan**

26 كيرجيزستان keerjeezstaan • **Kyrgyzstan**

27 باكستان baakistaan • **Pakistan**

28 الهند al-hind • **India**

29 الملديف al-maldeef • **Maldives**

30 سري لانكا sree lanka • **Sri Lanka**

31 الصين aS-Seen • **China**

32 منغوليا mongholya • **Mongolia**

33 كوريا الشمالية koriya ash-shamaaleeya • **North Korea**

34 كوريا الجنوبية koriya al-janoobeeya • **South Korea**

35 اليابان al-yaabaan • **Japan**

36 نيبال neebaal • **Nepal**

37 بوتان bootaan • **Bhutan**

38 بنجلاديش banaglaadaysh • **Bangladesh**

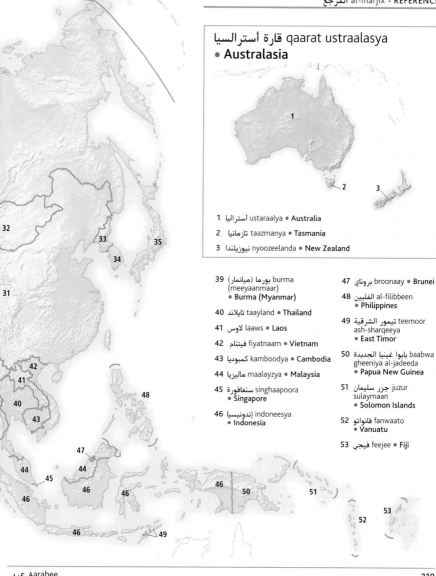

قارة أسترالسيا qaarat ustraalasya
● **Australasia**

1 أستراليا ustaraalya • **Australia**

2 تازمانيا taazmanya • **Tasmania**

3 نيوزيلندا nyoozeelanda • **New Zealand**

39 بورما (ميانمار) burma (meeyaanmaar)
  ● **Burma (Myanmar)**

40 تايلاند taayland • **Thailand**

41 لاوس laaws • **Laos**

42 فيتنام fiyatnaam • **Vietnam**

43 كمبوديا kamboodya • **Cambodia**

44 ماليزيا maalayzya • **Malaysia**

45 سنغافورة singhaapoora
  ● **Singapore**

46 إندونيسيا indoneesya
  ● **Indonesia**

47 بروناي broonaay • **Brunei**

48 الفلبين al-filibbeen
  ● **Philippines**

49 تيمور الشرقية teemoor ash-sharqeeya
  ● **East Timor**

50 بابوا غينيا الجديدة baabwa gheeniya al-jadeeda
  ● **Papua New Guinea**

51 جزر سليمان juzur sulaymaan
  ● **Solomon Islands**

52 فانواتو fanwaato
  ● **Vanuatu**

53 فيجي feejee • **Fiji**

الحروف والكلمات المناقضة al-Huroof wal-kalimaat al-munaaqiDa • particles and antonyms

إلى ila **to**	من min **from**	من أجل min ajl **for**	نحو naHwa **towards**
من فوق min fawqa **over**	تحت taHt **under**	على طول Aala Toola **along**	عبر Aabra **across**
أمام amaama **in front of**	خلف khalfa **behind**	مع maAa **with**	بدون bidoon **without**
على Aala **onto**	في داخل fee dhaakhil **into**	قبل qabla **before**	بعد baAda **after**
في fee **in**	خارج khaarij **out**	بواسطة bi-waasiTat **by**	حتى Hatta **until**
فوق fawqa **above**	أسفل asfal **below**	مبكر mubakkir **early**	متأخر muta'akhkhir **late**
داخل daakhil **inside**	في خارج fee khaarij **outside**	الآن al-aan **now**	فيما بعد feemaa baAd **later**
فوق fawqa **up**	تحت taHt **down**	دائماً daa'iman **always**	أبداً abadan **never**
عند Ainda **at**	إلى ما بعد ila maa baAda **beyond**	كثيراً katheeran **often**	نادراً naadiran **rarely**
خلال khilaal **through**	حول Hawla **around**	أمس ams **yesterday**	غداً ghadan **tomorrow**
على Aala **on top of**	بجانب bi-jaanib **beside**	أول awwal **first**	أخير akheer **last**
بين bayna **between**	مقابل muqaabil **opposite**	كل kull **every**	بعض baAD **some**
بالقرب من bil-qurb min **near**	بعيد baAeed **far**	عن Aan **about**	بالضبط biD-DabT **exactly**
هنا huna **here**	هناك hunaaka **there**	قليل من qaleel min **a little**	كثير من katheer min **a lot**

كبير	صغير	حار	بارد
kabeer	SagHeer	Haarr	baarid
large	**small**	**hot**	**cold**

عريض	ضيق	مفتوح	مغلق
AareeD	Dayyiq	maftooH	mughlaq
wide	**narrow**	**open**	**closed**

طويل	قصير	ممتلئ	فارغ
Taweel	qaSeer	mumtali'	faarigh
tall	**short**	**full**	**empty**

عال	منخفض	جديد	قديم
Aaalin	munkhafiD	jadeed	qadeem
high	**low**	**new**	**old**

سميك	رفيع	فاتح	داكن
sameek	rafeeA	faatiH	daakin
thick	**thin**	**light**	**dark**

خفيف	ثقيل	سهل	صعب
khafeef	thaqeel	sahl	SaAb
light	**heavy**	**easy**	**difficult**

صلب	طري	غير مشغول	مشغول
Salb	Taree	ghayr mashghool	mashghool
hard	**soft**	**free**	**occupied**

مبلل	جاف	قوي	ضعيف
muballal	jaaff	qawee	DaAeef
wet	**dry**	**strong**	**weak**

جيد	سيئ	سمين	رفيع
jayyid	sayyi'	sameen	rafeeA
good	**bad**	**fat**	**thin**

سريع	بطيء	صغير السن	مسن
sareeA	baTee'	Sagheer as-sinn	musinn
fast	**slow**	**young**	**old**

صحيح	خاطئ	أفضل	أسوأ
SaHeeH	khaaTi'	afDal	aswa'
correct	**wrong**	**better**	**worse**

نظيف	قذر	أسود	أبيض
naZeef	qadhir	aswad	abyaD
clean	**dirty**	**black**	**white**

جميل	قبيح	مشيق	ممل
jameel	qabeeH	mushayyiq	mumill
beautiful	**ugly**	**interesting**	**boring**

غال	رخيص	مريض	صحي
ghaalin	rakhees	mareeD	SiHHee
expensive	**cheap**	**sick**	**well**

هادئ	ضاج	بداية	نهاية
haadi'	Daajj	bidaaya	nihaaya
quiet	**noisy**	**beginning**	**end**

عبارات مفيدة Aibaaraat mufeeda • useful phrases

ضروريات Darooreeyaat • essentials

نعم
naAm
Yes

لا
laa
No

ربما
rubbamaa
Maybe

من فضلك
min faDlak(-ik)
Please

شكراً
shukran
Thank you

عفواً
Aafwan
You're welcome

عن إذنك
Aan idhnak(-ik)
Excuse me

آسف
aasif
I'm sorry

لا
laa
Don't

لا بأس
laa ba's
OK

هذا جيد
haadha jayyid
That's fine

هذا صحيح
haadha saHeeH
That's correct

هذا خطأ
haadha khaTa'
That's wrong

تحيات taHiyaat • greetings

أهلاً
ahlan
Hello

مرحباً
marHaban
Welcome

مع السلامة
maAas-salaama
Goodbye

صباح الخير
SabaaH al-khayr
Good morning

مساء الخير
masaa' al-khayr
Good evening

ليلة طيبة
layla Tayyiba
Good night

كيف الحال؟
kayf al-Haal?
How are you?

اسمي...
ismee...
My name is...

ما اسمك؟
maa ismak(-ik)?
What is your name?

ما اسمه/اسمها؟
maa ismuhu/ismuhaa?
What is his/her name?

أقدم...
uqaddim...
May I introduce...

هذا/هذه...
haadha/haadhihi...
This is...

تشرفنا
tasharrafna
Pleased to meet you

إلى اللقاء
ilal-liqaa'
See you later

علامات Aalaamaat • signs

معلومات سياحية
maAloomaat siyaaHeeya
Tourist information

مدخل
madkhal
Entrance

مخرج
makhraj
Exit

مخرج طوارئ
makhraj Tawaari'
Emergency exit

ادفع
idfaA
Push

خطر
khaTar
Danger

التدخين ممنوع
at-tadkheen mamnooA
No smoking

معطل
muATil
Out of order

ساعات العمل
saaAaat al-Aamal
Opening times

الدخول مجان
ad-dukhool majaanin
Free admission

مفتوح طوال اليوم
maftooH Tawaal al-yawm
Open all day

سعر مخفض
siAr mukhaffaD
Reduced price

تخفيضات
takhfeeDaat
Sale

اطرق قبل الدخول
uTruq qabla d-dukhool
Knock before entering

ابتعد عن النجيل
ibtaAid Aan an-najeel
Keep off the grass

مساعدة musaaAada • help

ممكن تساعدني؟
mumkin tusaaAidnee?
Can you help me?

أنا لا أفهم
ana laa afham
I don't understand

أنا لا أعرف
ana laa Aaraf
I don't know

هل تتكلم الإنجليزية؟
hal tatakallam al-injileezeeya?
Do you speak English?

هل تتكلم العربية؟
hal tatakallam al-Aarabeeya?
Do you speak Arabic?

أنا أتكلم الإنجليزية
ana atakallam al-injileezeeya
I speak English

أنا أتكلم العربية
ana atakallam al-Aarabeeya
I speak Arabic

الرجاء التحدث ببطء
ar-rajaa' at-taHadduth bi-but'
Please speak more slowly

اكتبها من فضلك
uktub-haa min faDlak(-ik)
Please write it down

فقدت...
faqadtu...
I have lost...

الإرشادات al-irshaadaat • directions

أنا تحت
ana tuHt
I am lost

أين الـ...؟
aynal-...?
Where is the...?

أين أقرب...؟
ayna aqrab...?
Where is the nearest...?

أين دورات المياه؟
ayna dawraat al-miyaah?
Where are the toilets?

كيف أصل إلى...؟
kayfa asil ila...?
How do I get to...?

إلى اليمين
ilal-yameen
To the right

إلى اليسار
ilal-yasaar
To the left

على طول
Aala Tool
Straight ahead

كم المسافة إلى...؟
kam al-masaafa ila...?
How far is...?

إشارات طريق ishaaraat Tareeq • road signs

كل الاتجاهات
kull al-ittijaahaat
All directions

تحذير
taHdheer
Caution

ممنوع الدخول
mamnooA ad-dukhool
No entry

هدئ السرعة
haddi' as-surAa
Slow down

تحويل
taHweel
Diversion

التزم اليمين
iltazim al-yameen
Keep to the right

طريق سريع
Tareeq sareeA
Motorway

ممنوع الانتظار
mamnooA al-intiZaar
No parking

طريق مسدود
Tareeq masdood
No through road

طريق اتجاه واحد
Tareeq ittijaah waaHid
One-way street

اتجاهات أخرى
ittijaahaat ukhra
Other directions

المقيمون فقط
al-muqeemoon faqaT
Residents only

أعمال طريق
Aamaal Tareeq
Roadworks

منحنى خطر
munHana khaTar
Dangerous bend

البيات al-bayaat • accommodation

عندي حجز
Aindee Hajz
I have a reservation

أين قاعة الطعام؟
ayna qaaAat aT-TaAaam?
Where is the dining room?

رقم غرفتي...
raqam ghurfatee...
My room number is ...

ما موعد الفطور؟
maa mawAid al-fuToor?
What time is breakfast?

سأعود الساعة...
sa-Aaood is-saaAa...
I'll be back at ... o'clock

سأغادر غداً
sa-ughaadir ghadan
I'm leaving tomorrow

أكل وشرب akl wa-shurb • eating and drinking

في صحتك!
fi-siHHatak(-ik)
Cheers!

الأكل لذيذ
al-akl ladheedh
The food is delicious

الأكل غير مقبول
al-akl ghayr maqbool
The food is not satisfactory

أنا لا أشرب الكحول
ana laa ashrab al-kuHool
I don't drink alcohol

أنا لا أدخن
ana laa udakhkhin
I don't smoke

أنا لا اكل اللحوم
ana laa aakul al-luHoom
I don't eat meat

لا أريد المزيد، شكراً
laa ureed al-mazeed, shukran
No more for me, thank you

ممكن المزيد؟
mumkin al-mazeed?
May I have some more?

الحساب من فضلك
al-Hisaab min faDlak(-ik)
May we have the bill?

ممكن إيصال؟
mumkin eesaal?
Can I have a receipt?

منطقة عدم تدخين
minTaqat Aadam tadkheen
No-smoking area

الصحة aS-SiHHa • health

أشعر بالدوار
ashAur bid-dawaar
I don't feel well

أشعر بالمرض
ashAur bil-maraD
I feel sick

ما رقم هاتف أقرب طبيب؟
maa raqam haatif aqrab Tabeeb?
What is the telephone number of the nearest doctor?

يؤلمني هنا
yu'limunee huna
It hurts here

عندي حرارة
Aindee Haraara
I have a temperature

أنا حامل في الشهر...
ana Haamil fish-shahr...
I'm ... months pregnant

أحتاج روشتة من أجل...
aHtaaj roshetta min ajl...
I need a prescription for ...

عادة أتناول...
Aaadatan atanaawal...
I normally take ...

عندي حساسية تجاه ...
Aindee Hassasseeya tujaaha...
I'm allergic to ...

هل سيكون بخير؟
hal sa-yakoon bi-khayr?
Will he be all right?

هل ستكون بخير؟
hal sa-takoon bi-khayr?
Will she be all right?

الفهرست الإنجليزي al-fihrist al-injileezee • English index

exterior 198
extra time 223
extraction 50
extractor 66
eye 14, 51, 244, 276
eye shadow 40
eye test 51
eyebrow 14, 51
eyebrow brush 40
eyebrow pencil 40
eyecup 269
eyelash 14, 51
eyelet 37
eyelid 51
eyeliner 40
eyepiece 167

F
fabric 277
fabric conditioner 76
face 14
face cream 73
face mask 225
face pack 41
face powder 40
face-off circle 224
facial 41
factory 299
faint v 25, 44
fair 41
fairground 262
fairway 232
falcon 292
Falkland Islands 315
fall 237
fall in love v 26
Fallopian tube 20
family 22
famous ruin 261
fan 60, 202
fan belt 203
fans 258
far 320
fare 197, 209
farm 182, 183, 184
farmer 182, 189
farmhouse 182
farmland 182
farmyard 182
fashion 277
fast 321
fast food 154
fast forward 269
fastening 37
fat 119, 321
fat free 137
father 22
father-in-law 23
fault 230
fax 98, 172
fax machine 172
feather 293
feature film 269
February 306
feed v 183
feijoa 128
female 12, 20
feminine hygiene 108

femur 17
fence 85, 182, 243
fencing 249
feng shui 55
fennel 122, 133
fennel seeds 133
fenugreek 132
fern 86
ferry 215, 216
ferry terminal 216
fertilization 20
fertilize v 91
fertilizer 91
festivals 27
fever 44
fiancé 24
fiancée 24
fibre 127
fibula 17
field 182, 222, 228, 234
field v 225, 229
field hockey 224
fifteen 308
fifteenth 309
fifth 309
fiftieth 309
fifty 308
fifty five thousand, five hundred 309
fifty thousand 309
fig 129
fighter plane 211
figure skating 247
Fiji 319
filament 60
file 81, 172, 177
filing cabinet 172
fill v 82
filler 83
fillet 119, 121
filleted 121
filling 50, 140, 155
film 260, 271
film chamber 270
film set 179
film spool 271
filo pastry 140
filter 270
filter coffee 148
filter paper 167
fin 210
finance 97
financial advisor 97
fingerprint 94
finial 300
finishing line 234
Finland 316
fire 95
fire alarm 95
fire brigade 95
fire engine 95
fire escape 95
fire extinguisher 95
fire fighters 95
fire station 95
firelighter 266
fireman 189

fireplace 63
firm 124
first 309
first aid 47
first aid box 47
first floor 104
first night 254
fish 107, 120, 294
fish and chips 155
fish farm 183
fish slice 68
fisherman 189
fishhook 244
fishing 244, 245
fishing boat 217
fishing permit 245
fishing port 217
fishing rod 244
fishmonger 188
fishmonger's 114, 120
fist 15, 237
fitness 250
five 308
five hundred 308
flag 221, 232
flageolet beans 131
flakes 132
flamingo 292
flan 142
flan dish 69
flare 240
flash 270
flash gun 270
flask 166
flat 59, 256
flatbread 139
flat race 243
flat wood bit 80
flavoured oil 134
flax 184
fleece 74
flesh 124, 127, 129
flex v 251
flight attendant 210
flight number 213
flint 288
flip-flop 37
flipchart 174
flipper 239, 290
float 238, 244
float ball 61
flock 183
flood 287
floor 58, 62, 71
floor exercises 235
floor plan 261
florentine 141
floret 122
florist 110, 188
floss v 50
flours 138
flower 297
flowerbed 85, 90
flowering plant 297
flowering shrub 87
flowers 110
flu 44
flute 139, 257

fly 244, 295
fly v 211
fly fishing 245
flyover 194
flysheet 266
foal 185
focus v 271
focusing knob 167
foetus 52
fog 287
foil 249
folder 177
foliage 110
folk music 259
follicle 20
font 177
food 118, 130, 149
food hall 105
food processor 66
foot 12, 15, 310
football 220, 222
football field 220
football player 220
football strip 31, 222
footballer 222
footboard 71
footpath 262
footstrap 241
for 320
forceps 53, 167
forearm 12
forecourt 199
forehand 231
forehead 14
foreign currency 97
foreskin 21
forest 285
fork 65, 88, 153, 207
fork-lift truck 186, 216
formal 34
formal garden 84
formal gardens 262
fortieth 309
fortnight 307
forty 308
forty minutes 304
forward 222
foul 222, 226
foul ball 228
foul line 229
foundation 40
fountain 85
four 308
four hundred 308
four-door 200
four-wheel drive 199
fourteen 308
fourteenth 309
fourth 309
fox 290
foxglove 297
fraction 165
fracture 46
fragile 98
fragranced 130
frame 51, 62, 206, 230, 269
frame counter 270

France 316
freckle 15
free 321
free kick 222
free range 118
free weights 250
freesia 110
free-throw line 226
freeze 287
freeze v 67
freezer 67
freight train 208
freighter 215
French bean 122
french fries 154
French Guiana 315
French horn 257
french mustard 135
french pleat 39
French toast 157
frequency 179
fresh 121, 127, 130
fresh cheese 136
fresh fruit 157
freshwater fishing 245
fret 258
fretsaw 81
Friday 306
fridge-freezer 67
fried 159
fried chicken 155
fried egg 157
friend 24
frieze 301
frog 294
from 320
front crawl 239
front door 58
front wheel 196
frontal 16
frost 287
froth 148
frown 25
frozen 121, 124
frozen food 107
frozen yoghurt 137
fruit 107, 126, 128
fruit bread 139
fruit cake 140
fruit farm 183
fruit gum 113
fruit juice 127, 156
fruit tart 140
fruit yoghurt 157
fry v 67
frying pan 69
fuel gauge 201
fuel tank 204
full 64, 266, 321
full board 101
full moon 280
fumble 220
funeral 26
funnel 166, 214
furniture shop 115
furrow 183
fuse 60

End of Arabic index (starting on page 359).

نهاية الفهرست العربي (يبدأ صفحة ٣٥٩).

عربي

عربي

عربي

عربي

al-fihrist al-ᴀarabee • الفهرست العربي **Arabic index**

يبدأ الفهرست العربي هنا وينتهي صفحة ٣٤١.

The Arabic index starts here and runs right to left until page 341.

تنويه tanweeh • acknowledgments

DORLING KINDERSLEY would like to thank Tracey Miles and Christine Lacey for design assistance, Georgina Garner for editorial and administrative help, Sonia Gavira, Polly Boyd, and Cathy Meeus for editorial help, and Claire Bowers for compiling the DK picture credits.

The publisher would like to thank the following for their kind permission to reproduce their photographs:
Abbreviations key:
t=top, b=bottom, r=right, l=left, c=centre

123RF.com: Andriy Popov 34tl; Daniel Ernst 179tc; Hongqi Zhang 24cla. 175cr; Ingvar Bjork 60c; Kobby Dagan 259c; leonardo255 269c; Liubov Vadimovna (Luba) Nel 39cla; Ljupco Smokovski 75crb; Oleksandr Marynchenko 60bl; Olga Popova 33c; oneblink 49bc; Racorn 162tl; Robert Churchill 94c; Roman Gorielov 33bc; Ruslan Kudrin 35bc, 35br; Subbotina 39cra; Sutichak Yachaingkham 39tc; Tarzhanova 37tc; Vitaly Valua 39tl; Wavebreak Media Ltd 188bl; Wilawan Khasawong 75cb;
Action Plus: 224bc; **Alamy Images:** 154t; A.T. Willett 287bcl; Alex Segre 105ca, 105cb, 195cl; Ambrophoto 24cra; Blend Images 168cr; Cultura RM 33r; Doug Houghton 107fbr; Ekkapon Sriharun 172bl; Hugh Threlfall 35tl; 176tr; Ian Allenden 48br; Ian Dagnall (iPod is a trademark of Apple Inc., registered in the U.S. and other countries) 268tc, 270t; Ievgen Chepil 250bc; imagebroker 199tl, 249c; keith morris 178c; Martyn Evans 210b; MBI 175tl; Michael Burrell 213cra; Michael Foyle 184bl; Oleksiy Maksymenko 105tc; Paul Weston 168br; Prisma Bildagentur AG 246b; Radharc Images 197tr; RBtravel 112tl; Ruslan Kudrin 176tl; Sasa Huzjak 258t; Sergey Kravchenko 37ca; Sergio Azenha 270bc; Stanca Sanda (iPad is a trademark of Apple Inc., registered in the U.S. and other countries) 176bc; Stock Connection 287bcr; tarczas 35cr; vitaly suprun 176cl; Wavebreak Media ltd 39cl, 174b, 175tr; **Allsport/Getty Images:** 238cl; **Alvey and Towers:** 209 acr, 215bcl, 215bbcr, 241cr; **Peter Anderson:** 188cbr, 271br.
Anthony Blake Photo Library: Charlie Stebbings 114cl; John Sims 114tcl; **Andyalte:** 98tl; **apple mac computers:** 268tcr; **Arcaid:** John Edward Linden 301bl; Martine Hamilton Knight, Architects: Chapman Taylor Partners, 213cl; Richard Bryant 301br; **Argos:** 41tcl, 66cbl, 66cl, 66br, 66bcl, 69cl, 70bcl, 71t, 77tl, 269tcc, 270tl; **Axiom:** Eitan Simanor 105bcr; Ian Cumming 104; Vicki Couchman 148cr; **Beken Of Cowes Ltd:** 215cbc; **Bosch:** 76tcr, 76tc, 76tcl; **Camera Press:** 38tr, 256t, 257cr; Barry J. Holmes 148tr; Jane Hanger 159cr; Mary Germanou 259bc; **Corbis:** 78bl; Anna Clopet 247tr; Ariel Skelley / Blend Images 52l; Bettmann 181tl, 181tr; Blue Jean Images 48bl; Bo Zauders 156t; Bob Rowan 152bl; Bob Winsett 247cbl; Brian Bailey 247br; Carl and

Ann Purcell 162l; Chris Rainer 247ctl; Craig Aurness 215bl; David H.Wells 249cbr; Dennis Marsico 274bl; Dimitri Lundt 236bc; Duomo 211bl; Gail Mooney 277ctcr; George Lepp 248c; Gerald Nowak 239b; Gunter Marx 248cr; Jack Hollingsworth 231bl; Jacqui Hurst 277cbr; James L. Amos 247bl, 191ctr, 220bcr; Jan Butchofsky 277cbc; Johnathan Blair 243cr; Jose F. Poblete 191br; Jose Luis Pelaez.Inc 153tc; Karl Weatherly 220bl, 247tcr; Kelly Mooney Photography 259tl; Kevin Fleming 249bc; Kevin R. Morris 105tr, 243tl, 243tc; Kim Sayer 249tcr; Lynn Goldsmith 258t; Macduff Everton 231bcl; Mark Gibson 249bl; Mark L. Stephenson 249tcl; Michael Pole 115tr; Michael S. Yamashita 247ctcl; Mike King 247cbl; Neil Rabinowitz 214br; Pablo Corral 115bc; Paul A. Sounders 169br, 249ctcl; Paul J. Sutton 224c, 224br; Phil Schermeister 227b, 248tr; R. W Jones 309; Richard Morrell 189bc; Rick Doyle 241ctr; Robert Holmes 97br, 277ctc; Roger Ressmeyer 169tr; Russ Schleipman 229; The Purcell Team 211ctr; Vince Streano 197t; Wally McNamee 220br, 220bcl, 224bl; Wavebreak Media LTD 191bc; Yann Arhus-Bertrand 249tl; **Demetrio Carrasco / Dorling Kindersley (c) Herge / Les Editions Casterman:** 112ccl; **Dorling Kindersley:** Banbury Museum 35c; Five Napkin Burger 152c; **Dixons:** 270cl, 270cr, 270bl, 270bcl, 270bcr, 270ccr; **Dreamstime.com:** Alexander Podshivalov 179tr, 191cr; Alexxl66 268tl; Andersastphoto 176tc; Andrey Popov 191bl; Arne9001 190tl; Chaoss 26c; Designsstock 269cl; Monkey Business Images 26clb; Paul Michael Hughes 162tr; Serghei Starus 190bc; **Education Photos:** John Walmsley 26tl; **Empics Ltd:** Adam Day 236br; Andy Heading 24tc; Steve White 249cbc; **Getty Images:** 48bcl, 100t, 114bcr; 154bl, 287tr; 94tr; Don Farrall / Digital Vision 176c; Ethan Miller 270bl; Inti St Clair 179bl; Liam Norris 188br; Sean Justice / Digital Vision 24br; **Dennis Gilbert:** 106tc; **Hulsta:** 70t; **Ideal Standard Ltd:** 72r; **The Image Bank/Getty Images:** 58; **Impact Photos:** Eliza Armstrong 115cr; Philip Achache 246c; **The Interior Archive:** Henry Wilson, Alfie's Market 114bl; Luke White, Architect: David Mikhail, 59tl; Simon Upton, Architect: Phillippe Starck, St Martins Lane Hotel 100bcr, 100br; **iStockphoto.com:** asterix0597 163tl; EdStock 190br; RichLegg 26bc; SorinVidis 27cr; **Jason Hawkes Aerial Photography:** 216t; **Dan Johnson:** 35r; **Kos Pictures Source:** 215cbl, 240tc, 240tr; David Williams 216b; **Lebrecht Collection:** Kate Mount 169bc; **MP Visual.com:** Mark Swallow 202t; **NASA:** 280cr, 280ccl, 281tl; **P&O Princess Cruises:** 214bl; **P A Photos:** 181br; **The Photographers' Library:** 186bl, 186bc, 186t; **Plain and Simple Kitchens:** 66t; **Powerstock Photolibrary:** 169tl, 256t, 287tc; **PunchStock:** Image Source 195tr; **Rail Images:** 208c, 208 cbl, 209br; **Red Consultancy:** Odeon cinemas 257br;

Redferns: 259br; Nigel Crane 259c; **Rex Features:** 106br, 259tc., 259tr, 259bl, 280b; Charles Ommaney 114tcr; J.F.F Whitehead 243cl; Patrick Barth 101tl; Patrick Frilet 189cbl; Scott Wiseman 287bl; **Royalty Free Images:** Getty Images/Eyewire 154bl; **Science & Society Picture Library:** Science Museum 202b; **Science Photo Library:** IBM Research 190cla; NASA 281cr; **SuperStock:** Ingram Publishing 62; Juanma Aparicio / age fotostock 172t; Nordic Photos 269tl; **Skyscan:** 168t, 182c, 298; Quick UK Ltd 212; **Sony:** 268bc; **Robert Streeter:** 154br; **Neil Sutherland:** 82tr, 83tl, 90t, 118, 188ctr, 196tl, 196tr, 299cl, 299bl; **The Travel Library:** Stuart Black 264t; **Travelex:** 97cl; **Vauxhall:** Technik 198t, 199tl, 199tr, 199cl, 199cr, 199cctcl, 199cctcr, 199cctcl, 199tctcr, 200; **View Pictures:** Dennis Gilbert, Architects: ACDP Consulting, 106t; Dennis Gilbert, Chris Wilkinson Architects, 209tr; Peter Cook, Architects: Nicholas Crimshaw and partners, 208t; **Betty Walton:** 185br; **Colin Walton:** 2, 4, 7, 9, 10, 28, 42, 56, 92, 95c, 99tl, 99tcl, 102, 114, 138t, 146, 150t, 160, 170, 191cctcl, 192, 218, 252, 260br, 260l, 261tr, 261c, 261cr, 271cbl, 271cbr, 271ctl, 278, 287br, 302, 401.

DK PICTURE LIBRARY:
Akhil Bahkshi; Patrick Baldwin; Geoff Brightling; British Museum; John Bulmer; Andrew Butler; Joe Cornish; Brian Cosgrove; Andy Crawford and Kit Hougton; Philip Dowell; Alistair Duncan; Gables; Bob Gathany; Norman Hollands; Kew Gardens; Peter James Kindersley; Vladimir Kozlik; Sam Lloyd; London Northern Bus Company Ltd; Tracy Morgan; David Murray and Jules Selmes; Musée Vivant du Cheval, France; Museum of Broadcast Communications; Museum of Natural History; NASA; National History Museum; Norfolk Rural Life Museum; Stephen Oliver; RNLI; Royal Ballet School; Guy Ryecart; Science Museum; Neil Setchfield; Ross Simms and the Winchcombe Folk Police Museum; Singapore Symphony Orchestra; Smart Museum of Art; Tony Souter; Erik Svensson and Jeppe Wikstrom; Sam Tree of Keygrove Marketing Ltd; Barrie Watts; Alan Williams; Jerry Young.

Additional Photography by Colin Walton.

Colin Walton would like to thank:
A&A News, Uckfield; Abbey Music, Tunbridge Wells; Arena Mens Clothing, Tunbridge Wells; Burrells of Tunbridge Wells; Gary at Di Marco's; Jeremy's Home Store, Tunbridge Wells; Noakes of Tunbridge Wells; Ottakar's, Tunbridge Wells; Selby's of Uckfield; Sevenoaks Sound and Vision; Westfield, Royal Victoria Place, Tunbridge Wells.

All other images © Dorling Kindersley
For further information see: www.dkimages.com